D1718576

Basler Stadtbuch 2003

Redaktion: Dr. Beat von Wartburg
Redaktionelle Mitarbeit: lic. phil. André Salvisberg
Administration: Andrea Bikle

Christoph Merian Stiftung (Hg.)

Basler Stadtbuch 2003

Ausgabe 2004

124. Jahr

Christoph Merian Verlag

Beraterinnen und Berater der Redaktion

Dr. Rolf d'Aujourd'hui
Bodenforschung, Urgeschichte

Prof. Dr. Thomas Bürgi
Bildung und Erziehung

Yolanda Cadalbert Schmid
*Gewerkschaften, Arbeitnehmerinnen
und Arbeitnehmer*

Pierre Felder
Schulen

Christian Fluri
Theater, Musik

Rolf Furrer
Architektur, Städtebau

Dr. Rudolf Grüninger
Bürgergemeinde, Städtisches

Christian J. Haefliger
Regio, Partnerschaft

Dr. Daniel Hagmann
Geschichte

Stella Händler
Film, Video

Prof. Dr. Leo Jenni
Wissenschaft

Marc Keller
Einwohnergemeinde, Stadtplanung

Peter Malama
Gewerbe

Dr. Xaver Pfister
Kirchliches, Religion

Max Pusterla
Sport

Maria Schoch
Universität

Andreas Schuppli
Riehen, Bettingen

Dr. Jürg Tauber
Basel-Landschaft

Barbara Vogt-Holliger
Wirtschaft, Arbeitgeber

Dr. Bettina Volz-Tobler
Museen, Sammlungen

Umschlag

Foto Andreas Frossard

Impressum

Sophia Müller
Lektorat

Doris Tranter
Korrektorat

hartmann, bopp ag,
gestalter und konzepter, basel
Gestaltung und Satz

Gissler Druck AG, Basel
Lithos und Druck

Grollimund AG, Reinach/BL
Einband

© 2004 by Christoph Merian Verlag
ISBN 3-85616-217-8
ISSN 1011-9930

Zwischen Hitze und Frost

Vorwort zum 124. Basler Stadtbuch

Die Schweizerische Volkspartei Basel-Stadt hat im Hinblick auf die Wahlen für den National- und den Ständerat ein Plakat mit einem Schweizerkreuz und dem Konterfei des weltweit gesuchten Terroristen Bin Laden entworfen, das dazu auffordert, Flagge zu zeigen. Viele fragten sich, was genau die Botschaft des Plakats im Wettkampf um die Sitze im eidgenössischen Parlament ist. Immerhin scheinen 17,9 % der Wahlberechtigten das Plakat begriffen zu haben, denn sie gaben ihre Stimme der SVP. Mit den übrigen SVP-Wählenden in der Schweiz sorgten sie auf nationaler Ebene für eine Schwächung der politischen Mitte und eine Verschiebung der Gewichtsverhältnisse nach rechts: Der hemdsärmlige und unzimperliche Stil der SVP war erfolgreich, er führte aber auch zu einem empfindlichen Temperatursturz im politischen Klima.

Begonnen hatte das Jahr mit dem Kriegsausbruch im Irak. Das Versagen der Diplomatie und der Krieg erhitzten die Gemüter und führten zu spontanen Protestkundgebungen von Kindern und Jugendlichen gegen den Krieg.

Zwischen dem heissen Frühling und dem kalten Herbst bescherte uns das Wetter den verrücktesten Sommer seit 250 Jahren. Die nicht enden wollende Schönwetterperiode mit tropischen Temperaturen und Wassermangel verwandelte Basel in eine Ferienstadt mit mediterranem Flair und Lebensgefühl.

Der Krieg im Irak, der Jahrhundertsommer und die Wahlen im Herbst machten aus dem Jahr 2003 ein Jahr der Extreme. Was das Wetter mit Osama Bin Laden, und der Krieg mit dem helvetischen Politklima zu tun hat, lesen Sie in unserem ersten Schwerpunktthema: ‹Krieg und Frieden›.

Weitere Themenblöcke sind: die grenzüberschreitende Zusammenarbeit; die zunehmenden Schwierigkeiten, mit denen sich der Sozialstaat konfrontiert sieht; Basel und das Buch; die Frage, wie die Schulen einerseits und die Wissenschaft andererseits auf die wachsende Mehrsprachigkeit der Basler Bevölkerung reagieren; die Bologna-Reform an der Universität und die (Um-)Nutzung der Kirchenbauten.

Daneben bringt das Stadtbuch wiederum viele spannende Einzelbeiträge zu Themen aus den verschiedensten Lebensbereichen.

Die Vielfalt der Artikel ist das Resultat engagierter Diskussionen in unserem Beraterinnen- und Berater-Gremium. Ihnen verdankt die Redaktion viel. 2003 kam es zu verschiedenen Wechseln: Bereits verabschiedet haben wir Beat Münch (Universität) und Géza Teleki (Wirtschaft, Arbeitgeber). An ihre Stelle traten Maria Schoch (Universität) und Barbara Vogt-Holliger (Wirtschaft, Arbeitgeber). Zum letzten Mal dabei waren dieses Jahr: Christian J. Haefliger (Regio), Leo Jenni (Wissenschaft) und Bettina Volz-Tobler (Museen, Sammlungen). Neu begrüssen dürfen wir Pierre Felder (Schulen) und Eric Jakob (Regio). Den bereits Ausgeschiedenen und den Scheidenden danken wir herzlich für ihre jahrelange und engagierte Beratung. Ihre Ideen, ihre Diskussionsbeiträge und ihre Kritik waren stets inspirierend und hilfreich.

Wir wünschen Ihnen viel Vergnügen bei der Lektüre des Stadtbuchs 2003!
Beat von Wartburg

Inhalt

Schwerpunktthemen

«Jetzt Flagge zeigen», forderte die SVP Basel-Stadt mit ihrem provokativen Osama Bin Laden-Plakat. Dabei hatten die Baslerinnen und Basler zu Beginn des Jahres doch schon ausgiebig Flagge gezeigt. Einträchtig nebeneinander und unübersehbar wehten in den meisten Strassenzügen zwei Fahnen: Die regenbogenfarbige PACE- oder PEACE-Fahne und die rot-blaue des FC Basel. Doch der FC Basel wurde nicht Meister und der Frieden konnte nicht gerettet werden. Ein einschneidender Temperatursturz mitten im Frühling: Der Ausbruch des Krieges in Irak hat Kinder und Jugendliche empört und mobilisiert. Sie verliessen die Klassenzimmer, um spontan und friedlich für den Frieden zu demonstrieren. «Wie (un)politisch ist die heutige Jugend?» Der Beitrag von Alfred Schlienger gibt Antworten. FCB- und PACE-Fahnen einerseits, das Bin-Laden-Plakat in Basel andererseits verweisen auf die Synchronie und die Wechselwirkungen zwischen lokalem und globalem Geschehen.

Gibt es auch einen Zusammenhang zwischen der weltweiten Klimaerwärmung und dem Jahrhundertsommer? Hans-Rudolf Moser geht der Frage meteorologisch, Lukas Schmutz gesellschaftspolitisch nach. Schmutz beschäftigt sich weiter mit der Erhitzung der Gemüter im Wahlherbst und ihrer Abkühlung nach der Bundesratswahl.

Doch darf bei den polit-klimatischen Wechselbädern der Sommer aller Sommer, der Sommerissimo, nicht vergessen bleiben.

Mit -minu können wir noch einmal – nicht ohne eine gewisse Wehmut – dem südlichen Lebensgefühl, das im Sommer 2003 in Basel herrschte, nachträumen…

Die Jugendlichen gehen auf die Strasse

Alfred Schlienger

Wie (un)politisch ist die heutige Jugend?

Das engagierte und geschlossene öffentliche Auftreten so vieler Jugendlicher gegen den Krieg im Irak hat auch in Basel viele Beobachter überrascht. Wie politisch ist dieser Aufbruch? Und beginnt Politik eigentlich erst, wenn man auf die Strasse geht? Ein paar Beobachtungen und Bemerkungen zum komplexen Prozess der Politisierung bei Jugendlichen.

Viele Kinder und Jugendliche machten ihrer Empörung über den Irak-Krieg mit spontanen Demonstrationen Luft.

Eben noch liessen es uns alle einschlägigen Studien wissen: Unpolitisch sei die heutige Jugend, hedonistisch, überangepasst und markenfixiert. Weiter als bis zum neuesten Unterhosentrend und zur nächsten Party reiche ihr Engagement nicht. Und dann dies: Zu Tausenden strömten junge Menschen im März 2003 auf Strassen und Plätze, um gegen den Krieg im Irak zu demonstrieren. Auch in Basel ein Bild, wie es die Stadt noch nie gesehen hat: Die Jugendlichen waren nicht einfach auch dabei – es war *ihre* Demo. Von ihnen organisiert und angeführt. Ein Meer von jungen Gesichtern, die meisten im Schulalter, fröhlich in der Ernsthaftigkeit, entschieden im Zorn – oder wars vielleicht doch nur eine wohlfeile Gelegenheit zum Schuleschwänzen unter dem Label des höheren Zwecks?

Kein Wort der Häme über den jugendlichen Aufbruch. Man musste nicht in 68er-Nostalgie verfallen, um davon berührt zu sein, mit welcher Entschlossenheit und Phantasie die Schülerinnen und Schüler auf die Strasse gingen. Aber ein paar Nachfragen werden wohl erlaubt sein. Wie politisch ist diese Jugend wirklich? Und was politisiert sie denn? Was ist neu und anders an diesem Jugendprotest? Decken sich die Begriffe des Politischen in der Jugend- und in der Erwachsenenwelt überhaupt noch? Und: Was wäre denn, allenfalls, für eine zeitgemässe (Jugend-)Politik aus alledem zu lernen?

Protest als Ausdruck von Konformität?

Die Medien waren schnell zur Hand mit griffigen Formeln: «Von der ‹Generation Golf› zur ‹Generation Golfkrieg›». Welch wundersamer Paradigmenwechsel: Einmal auf einer Demo, und schon hatte sich eine ganze Altersgruppe aus den Fängen der Konsumindustrie befreit. Schaut man etwas genauer hin, fällt als Erstes auf: Wohl noch nie hat ein Ju-

gendprotest so viel allgemeinen Applaus gefunden. Die Rektoren zeigten wohlwollendes Verständnis und die oberste kantonale Schulbehörde äusserte sich direkt schon enthusiasmiert ob des neuen gesellschaftlichen Verantwortungsgefühls der Jugend. Getoppt wurde das alles nur noch durch die medialen Lobeshymnen auf das wiedererwachte jugendliche Engagement. Nur: Raubt so viel breiteste Zustimmung einer Manifestation nicht schon den wesentlichsten Teil ihres Protestpotenzials? Wird sie dadurch unpolitisch? Oder muss man sie gar als Ausdruck reiner Konformität brandmarken, wie dies in einer Debatte der ‹friZ›, der Schweizerischen Zeitschrift für Friedenspolitik, geschehen ist?

Zugegeben, verglichen mit früheren Formen des Jugendprotestes erforderte die Teilnahme an

den Anti-Irak-Krieg-Demonstrationen nicht besonders viel Courage. Wer sich Ende der Sechzigerjahre für die Gratistram-Forderung auf die Schienen setzte, in den Siebzigern gegen Kaiseraugst oder in den Achtzigern für ein AJZ oder den Freiraum Alte Stadtgärtnerei demonstrierte, durfte immerhin damit rechnen, polizeilich verprügelt, staatsschützerisch fichiert und von anständigen Bürgern beschimpft zu werden. Zweifellos hilfreiche Beschleuniger einer möglichen Politisierung – aber notwendige? Das Schweigen und die selbstzufriedene Untätigkeit der Mehrheit zu durchbrechen, öffentlich Betroffenheit und Mitleidensfähigkeit zu zeigen bedeutet, besonders in Zeiten, wo coole Gleichgültigkeit die Szenerie beherrscht, eine politische Haltung – auch ohne blaue Flecken

und tränengaswunde Augen. Ist aber deswegen schon diese ganze Schülergeneration politisiert?

‹Politisiert› ist immer nur eine Minderheit

Die Tatsache ist banal und wird doch oft vergessen: Auch von den ‹68ern› gingen nur knapp fünf Prozent demonstrierend auf die Strasse. Eine kleine Minderheit, die allerdings, wie Klaus Farin, der Leiter des Berliner Archivs der Jugendkulturen, meint, «ihrer ganzen Generation den Stempel aufdrückte und die Mehrheitsgesellschaft nachhaltig zumindest liberalisierte». Gemäss deutschen Studien (deren Ergebnisse in etwa auch für die Schweiz zutreffen dürften) schätzen sich heute weniger als zehn Prozent der Jugendlichen als ‹politisch engagiert› ein. Dreissig Jahre beruflicher

Umgang mit Gymnasiastinnen und Gymnasiasten geben mir zwar keine repräsentativen Zahlen in die Hand, aber doch den zusätzlich bestätigenden Eindruck: Die Gruppe der Politisierten ist immer etwa gleich klein; deutlich zugenommen hat jedoch der Anteil der jungen Frauen.

Damit diese relativ konstante kleine Minderheit (die manchmal von der Mehrheit auch buchstäblich geächtet und ausgegrenzt wird) punktuell eine öffentlich bemerkbare Breitenwirkung erzielen kann, braucht es einen ausserordentlichen, aktuellen und leicht verständlichen Katalysator, mit dem sich viele identifizieren können: ‹Vietnam›, ‹Waldsterben›, ‹Schweizerhalle›, ‹Fuck Chirac!› (gegen die französischen Atomversuche in der Südsee) oder eben ‹Bush-Bashing›. Die Halbwertszeiten dieser Protestverbreiterungen sind allerdings erfahrungsgemäss eher kurz. Selbst eine der nachhaltigsten Verhaltensänderungen der letzten Jahre auf Schülerebene hat sich inzwischen weitgehend verflüchtigt: Auf dem Höhepunkt der Wald-Debatte kam – durchaus freiwillig – kaum ein Schüler mehr motorisiert zur Schule; heute zieren wieder – Ozonloch hin, Klimaerwärmung her – Motorräder aller Kategorien die Schulhausparkplätze. Alles nur Knall und Rauch?

Faktoren im Prozess der Politisierung

Politisierung ist ein höchst vielfältiger und in seinen wichtigsten Elementen wohl wenig sichtbarer Prozess. Er lässt sich sicher nicht einfach in Demonstrations- oder Stimm- und Wahlbeteiligungszahlen messen. Müsste ich ein paar Faktoren nennen, die nach meiner Erfahrung den Prozess der Politisierung bei jungen Menschen begleiten und prägen, dann wären es wohl, nach Wichtigkeit geordnet, die folgenden: 1. Das Elternhaus und die Peergroup der Gleichaltrigen. 2. Ein tief empfundenes Gerechtigkeitsgefühl. 3. Das Wissen, wer in Geschichte und Gegenwart für die Werte, die man selber als richtig erkannt hat, eingestanden ist und einsteht. 4. Gute und schlechte Erfahrungen in der Durchsetzung eigener Anliegen. – Adoleszente Politisierung scheint sich tendenziell eher an überindividuellen Zielen zu entzünden. Jugendliche

politisieren stärker aus einem Solidarisierungs-
als aus einem Individualisierungsbedürfnis heraus.
Das korrespondiert auch mit Beobachtungen, wie
sie etwa der amerikanische Psychologe Lawrence
Kohlberg in seinen Dilemma-Studien gemacht hat.
In seinem empirischen Modell der Moralentwicklung wird die höchste Stufe, nämlich jene, wo
Menschen ihr Handeln nach grundsätzlichen ethischen Prinzipien ausrichten, selbst wenn sie dadurch persönliche Nachteile in Kauf nehmen müssen, nur von einer kleinen Minderheit erreicht.
In dieser Minorität bilden die 17- bis 19-Jährigen
die mit Abstand grösste Gruppe, das heisst, nie
vorher und nie nachher im Leben sind Menschen
in so hohem Masse ansprechbar für moralisch
prinzipientreues Handeln. Das erklärt vielleicht
auch den einen oder andern ethischen Rigorismus
in der Adoleszenz. Vor allem aber sollte es eine
Verpflichtung sein, sich dieser enormen Chance
für moralischen Diskurs mit den Jugendlichen in
Elternhaus, Schule und Öffentlichkeit nicht zu ent-
ziehen.

Gegenmacht Jugendmarketing
Solch pädagogischen – und letztlich auch politischen – Anliegen steht eine Industrie gegenüber, die
etwas andere Absichten hat. «Greif sie dir, solang
sie jung sind!», heisst die Devise. Das Jugendmarketing boomt. 1964 wurden in den USA 50 Millionen Dollar für Jugend-Werbung ausgegeben, 1989
waren es 600 Millionen und 1999 bereits 12 Milliar-
den – das Zweihundertvierzigfache! Hier wird der
Label-Fetischismus gezüchtet. Marken sollen nicht
nur das Äussere, sondern auch das Innenleben der
Jugendlichen besetzen. So wird der Trend zur modischen Frühreife in immer jüngere Altersschichten
hineingetrieben. Widerstand zwecklos: Protestie-
rende Subkulturen werden im Keim erkannt und
umgehend vermarktet. Dafür hat man schliesslich
seine gut bezahlten pubertierenden Trendscouts
auf der Piste. Wer will sich da noch wundern, dass
immer mehr Jugendliche neben der Schule zwei
bis drei Mal pro Woche einem Geldjob nachgehen –
und dann todchic und todmüde in den Bänken
hängen?

Wie sehen jugendgerechte Strukturen aus?
Wenn die Teilnahme der Jugendlichen am öffentlichen Leben mehr sein soll als Modeschau, dann
muss sich auch diese Öffentlichkeit etwas über-
legen. Klaus Farin betont, auch heute existierten
diese Minderheiten unter der Jugend, die für die
Evolution einer Gesellschaft entscheidend seien
und die durchaus bereit seien, sich zu engagieren.
Dass dieses Engagement immer stärker ausserhalb
der traditionellen Institutionen stattfinde, liege weniger an der Politikfeindlichkeit der Jugendlichen
als an der Jugendfeindlichkeit der Institutionen.
    Wie aber sehen nach Klaus Farin Strukturen
aus, in denen sich die Jungen gern engagieren?
• Jugendliche bevorzugen Bereiche, die kaum hie-
rarchisiert sind und in denen auch jeder Neuling
sofort an sämtlichen Entscheidungen beteiligt wird.
• Für sie ist der Weg oft ebenso wichtig wie das
Ziel: Sie wollen nicht nur etwas Bestimmtes erreichen, sondern auf dem Weg dahin auch freund-
schaftliche Bande knüpfen. Jugendliche Netzwerke
sind auch Kontaktbörsen.
• Jugendliche suchen direkte Aktionsmöglich-
keiten, die Kopf und Körper ansprechen und beanspruchen.
• Die Ziele müssen realistisch und in einem über-
schaubaren Zeitrahmen erreichbar sein.
• Jugendliche bevorzugen und beherrschen
schnelle, spontane und sehr effektive Kommunika-
tionswege, wie Flyer, Handy, Internet und Party-
Zentralen.
• Als Wirkungsbeleg sollte die öffentliche, also
mediale Sichtbarkeit des Engagements gewährleistet sein.
    «Sinn und Spass», fasst Farin zusammen, «sind
also die Triebkräfte, die Jugendliche aktivieren.»
Ist das nicht der perfekte Gegenbeschrieb zu unseren etablierten Parteien?
    Drei Dinge sind vordringlich, damit Jugendliche
am öffentlichen und damit politischen Leben besser
teilnehmen können. Erstens ist der Begriff des Politischen ganz offiziell zu erweitern um alles, was
Jugendliche als gesellschaftliche Gruppe kümmert
und angeht. Zweitens braucht die Jugend mehr
öffentlichen Freiraum. – Nichts gegen die Verdiens-

te von alternativen Kulturorten wie Schlotterbeck, Bell, Warteck, Kuppel, Unternehmen Mitte & Co. Aber seit der mutwilligen Zerstörung der Alten Stadtgärtnerei fehlt in Basel ein ähnlich offener und vielfältiger gesellschaftlicher Experimentierraum. – Drittens brauchen die Jugendlichen auf allen Ebenen echte Ansprechpartner. Keine Fürsprecher, für sich sprechen können sie selber, sondern Zuhörer, Mit- und Gegendenker, Widerstandleister, Ernstnehmer. Im Elternhaus, in der Schule, in der Öffentlichkeit. Damit sie auf allen Ebenen die motivierenden Grundlagen gemeinschaftlichen Lebens erfahren: Partizipation, Verantwortung und Wirksamkeit. Und damit Politik nicht erst dann beginnt, wenn man auf die Strasse geht

Literatur
- friZ, Zeitschrift für Friedenspolitik 3/03, Zürich.
- www.efriz.ch
- Klaus Farin, generation-kick.de. Jugendsubkulturen heute, München 2001.
- www.jugendkulturen.de
- Alissa Quart, Branded. Wie wir gekauft und verkauft werden, München 2003.
- Lawrence Kohlberg u.a., Die Psychologie der Moralentwicklung, Frankfurt a.M. 1996.

Das Jahr der Extreme *Lukas Schmutz*

Spurensuche im politischen Klima eines Umbruchjahres

Die Polit-Debatte nahm ‹unschweizerisch› zugespitzte Formen an, und die politischen Veränderungen waren von einer für das Land ungewöhnlichen Radikalität. Gibt es Zusammenhänge zwischen dem Erdrutsch in der Schweizer Politlandschaft und den weltpolitischen Erschütterungen, die das Jahr 2003 prägten?

Verwundert rieben sich die Baslerinnen und Basler während ein paar heissen Sommerwochen die Augen. Im Meer der Polit-Plakate mit Kandidatenbildern, das im Wahljahr die Stadt überschwemmte, tauchte unvermittelt das Konterfei Osama Bin Ladens auf. Die SVP Basel-Stadt hatte das Bild des Al-Kaida-Führers auf ihr Plakat gesetzt. Offenkundig war man zum Schluss gekommen, es sei im Kampf um Wählerstimmen aussagekräftiger und wirkungsvoller als die Gesichter der eigenen Kandidatinnen und Kandidaten.

Ob das Kalkül der SVP hier aufgegangen ist oder nicht, müsste eine detaillierte Wählerforschung zeigen. Doch unabhängig davon und in einer viel grundsätzlicheren Weise ist das Auftauchen Bin Ladens im Basler Wahlkampf bemerkenswert: Offenbar ist eine aus globalen

Zusammenhängen stammende allgemeine Unsicherheit auch hier so stark präsent, dass man ihr zutraut, bei der Wahlentscheidung Einzelner den Ausschlag zu geben.

Die SVP – als Urheberin des Plakats – vertritt bekanntlich eine Politik der stärkeren Abschottung der Schweiz gegenüber fast allen Phänomenen der globalisierten Welt. Das Plakat zeigt das und steht zugleich im Widerspruch dazu. Denn ein Bin-Laden-Plakat in Basel ist eigentlich ein direktes Eingeständnis der Tatsache, dass das, was der Terrorführer tut oder lässt, hier eine Rolle spielt. Das Plakat nimmt also eine zentrale und dennoch kaum greifbare politische Dimension der Zeit mit durchaus sensiblem Gespür auf.

Diese Widersprüchlichkeit ist typisch für die Art, wie die SVP Phänomene wie den internatio-

nalen Terrorismus ‹thematisiert›, wie so gerne gesagt wird. Offensichtlich geht es nicht um jene sachliche Ebene, die es braucht, wenn wirklich thematisiert werden soll. Das Thema, die Wirkung des weltweit operierenden Terrorismus auf die Schweiz, kommt nur als ein Schreckbild in den Blick und kann bestenfalls den Nebel der Angst zwischen dem Betrachter – also dem Wähler – und dem Thema verdichten.

Das ist dürftig. Und dennoch hat sich die politische Methode, die in sehr viel breiterer Weise nach dem Muster dieses Plakats funktioniert, in den letzten Jahren als enorm wirkungsvoll erwiesen. Der beeindruckende Vormarsch der SVP auch in diesem Jahr verdankt ihr viel. Und Analytiker verweisen dann zur Erklärung des Erfolgs – wohl zu Recht – jeweils gerne auf das ‹allgemeine politische Klima›.

Aber was wird damit gesagt? In der Regel ist dieser Hinweis nur eine diffuse Generalerklärung, wenn das Verstehen aufgehört hat. Was prägte denn das politische Klima in Basel 2003? Es gibt ja keine politischen Seismografen, die das wirklich untersuchen könnten. Und dennoch war das Schweizer Politjahr von derart einschneidenden globalen Ereignissen überschattet – und vielleicht eben auch beeinflusst –, dass es opportun scheint, atmosphärische Spuren genau in den Bereichen zu suchen, in die das Bin-Laden-Plakat weist. Nicht um Wechselwirkungen zwischen der lokalen und der globalen Ebene zu beweisen, sondern um diesen Raum der alltäglichen Wahrnehmung, der im 2003 so nachhaltig durchgeschüttelt wurde, wenigstens nicht auszublenden.

Zweifellos war der Irak-Krieg das Schlüsselereignis des Jahres. Von ihm ging der Eindruck aus, dass wir mitten in einem weltpolitischen Umbruch stehen. Das extreme Machtgefälle zwischen den zur Hegemonialmacht aufgestiegenen USA und dem Rest der Welt wurde in einer Weise demonstriert, die selbst die Amerikabewunderer unter den Zeitgenossen aufhorchen liess. Dass die Supermacht sich zur ‹präventiven› Kriegführung als Mittel ihrer globalen Politik berechtigt glaubte, irritierte schon in der Phase der Vorbereitung des Kriegs. Die planmässige Durchführung nach längst vorbereiteten Blaupausen aus dem Pentagon und in offener Missachtung des Völkerrechts verbreitete Konsternation. Die Gewalt des Kriegs, sodann die zutiefst chaotischen Zustände nach der Besetzung und die Fortsetzung völlig unberechenbarer Gewalt, die im Ergebnis heute sichtbar sind, liessen vielerorts Unglauben und Ohnmacht zurück.

Für diese extreme geschichtliche Ereigniswucht hatten die meisten Zeitgenossen kaum Vergleiche

Die SVP setzte auf die allgemeine Verunsicherung der Wählerinnen und Wähler und die Wechselwirkung zwischen lokaler Politik und globalen Ereignissen und sie hatte Erfolg damit.

aus eigener Erfahrung. Und die Heftigkeit des Eindrucks übersetzte sich direkt ins alltägliche Bewusstsein und Verhalten. Lange hatte man – auch in der Schweiz – keine Demonstrationen von derartiger Grösse und emotionaler Unmittelbarkeit erlebt. Gerade die jungen Menschen, die viele vorschnell schon in die Schublade der Entpolitisierten geworfen hatten, reagierten direkt. 2003 markiert zweifellos eine Phase des ‹Erwachens› von politischem Bewusstsein.

Auch die Debatten in den Medien, und in der Öffentlichkeit allgemein, hatten nun eine Intensität, die frappierend war. Die Menschen spürten, dass sich Grundlegendes ereignete und beteiligten sich an der Kontroverse über Ursachen und Folgen mit der Verve wirklicher Betroffenheit. Die Wirkung auf die konjunkturelle Lage war dabei für viele bis hinauf in die so genannte Expertenszene noch das Fassbarste. Doch der Eindruck insgesamt blieb diffus. Der Vorgang war so gewaltig, dass die gewohnten Schemen der Welterklärung wie unterlaufen wurden und mitunter ein Gefühl der schieren Orientierungslosigkeit als bestimmendes Zeitgefühl zurückblieb. Eine fast fiebrige Sensibilität weit über die Wahrnehmung des Kriegs im Irak hinaus drang bis in den Alltag vor. Zum Beispiel beim Blick auf Wahlplakate oder in der Wahrnehmung ganz anderer, damit scheinbar völlig unzusammenhängender Erscheinungen.

Am Bau des Basler Messeturms etwa wurde deutlich, wie – und wie tief – das Bewusstsein von Eingebundensein in globale Zusammenhänge in einer Schweizer Stadt wuchs. Dass der Turm entstand, hängt zunächst mit einer durch und durch ‹baslerischen› Entstehungsgeschichte zusammen: mit dem Bewusstsein für Urbanismus und Architektur, das hier ausgehend von einer Gruppe hervorragender Köpfe entstanden ist und das seine Kraft stark von einer direkten Beziehung zu den weltweiten städtebaulichen Entwicklungen bezieht. Der Turm ist vor diesem Hintergrund so etwas wie Gestalt gewordenes Bewusstsein von Welt, das aus dieser Stadt aus- und in sie zurückstrahlt.

Die weltweiten Verstrickungen vom 11. September 2001 bis hin eben zum Irak-Krieg bewirkten

nun aber, dass der Turmbau eben nicht (nur) in erster Linie von der baslerischen Seite seiner Entstehungsgeschichte her wahrgenommen werden konnte. Weil es der historische ‹Zufall› wollte, dass der Anschlag des 11. September 2001 auf das New Yorker World Trade Center in die Planungs- und Entstehungszeit des Turms fiel, wurde das damals entstandene globale Terrortrauma zu einem prägenden Hintergrund für die Wahrnehmung des Baus und später der Präsenz des Turms in der Stadt. Jedem, der den Turm betrachtet oder sich darin aufhält, kommt die Erinnerung an den 11. September irgendwie und immer wieder neu hoch. Das neue Wahrzeichen der Stadt ist – wie nebenbei – zu einer Art ungewolltem, lokalem Mahnmal für die globale Verunsicherung seit dem 11. September geworden. Und der Irak-Krieg, der in der Rhetorik des US-Präsidenten George W. Bush als Teil des Antiterror-Kriegs dargestellt wurde und entsprechend als eine Art Folgeereignis erschien, hat diese Komponente in der Phantasie noch stärker aktiviert. Von daher ergibt sich zwar kein direkter Bezug zum SVP-Plakat oder gar zur Schweizer Politik allgemein. Aber die durchschlagende Präsenz globaler Unsicherheiten, die das Plakat sucht, wird in der symbolischen Aufladung des Messeturms doch konkret spürbar.

In durchaus ähnlicher Weise prägte ein allgemeineres, weniger direkt auf die Stadt bezogenes Phänomen das Jahr. Die aussergewöhnliche Hitze, die sich über Europa legte, war so stark, so drückend, dass Atmosphäre, Klima und Wetter sich in einem ganz grundsätzlichen Sinn in die Wahrnehmung Aller vordrängten. Man kämpfte zuweilen mit den ungewöhnlichen Temperaturen, genoss sie aber auch, wenn man fast verwundert registrierte, wie sich in der Stadt am Rhein eine geradezu mediterran gelöste Stimmung ausbreitete.

In diesen Momenten rückte wieder stärker in den Hintergrund, was dennoch untrennbar zur Erfahrung der gleissenden Sommerhitze gehörte: Das Wissen um die globale Klimaerwärmung, das eigentlich jedermann längst irgendwie mit sich getragen hatte, war zur realen Erfahrung geworden. Kein einziges wissenschaftliches Argument, das die Klimaerwärmung noch schlüssiger belegt hätte, war faktisch dazugekommen. Doch vor dem Hintergrund dessen, was man hier an Wettererfahrung hatte und also erwartete, wurde das Erlebnis der Sommerhitze dennoch als so extrem empfunden, dass das Phänomen der Klimaerwärmung als physische Erfahrung eine bemerkenswerte Deutlichkeit erhielt.

Ob das klimatische Erlebnis politisch relevant wurde, ist offen. Man kann aber feststellen, dass es neben dem schwer fasslichen Verhältnis zwischen lokaler und globaler Zeitgeschichte und jenseits der Gewaltphänomene im Umkreis des Irak-Kriegs Motive der Verunsicherung gab. Die von den Erschütterungen durch Krieg und Terror noch aufgeladene Sommerhitze stand in starkem Gegensatz zum Wahlkampf, der sachpolitische Fragen vernachlässigte und ignorierte, was die Menschen umtrieb. Man spürte nicht, wie viel im wahrsten Sinne des Wortes in der Luft lag oder nahm es zumindest nicht auf.

Zwischen all dem und dem Erdrutsch, der sich auf nationaler Ebene zwischen dem 19. Oktober und dem 10. Dezember mit Parlaments- und Bundesratswahl abspielte, gibt es keinen direkten oder gar kausalen Zusammenhang. Aber dennoch ist es ein interessanter Hintergrund dafür, dass bei der Neuzusammensetzung des eidgenössischen Parlaments die Blöcke an den Rändern des politischen Spektrums gestärkt wurden. Und vielleicht ergeben

Ergebnisse der Wahlen für den Ständerat und den Nationalrat im Kanton Basel-Stadt vom 19. Okt. 2003

Ständerat		Wahlbeteiligung 49,3%		
1. Wahlgang	lic. iur. Anita Fetz	Angelika Zanolari	Christine Wirz-von Planta	übrige
Stimmen:	27 521	9 217	6 569	9 884

Quelle: Staatskanzlei Basel-Stadt, Statistisches Amt

Nationalrat – Parteistärke und Sitze				Wahlbeteiligung 49,6%					
SP	SVP	FDP	LDP	CVP	Grüne	BastA!	VEW	SD	JFBS
39,8	17,9	9,2	8,5	6,6	5,7	3,5	2,9	1,1	0,7
Gewählt:	Dr. rer. pol. Ruedi Rechsteiner (SP)		lic. iur. Anita Fetz (SP)		Dr. rer. pol. Remo Gysin (SP)		Dr. med. Jean-Henri Dunant (SVP)		Dr. chem. Johannes Randegger (FDP)
Stimmen:	26 820		24 988		24 618		11 770		9 272

Quelle: Staatskanzlei Basel-Stadt

sich sogar Hinweise darauf, warum sich in der Schweiz im letzten Jahr ein politischer Diskurs wirklich neuen Charakters wie über Nacht durchsetzen konnte. Denn es war nicht nur verblüffend, sondern ein absoluter Bruch mit der pragmatischen Schweizer Politkultur, wie es der SVP gelang, die zweifellos grossen Herausforderungen beim Schuldenabbau und beim Umbau des Sozialstaats bis in die mediale Öffentlichkeit mit der Rhetorik eines nationalen Notstandes aufzuladen und das Bild von Christoph Blocher als einer Art Retterfigur von fast religiösem Zuschnitt zu etablieren.

Weder die finanzpolitischen und sozialstaatlichen Probleme noch die zweifellos ebenfalls heikle Arbeitsmarkt-Situation sind faktisch so gravierend, dass aus ihnen diese Zuspitzung des Diskurses erklärbar wäre. Darum war vielleicht doch relevant, dass die Beunruhigung vieler Schweizerinnen und Schweizer über Fragen, die nun direkt mit der materiellen Lebensgrundlage zusammenhängen, ins Klima einer allgemeinen Unsicherheit fiel. Und das Bedürfnis nach Stabilität und Sicherheit sich an die politischen Extreme klammern konnte, wo Klarheit und Entschiedenheit wenigstens versprochen wurden. Jedenfalls kann man feststellen, dass die urschweizerische Tradition der vorgreifenden Suche nach Ausgleich und Kompromiss in einer Zeit globaler Verunsicherung nicht greifen wollte ...

Misst man diesen atmosphärischen Spuren aus dem Jahr 2003 eine Bedeutung zu, wird man zumindest zögern, die Abschottung nach aussen und die Verengung der politischen Debatte auf Fragen der unmittelbaren wirtschaftlichen Betroffenheit, die sich mit der Bundesratswahl eingestellt haben, schon als Zeichen einer längerfristigen politischen Trendwende in der Schweiz zu sehen. Die National- und Bundesratswahlen waren eben auch der Schweizer Spiegel eines Jahrs der Extreme, in dem das politische Klima von so heftigen Wetterlagen bestimmt wurde, dass scheinbar bizarr abseitige Erscheinungen wie das Osama Bin Laden-Plakat gerade in ihrer Widersprüchlichkeit Zeichen waren, die den ungewöhnlichen Charakter des Jahrs irgendwie doch genau trafen.

Der Jahrhundertsommer
Sommerissimo *-minu*

Viele sprachen vom ‹Sommerissimo› – dem Sommer aller Zeiten. Andere redeten von Hitzerekorden. Und die Dritten stöhnten: «Ab an den Nordpol!»

Um es gleich vorweg zu nehmen: Dieser Traumsommer 03 brachte weder einen Basler Hitzerekord noch die grösste Anzahl an Hitzetagen. Den Hitzerekord in unserer Stadt (gemessen auf dem Bruderholz) hält noch immer der 31. Juli 1983. Damals ist das Thermometer auf 39,2 Grad Celsius geklettert. Dieser Messwert wurde Schweizer Rekord – und ist schliesslich im vergangenen Hitzesommer im bündnerischen Grono eingestellt worden. Hier haben die Wetterfrösche am 11. August 41,5 Grad registriert.

Immerhin – 43 Hitzetage über 30 Grad hat der Sommer 2003 den Baslern beschert. Nur 1947 war es heisser. Damals registrierte man noch zehn Tropentage mehr. Und doch wird in unseren Erinnerungen der vergangene Sommer unvergesslich bleiben – nie war Basel mediterraner, nie haben sich mehr Menschen im Rhein abgekühlt. Nie war der Ruf nach ‹klimatisierten Drämmli› lauter. Und noch nie sind so viele Déo-Stifte unter Mann, Frau und Arm gebracht worden.

Bereits am Bündelitag waren Ventilatoren genauso rar wie

Basler Brunnen waren begehrt: zum Durst löschen …

Tickets für einen Match Basel–GC. Plötzlich war die Stadt Rimini und Punta Ala, Mallorca und die Côte. Die Rheintreppen wurden zum Riviera-Strand – und ganz Basel wurde bis morgens in der Früh zum nicht enden wollenden Open-Air.

Zum ersten Mal auch wurde in unsern Breitengraden so etwas wie eine Siesta eingeführt. Nach zwei Uhr mittags war die Stadt oft menschenleer. Die Sommerhitze hat plötzlich das Verständnis für alle Südländer und ihre langen Mittagspausen aufgebracht: «Nein – bei diesen Temperaturen kann keiner mehr arbeiten!». Als dann auch die Computer bei 38 Grad auf ‹tilt› gingen, hatte das Denken offizielle Hitzepause.

Der Süden fand nun also am Rheinknie statt – Ferien wurden kurzfristig abgeblasen (sehr zum Leidwesen der Reisebüros und der SWISS, die allerdings auch ohne Hitzerekorde ins Schwitzen kam). Nur die Trendigen buchten sich einen Trip nach Grönland und schwärmten von Temperaturen um 18 Grad.

Für einmal fand das Sommerleben auf dem Balkon und im Hof, auf den Boulevards und vor dem Grillrost statt. Endlich konnten die Bebbi unter dem Dauerhoch langfristig Gartenpartys planen, ohne gleich eine Regenvariante einbauen zu müssen – und noch nie sind in unserer Region so viele Würste auf die Holzkohle gekommen, wie in diesem Sommer: Es war nicht nur der Sommer der Gelati und Ice-Teas, es war auch der Sommer der grillierten Würste. Coop wie Migros meldeten Rekordumsätze, dass es knallte.

Rekorde natürlich auch in den Gartenbädern. 100 000 Wasserratten haben da wöchentlich das Eglisee, Joggeli oder Bachgraben aufgesucht. Ein durchschnittlicher Basler Sommer bringt es da nur auf 700 000 Eintritte für die ganze Saison. Allerdings schaffte der Riesenansturm auch Probleme:

… zum Abkühlen …

Sofort mussten Ersatzbademeister und Ersatz-Aufsichtspersonal eingestellt werden.

O.K. Nicht alle haben die Hitze genossen – alte Menschen und Kranke litten darunter. Und auch die Tiere der Region konnten diesen Temperaturen nicht viel Freude abgewinnen. Fische mussten aus Bächen, die vom Austrocknen bedroht waren, disloziert werden – und die Kühe der Region wurden auf Gasturlaub zu Bergbauern in die Höhe geschickt. Die Bäume litten ebenfalls unter der Wasserknappheit – nur der Borkenkäfer hat die Trockenheit genossen. Und sich einmal mehr verbreitet.

Kaum, dass der Kalender den Herbst ausrief, kam der heiss herbeigesehnte Regen. Aber auch er konnte die Erinnerung an den ‹Jahrhundertsommer› nicht wegschwemmen. Es blieb die Frage: Was bringt uns der Oktober? Und: Bringt die Klimaveränderung wirklich die Riviera an den Rhein?

Wird's tatsächlich in den nächsten Jahren noch um einen Zacken wärmer, und sollen wir in den Schulen schon mal die Klimaanlagen einbauen?

Fragen über Fragen. Sicher ist nur, dass der wunderbare Sommer Sonnenlächeln auf die Lippen gezaubert hat. Plötzlich war der Alltag heiterer, problemloser, südlicher – eitel Sonnenschein, eben.

Und sicher ist auch: Der nächste Sommer kommt bestimmt.

… zum Baden.

2003 – ein ‹Jahrhundertsommer› *Hans-Rudolf Moser*

Der wärmste Basler Sommer seit 250 Jahren

Aufgrund der ausserordentlich langen Hitzeperiode und der intensiven Sonneneinstrahlung verdient der Sommer 2003 zu Recht das Prädikat ‹Jahrhundertsommer›. Auch bezüglich der Trockenheit gehört er zu den extremsten Sommern seit Beginn der Messungen vor 250 Jahren.

Klimamessungen in Basel blicken auf eine lange Tradition zurück. Im Jahr 1755 begann Professor Johann Jakob d'Annone (Jurist) mit der Beobachtung von Temperatur und Luftdruck. Ab 1826 nahm der Geologie-Professor und Ratsherr Peter Merian diese Messungen wieder auf und erweiterte sie um die Erfassung von Niederschlag und Wind. Seit 1864 gehört die Basler Klimastation zum Schweizerischen Klimamessnetz. Ursprünglich befand sie sich in der Stadt. 1929 wurde sie wegen des Wärmefelds der Stadt auf das Bruderholz verlegt. Die Basler Klimareihe gehört zu den ältesten Messreihen in Mitteleuropa. Die Standortwechsel und Wechsel der Messinstrumente sind statistisch hochgerechnet worden, so dass die Daten aller Jahre seit 1755 vergleichbar sind.

2003 – ein heisser und sehr langer Sommer

Mit seinen Temperaturen wird uns der Sommer 2003 noch lange in Erinnerung bleiben. Er war mit einem Mittelwert von 22,8 °Celsius um 4,9 °Celsius wärmer, als der langjährigen Norm

An der meteorologischen Station auf dem Bruderholz werden seit 1929 täglich die Klimadaten erhoben. Die Temperaturmessung erfolgt in der strahlungsgeschützten Wetterhütte.

entspricht, und auch der wärmste Sommer der Messreihe seit 1755 (vgl. Tabelle ‹Meteorologische Kenndaten›). Er war auch deutlich wärmer als der bisherige Rekordsommer 1947 (20,6 °C). Im Sommer 2003 wurden 81 *Sommertage* (Maximumtemperatur ≥25 °C) und 43 *Hitzetage* (Maximumtemperatur ≥30 °C) gezählt – auch das zwei neue Rekorde: Im Sommer 1947 – dem bis anhin heissesten Sommer – gab es nur 35 Hitzetage. Allerdings setzte sich 1947 die Hitzewelle noch in den September hinein fort mit weiteren 10 Hitzetagen. Nicht so im Sommer 2003, wo pünktlich zum Ende des meteorologischen Sommers eine Kaltfront Regen, böige Winde und die ersehnte Abkühlung brachte.

Die intensivste Hitzeperiode dauerte vom 3. bis zum 18. August 2003 (Abb. S. 28). In einer Serie von 11 Tagen stieg die Temperatur immer über 35 °C. Das *Temperaturmaximum* wurde am 13. August 2003 mit 38,3 °C erreicht. Es blieb damit unter dem Maximum des Jahres 1983 mit 39,2 °C, dem zuvor gesamtschweizerischen Temperaturrekord. Mit 41,5 °C wurde aber am 11. August 2003 in Grono (Südbünden) eine noch höhere Temperatur gemessen.

Mit einer *Regenmenge* von 138 Millimetern (entspricht 138 Litern pro Quadratmeter) blieb der Sommer 2003 auch sehr trocken (normal 255 Millimeter). Allerdings gab es schon Sommer mit noch weniger Regen, so 1983 mit 112 Millimeter und 1976 mit nur 111 Millimeter Regen. Damals war es schon ab Jahresbeginn sehr trocken gewesen.

Der Sommer 2003 wartete mit 907 Stunden Sonnenschein auf (normal 662 Stunden), einer seit 1886 noch nie erreichten *Sonnenscheindauer*. Zudem gab es keinen einzigen sonnenlosen Tag (normal 4 Tage), was nur 1983 ebenfalls der Fall gewesen war.

Aussergewöhnlich am vergangenen Sommer war insbesondere die Länge der Hitzeperiode. Ein sehr beständiges, subtropisches Hoch sorgte vor allem im Juni und August für sengende Hitze. So wurden diese beiden Monate zu den wärmsten der Messreihe seit 250 Jahren. Weite Teile Mittel- und Südeuropas standen unter dem Einfluss dieses Hochdruckgebietes, das den kühlen, atlantischen Westwinden den Weg versperrte. Nur im Juli schwächte sich das Hoch manchmal etwas ab, trotzdem blieb auch dieser Monat im Vergleich zu

Meteorologische Kenndaten Sommer

Meteoparameter	Einheit	Sommer 2003	*Mittlere Sommer*	Sommer 1983	Sommer 1976	Sommer 1947
Mittlere Temperatur	°C	22,8	*17,9*	20,3	19,1	20,6
Hitzetage > 30°C	Anzahl	43	*9*	23	23	35
Sommertage > 25°C	Anzahl	81	*38*	62	55	65
Maximaltemperatur	°C	38,3	*33,7*	39,2	34,6	38,7
Wärmeüberschuss	°C	+ 4,9	*–*	+ 2,4	+ 1,2	+ 2,7
Niederschlagsmenge	mm	138	*255*	112	111	94
Max. NS-Menge	mm	17,3	*34,2*	16	32	9
Sonnenscheindauer	Stunden	907	*662*	745	850	821

Rekorde der Basler Messreihe in Grau

warm. Die Basler Sommertemperatur entsprach 2003 derjenigen eines normalen Sommers in Rom – das 750 Kilometer südlich unserer Stadt liegt.

Trendentwicklung der Sommer-Temperaturen
Langfristig gesehen zeigen die *mittleren Sommer-temperaturen* einen stufenweisen Anstieg (Abb. S. 29), bei allerdings grossen Schwankungen von Jahr zu Jahr. Auffällig sind die hohen Temperaturen Mitte des 20. Jahrhunderts, mit dem Extremjahr 1947. Von 1950 bis 1980 blieben die Sommertemperaturen auf gleichem Niveau. Ab 1980 nahmen sie dann wieder zu bis zum aussergewöhnlichen Sommer 2003 als vorläufigem (?), markantem Abschluss.

Die *mittleren Maximaltemperaturen* im Sommer gingen von 1945 bis 1980 zurück und nahmen danach wieder langsam zu (Abb. S. 30). Der Sommer 2003 nimmt mit 29,8 °C eine auffällig herausragen-

de Stellung ein. Auch bei den *mittleren Minimaltemperaturen* sticht der Sommer 2003 mit 16,8 °C hervor. Allerdings zeigen sie seit 1929 ein stetiges Ansteigen. Die nächtlichen Temperaturen im Sommer haben in den vergangenen 75 Jahren um beinahe 2 °C zugenommen.

Damit zeigt sich bei den Sommertemperaturen ein Trend, der bei den Wintertemperaturen schon länger zu beobachten ist, wo sowohl die Minimal- als auch die Maximaltemperaturen seit 1929 nach oben klettern. Lagen um 1930 die winterlichen Minimaltemperaturen mit –3 °C in der Regel noch deutlich unter der Frostgrenze, so stiegen sie bis heute auf Werte um die Nullgradgrenze. Im selben Zeitraum nahm der Mittelwert der winterlichen Maximaltemperaturen von 4 auf 6 °C zu.

Extremereignisse wie der Hitzesommer 2003 sind, allein genommen, noch kein Beweis für eine Klimaerwärmung. Die Basler Klimareihe belegt

Der Verlauf der Temperaturen und der Ozonwerte im Sommer 2003.
Die höchsten Temperaturen (und Ozonwerte) traten in der ersten Monatshälfte August auf.

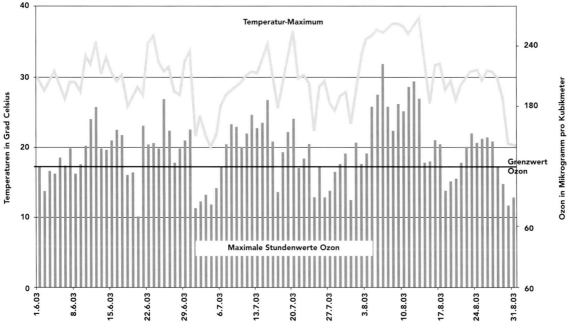

aber ein deutliches Ansteigen der Temperaturen – vor allem in den letzten Jahrzehnten –, wie dies durch die globalen Klima-Modelle berechnet wird. Diese Modelle postulieren auch, dass in Zukunft die Häufigkeit von extremen Witterungsverhältnissen zunehmen wird. Hitzesommer wie der vergangene – gleich wie die Extremniederschläge im Sommer des Vorjahres in Dresden! – sind Indizien dafür, dass die Aussagen der Modellrechnungen in die richtige Richtung weisen.

**Heisses Sommerwetter –
und was war mit dem Ozon?**
Ozon entsteht durch fotochemische Reaktionen aus den Abgasen des motorisierten Verkehrs und weiterer Quellen wie Industrie und Gewerbe. Aus diesen Vorläuferschadstoffen bildet sich unter starker Sonneneinstrahlung und hohen Temperaturen Ozon. Verantwortlich für die Ozonbelastung ist der

Mensch mit seinen Abgasen, nicht das Wetter. Bei gleicher Emission der Vorläuferschadstoffe wird aber bei starker Sonnenstrahlung mehr Ozon gebildet als bei wenig Sonnenstrahlung. Nicht verwunderlich, dass deshalb im heissen und sonnigen Sommer 2003 die Ozonbelastung ausserordentlich lange übermässig war.

In diesem Sommer wurde der Schweizerische *Grenzwert* (120 Mikrogramm pro Kubikmeter während einer Stunde pro Jahr) an 46 bis 77 von insgesamt 92 Tagen *überschritten*, was je nach Standort 400 (Stadt Basel) bis 1 000 Stunden (ländliche Höhenlagen) entspricht. In der Stadt wird das tagsüber gebildete Ozon nachts durch andere Schadstoffe abgebaut, so dass am Morgen in der Frühe die Ozonbelastung nur noch sehr gering ist. Im ländlichen Gebiet bleibt die Ozonbelastung auch nachts hoch, da dort der Abbau von Ozon durch andere Schadstoffe fehlt. Dieser Effekt erklärt die

Der Sommer 2003 war der wärmste Sommer seit Messbeginn 1755!

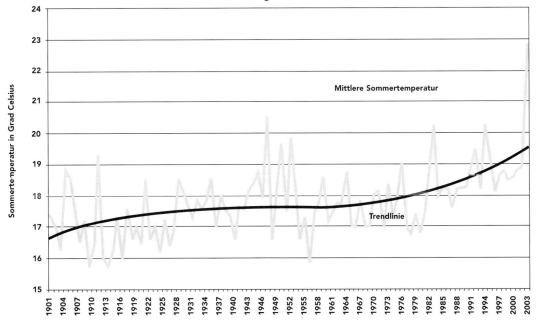

längere Dauer der hohen Ozonbelastung auf dem Lande. Stundenwerte von 180 Mikrogramm pro Kubikmeter oder mehr (das heisst 50 % über dem Grenzwert) wurden an 3 bis 13 Tagen gemessen, mehr als 240 Mikrogramm (das Doppelte des Grenzwertes) hingegen nur an einem Tag an der Höhenstation Chrischona. Die Spitzenwerte lagen im Bereich zwischen 230 (Basel St. Johanns-Platz) und 250 (Chrischona) Mikrogramm pro Kubikmeter. Damit unterscheiden sich Stadt und Land deutlich in der Dauer der übermässigen Belastung, aber nur mehr geringfügig in der maximalen Belastung. Die Spitzenwerte wurden in der ersten Hälfte August gemessen, zeitgleich mit der intensivsten Hitzephase (Abb. S. 28).

Die Ozonmessungen in der Region Basel begannen in der ersten Hälfte der 1980er-Jahre. Die Zahl der Überschreitungen und damit die Dauer der übermässigen Belastung war noch nie so hoch gewesen wie im Sommer 2003, auch wenn in früheren Jahren schon höhere Spitzenwerte gemessen worden sind (in den Jahren 1983 bis 1986 lagen in der Region Basel die Maximalwerte zwischen 260 und 290 Mikrogramm pro Kubikmeter). Ein überregionaler Vergleich für den Sommer 2003 zeigt, dass im Raum Strassburg/Mannheim (um 270 µg/m³) oder im Südtessin (über 350 µg/m³) noch höhere Spitzenwerte der Ozonbelastung als im Raum Basel gemessen wurden. Ozon ist kein lokales, sondern ein überregionales Problem. Mit den bisherigen Massnahmen haben sich die Spitzenwerte etwas senken lassen, doch eine deutliche und dauerhafte Verminderung der Ozonbelastung setzt eine weitere Halbierung der Vorläuferschadstoffe voraus – nicht nur in Basel, sondern auch grenzüberschreitend in Mitteleuropa.

Seit 1929 haben langfristig im Sommer vor allem die nächtlichen (Minimal-)Temperaturen zugenommen, die Tageshöchstwerte zeigen erst seit zwei Jahren eine steigende Tendenz.

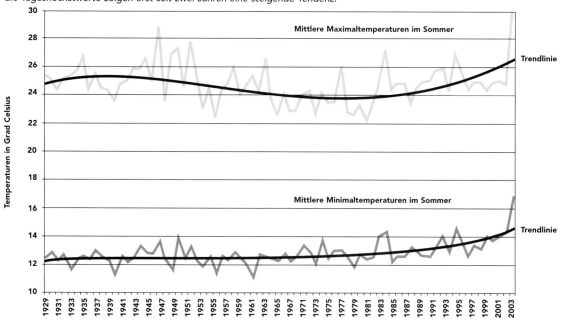

Wirtschaft und Region

Regionale Grenzüberschreitungen

«Grenzregionen haben Pilotfunktion für die europäische Integration. Hier werden ‹bottom-up›, alltäglich und bürgernah die Grenzen überwunden und häufig ohne Zutun der nationalen Zentren pragmatische grenzüberschreitende Losungen getunden», schreibt Eric Jakob zu Recht in seinem Beitrag ‹Basel und Europa›. Trotzdem: Was passiert auf der politischen Ebene? Drei Jubiläen geben Anlass für eine Standortbestimmung: Seit 40 Jahren ist die Schweiz dabei – Was bedeutet der Europarat für die Region Basel? Seit ebenfalls 40 Jahren gibt es die Regio Basiliensis: Was leistete sie und ihr langjähriger Geschäftsführer Christian J. Haefliger, der unermüdliche Kämpfer für ein regionales Bewusstsein? Die Informationsstelle Infobest kann auf ihr 10-jähriges Bestehen zurückblicken: eine Erfolgsstory?

Lörrach und Weil am Rhein bilden neu ein ‹Oberzentrum›. Was bedeutet dies für die beiden badischen Nachbarstädte und die TAB, die trinationale Agglomeration Basel?

Antworten geben die Beiträge von Eric Jakob und Elisabeth Rosenkranz.

Weitere Themen:

- Von wirtschaftlicher wie regionalpolitischer Brisanz ist die Krise des EuroAirports. Der Flughafen kämpft – nicht zum ersten Mal in seiner Geschichte – um seine Bedeutung.
- Ebenfalls krisengeschüttelt ist die Partnerschaft beider Basel in Sachen Spitalplanung, und ein Ende des Dauerbrenners ist nicht absehbar …

Basel und Europa *Eric Jakob*

Drei Jubiläen im Zeichen der Zusammenarbeit am Oberrhein

Unabhängig davon, ob die Schweiz der Europäischen Union angehört oder nicht, das Thema ‹Europa› fällt in der Region Basel seit jeher auf fruchtbaren Boden. Im Jahr 2003 wurden gleich drei Jubiläen gefeiert, welche einmal mehr die enge Verknüpfung Basels mit seinen europäischen Nachbarn deutlich gemacht haben: 40 Jahre Regio Basiliensis, 40 Jahre Schweiz im Europarat und 10 Jahre Infobest Palmrain.

Die Grenze als Hindernis und Chance

«Die Grenzen des Stadtkantons Basel-Stadt stimmen nicht mit dem überein, was geografisch, wirtschaftlich und sozial unter Basel verstanden wird. Basel ist das Zentrum eines wirtschaftlichen, gesellschaftlichen und kulturellen Grossraums, der wegen der Aufsplitterung in Staaten, Kantone und Gemeinden immer nur in Teilsegmenten wahrgenommen wird.», so die ‹Verfassungskommission Gemeinden und regionale Zusammenarbeit›.[1] An Grenzen zu stossen und Grenzen zu überwinden gehört in der Dreiländeragglomeration Basel mit über 600 000 Einwohnern zu den Alltagserfahrungen. Grenzen bedeuten Netzbrüche, die am offensichtlichsten in der Verkehrsinfrastruktur auftreten, die aber auch die Rechtssysteme,

die politischen Entscheidungsstrukturen und die kulturellen Gepflogenheiten betreffen. Unterschiedliche Gesetze und Formalitäten, aber auch Sprach- und Mentalitätsbarrieren erschweren den Alltag. Grenzen bedeuten für die Wirtschaft häufig zusätzliche Kosten, für die Bürgerinnen und Bürger Unannehmlichkeiten. Grenzen müssen allerdings nicht nur eine trennende, sie können sehr wohl auch eine verbindende Funktion haben: Sie schaffen Zugang zu den Nachbarn, zu neuen Märkten und fremden Kulturräumen. Vorausgesetzt, dass das Fremde und Ungewohnte hinter den Grenzen nicht mit Angst, sondern mit Neugier und Unternehmergeist wahrgenommen wird, sind Grenzen als Schnittstellen der Kulturen geradezu prädestiniert, eine fruchtbare Dynamik auszulösen und Raum

für Neues zu schaffen. In diesem Sinne hat die doppelte Erfahrung der Grenze als Hindernis und Chance durchaus auch eine europäische Dimension.

«Grenzregionen haben Pilotfunktion für die europäische Integration.»[2] Hier werden ‹bottom-up›, alltäglich und bürgernah die Grenzen überwunden und häufig ohne Zutun der nationalen Zentren pragmatische grenzüberschreitende Lösungen gefunden. Umgekehrt wirken sich die ‹top-down› zwischen den europäischen Nationalstaaten oder in Brüssel vereinbarten Freiheiten und Integrationsschritte häufig in den Grenzregionen zuerst und in besonders unmittelbarer Art und Weise aus. Die Integration Europas geht nicht ohne Integration vor Ort, direkt an den Grenzen und im Alltag der Bürger.

40. Geburtstag der Regio Basiliensis

Dieser doppelten Erfahrung der Grenze als Hindernis und als Chance ist denn auch die Gründung der REGIO BASILIENSIS vor 40 Jahren zuzuschreiben. Es waren junge Leute aus Wirtschaft und Politik, welche es Anfang der 1960er-Jahre als notwendig erachteten, in Basel eine Plattform für die grenzüberschreitende Zusammenarbeit mit den benachbarten Regionen in Deutschland und Frankreich zu schaffen. Die Gründung der REGIO BASILIENSIS wird auf den 20. Februar 1963 datiert, da an diesem Tag die entscheidenden Beschlüsse zur Gründung der Arbeitsgruppe und des Fördervereins getroffen wurden. Der 40. Geburtstag am 20. Februar 2003 wurde auf Einladung des Mitgründers, langjährigen Präsidenten und heutigen Ehrenpräsidenten der REGIO BASILIENSIS, Dr. Peter Gloor, im kleinen Kreis mit zwei Dutzend Regio-Pionieren und -Akteuren symbolträchtig beim Dreiländereck gefeiert. Die Jubiläums-Generalversammlung mit rund 260 Gästen wurde am 10. Juni 2003 in Muttenz durchgeführt. Diese 40. Generalversammlung stand allerdings ganz im Zeichen der Verabschiedung des langjährigen Geschäftsführers der REGIO BASILIENSIS Christian J. Haefliger.

Ein beachtlicher Leistungsausweis

Seit ihrer Gründung im Jahr 1963 prägt die REGIO BASILIENSIS die regional-grenzüberschreitende Kooperation am Oberrhein entscheidend mit. Ihr Zweck ist es, von schweizerischer Seite Impulse für die Entwicklung des oberrheinischen Raumes zu einer zusammengehörigen europäischen Grenzregion zu geben. Die REGIO BASILIENSIS ist einerseits ein Verein, der von rund 600 Einzel- und Kollektivmitgliedern getragen wird. Andererseits nimmt sie seit 1970 mit ihrer Interkantonalen Koordinationsstelle (IKRB) im Auftrag der Kantone Basel-Stadt und Basel-Landschaft und mittlerweile auch für die Kantone Aargau (seit 1996), Solothurn und Jura (seit 2003) die Funktion als Drehscheibe für die grenzüberschreitende Oberrhein-Kooperation wahr.

Die REGIO BASILIENSIS hat zu vielen der trinationalen Errungenschaften, auf welche die Region heute mit Stolz blicken kann, einen wesent-

‹Vergrenzte› Dreiländeragglomeration Basel mit über 600 000 Einwohnern.

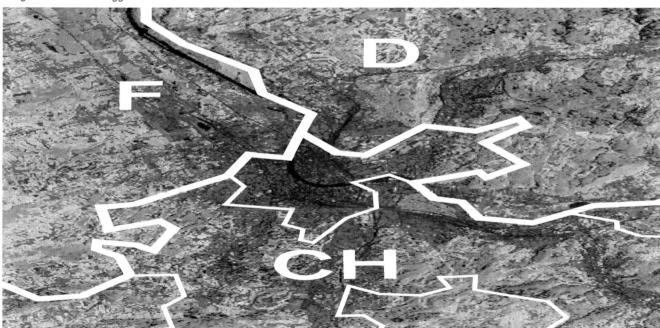

lichen Beitrag geleistet. Bereits in den 1970er-Jahren wurde beispielsweise die Idee einer grenzüberschreitenden Regio-S-Bahn lanciert, die mit der Eröffnung der ‹Grünen Linie› zwischen Mulhouse und dem Aargauer Fricktal im Jahr 1997 oder der ‹Roten Linie› zwischen Wiesental und Badischem Bahnhof im Jahr 2003 nun schrittweise realisiert wird. An vorderster Front hat die REGIO BASILIENSIS beim Aufbau der Deutsch-französisch-schweizerischen Oberrheinkonferenz (ORK) mitgewirkt, welche heute das zentrale Kooperationsgefäss der regionalen Regierungen und Verwaltungen am Oberrhein darstellt. Sie war ferner 1971 Gründungsmitglied der Arbeitsgemeinschaft Europäischer Grenzregionen (AGEG), welche eine wichtige europäische Lobbying-Funktion für Grenz- und grenzüberschreitende Regionen auf europäischer Ebene wahrnimmt.

Rund 100 Interreg-Projekte mit Schweizer Beteiligung

Einen eigentlichen Schub erfuhr die grenzüberschreitende Zusammenarbeit am Oberrhein 1989 und in den darauf folgenden 1990er-Jahren. 1989 wurde das ‹Regionale Klimaprojekt› (REKLIP) gestartet und der Verbund der Oberrheinischen Universitäten (EUCOR) gegründet. In dieser Zeit sind auch die ‹Dreiländer-Kongresse›, in welchen neben den staatlichen Partnern der Oberrheinkonferenz auch Wirtschafts- und Wissenschaftskreise in die grenzüberschreitende Zusammenarbeit einbezogen sind, zu einer festen Einrichtung geworden. Kongressthemen waren bisher Verkehr, Kultur, Umwelt, Wirtschaft, Jugend, Handwerk und Gewerbe, Raumordnung und Bürgerpartizipation. Zurzeit bereitet die REGIO BASILIENSIS im Auftrag der Nordwestschweizer Kantone den 9. Dreiländerkongress zum Thema ‹Medien und Kommunikation am Oberrhein› vor, der im September 2004 stattfinden wird.

Seit rund zwölf Jahren profitiert unsere Grenzregion von den INTERREG-Programmen der Europäischen Union. Bis heute wurden im Rahmen von INTERREG rund 200 grenzüberschreitende Projekte – ungefähr die Hälfte davon mit Schweizer

Beteiligung – mit einem Investitionsvolumen von über 200 Millionen Franken gefördert (Stand September 2003). Hier einige Beispiele: Einrichtung eines trinationalen Studiengangs für Bauingenieure; Unterstützung der Life Sciences durch die ‹BioValley›-Initiative; Trinationaler Museumspass mit 170 angeschlossenen Museen; grenzüberschreitendes Beratungsnetz der Wirtschaftsorganisationen am Oberrhein für KMU; New Energy BASE zur grenzüberschreitenden Nutzung erneuerbarer Energien.

Der Erfolg der grenzüberschreitenden Zusammenarbeit am Oberrhein hat im Verlauf der letzten Jahre auch das Interesse weiterer Kreise auf sich gezogen. Mit der Gründung des ‹RegioTriRhena-Rats› 1995 und seiner Neukonstituierung 2003 wurde ein Gefäss für die Zusammenarbeit auf kommunaler Ebene und insbesondere zwischen den Städten Freiburg i. Br., Colmar, Mulhouse und Basel geschaffen. Mit dem ‹EURES-T›-Netzwerk zwischen den Arbeitsverwaltungen sowie den Wirtschafts- und Sozialpartnern am Oberrhein wird der Arbeitsmarkt grenzüberschreitend noch enger verknüpft. Auch die regionalen Legislativen und Gewählten organisieren sich im ‹Oberrheinrat› und auf lokaler Ebene in der ‹Nachbarschaftskonferenz›.

40 Jahre Schweiz im Europarat

Angesichts dieser vielfältigen Verknüpfungen der Region Basel mit seinen europäischen Nachbarn ist es wohl auch nicht verwunderlich, dass der ‹Europatag› – der 5. Mai – in Basel eine spezielle Bedeutung hat. Am 5. Mai 1949 wurde der ‹Europarat› gegründet, daher wird dieser Tag in allen 45 Mitgliedsländern als ‹Europatag› begangen.

Vor 40 Jahren und nach einer Zeit reiflicher Überlegung wurde die Schweiz mit der Hinterlegung der Beitrittsurkunde im Mai 1963 als 17. Land Mitglied des Europarats. Aus diesem Anlass organisierte das Justizdepartement Basel-Stadt in Zusammenarbeit mit der Europaratssektion des Eidgenössischen Departements für auswärtige Angelegenheiten, der Juristischen Fakultät der Universität Basel, dem Europainstitut der Universität Basel und der REGIO BASILIENSIS am 5. Mai

2003 eine öffentliche Tagung. Die Tagung mit rund 300 Teilnehmerinnen und Teilnehmern war nicht nur dem Rückblick auf 40 Jahre schweizerischer Mitarbeit in diesem zwischenzeitlich wahrhaft paneuropäischen Gremium gewidmet, sondern im Besonderen auch der Rolle der Gemeinden und Regionen in der europäischen Zusammenarbeit. In Referaten und Podiumsgesprächen wurde ein aktueller Überblick über die wichtigsten Themen des Europarats, des Kongresses der Gemeinden und Regionen Europas (KGRE) sowie des Europäischen Gerichtshofs für Menschenrechte geboten.[3] Bundesrätin Micheline Calmy-Rey betonte, dass Basel ein Paradebeispiel einer internationalen Stadt und Teil einer grenzübergreifenden regionalen Zusammenarbeit sei, wie sie der Europarat und der KGRE stark fördere. Insbesondere im KGRE hat Basel eine aktive Rolle. Der Basler Regierungsrat und Vorsteher des Justizdepartements Dr. Hans Martin Tschudi lässt hier in seiner Funktion als Berichterstatter für grenzüberschreitende Zusammenarbeit die Erfahrungen der Oberrhein-Region mit einfliessen. Seit dem Fall der Berliner Mauer ist der Europarat zum demokratischen Gewissen des gesamten Europa in Ost und West geworden. Viele Grenzregionen in Mittel- und Osteuropa, die jahrzehntelang voneinander getrennt waren, sind sehr interessiert an diesem Know-how-Transfer. Umgekehrt profitiert ganz Europa von der stabilisierenden Wirkung des Grenzabbaus in Mittel- und Osteuropa.

10 Jahre Infobest-Palmrain

Wenn man über Basel und seine europäischen Nachbarn spricht, darf man natürlich die Grenzgängerinnen und Grenzgänger nicht vergessen: 55 000 Grenzgänger pendeln täglich aus Deutschland und Frankreich in die Nordwestschweiz.

Es sind in erster Linie Grenzgänger, dann aber auch andere Privatpersonen sowie Unternehmungen, Vereine und Verwaltungsstellen, welche die 1993 gegründete Informations- und Beratungsstelle für grenzüberschreitende Fragen INFOBEST PALMRAIN in Village-Neuf (F) aufsuchen. Ein Team mit je einem/r deutschen, französischen und

schweizerischen Berater/in sowie einer Assistentin arbeiten unter einem Dach in der ehemaligen Zollplattform bei der Palmrainbrücke zusammen. Es werden über 300 Anfragen pro Monat zu Themen des Arbeitsrechts, der Sozialversicherungen oder der Wohnsitznahme im Nachbarland bearbeitet oder an die zuständigen Verwaltungsstellen in den drei Ländern weitergeleitet.

Das 10-Jahr-Jubiläum der INFOBEST PALMRAIN wurde am 21. Juni 2003 auf der ehemaligen Zollplattform mit einer trinationalen Fahrzeug- und Geräteschau von Polizei, Feuerwehr, Zoll und Hilfswerken sowie abends mit einem Fest für die Bevölkerung begangen. Diese Jubiläumsfeier war eingebettet in den ‹TriRhena-Tag› mit zahlreichen kulturellen Veranstaltungen im Dreiländereck. Unter dem Motto ‹Mobilität ohne Grenzen› galten an diesem Tag sämtliche Tages-, Monats- und Jahreskarten der öffentlichen Verkehrsmittel über

‹Europatag› am 5. Mai 2003 in Basel mit Bundesrätin Micheline Calmy-Rey und Regierungsrat Dr. Hans Martin Tschudi.

die Grenzen hinaus. Ferner wurde von den Präsidenten der vier Institutionen RegioTriRhena-Rat, INFOBEST PALMRAIN, ‹Trinationale Agglomeration Basel› (TAB) und ‹Nachbarschaftskonferenz› das grenzüberschreitende Kompetenzzentrum ‹Maison TRIRHENA Palmrain› eingeweiht. Dies darf als erster Schritt zu einer engeren Kooperation der vier Institutionen unter einem Dach angesehen werden. Dieses trinationale Kompetenzzentrum bei der Palmrainbrücke soll nach und nach zur zentralen Anlaufstelle für die Bevölkerung und zum eigentlichen Nukleus der grenzüberschreitenden Zusammenarbeit werden – mit eigener Rechtsform und gemeinsamer grenzüberschreitender Finanzierung: Dies ist eine der Zukunftsvisionen, welche Netzbrüche verschwinden und die Grenze zu einem Ort der Begegnung werden lässt.

Anmerkungen

1   Verfassungsrat des Kantons Basel-Stadt, 3. Zwischenbericht der Verfassungskommission Gemeinden und regionale Zusammenarbeit, 16. November 2001.

2   Wolfgang Schäuble, ‹Europäische Integration an den Nahtstellen der Geschichte – die Bedeutung der grenzübergreifenden Regionen›, in: Rendez-vous 2000 der europäischen Grenzregionen, hg. von Eric Jakob, Schriften der Regio 18, Basel/Frankfurt a.M. 2001, S. 174–177.

3   Eric Jakob/Martin Weber (Hg.), 40 Jahre Schweiz im Europarat, Schriften der Regio 19, Basel/Frankfurt a.M. 2003.

Regionale Grenzüberschreitungen
‹Mister Regio›

Eric Jakob

Christian J. Haefliger,
der langjährige Geschäftsführer der Regio Basiliensis,
quittierte nach 33 Jahren seinen Dienst

Der Verein Regio Basiliensis feierte 2003 sein 40-jähriges Bestehen. 33 Jahre davon hat Christian J. Haefliger an vorderster Front miterlebt, zunächst als Stellvertreter des Gründers Hans J. Briner und die letzten 11 Jahre als Geschäftsführer. Ende Juni 2003 ist der 63-Jährige auf eigenen Wunsch vorzeitig in den Ruhestand getreten.

Christian J. Haefliger, 33 Jahre im Dienst der Regio Basiliensis.

Christian J. Haefliger wurde 1940 in Wien geboren. 1946 kam er ins elterliche Basel, verbrachte hier die Schulzeit, zog danach nach England, kehrte nach Basel zurück und wurde Hochbauzeichner und später Werkbund-Architekt.

Eigentlich sollte er Ende der Sechzigerjahre Partner eines Architekturbüros werden. Dieses wiederum war an der Vorbereitung einer Ausstellung über Regionalplanung im Gewerbemuseum beteiligt. So kam Christian Haefliger mit Studien zur trinationalen Oberrhein-Region in Berührung – und blieb der grenzüberschreitenden Zusammenarbeit ein Arbeitsleben lang treu.

Begonnen hat Christian Haefliger seine Tätigkeit 1970 als stellvertretender Geschäftsführer der REGIO BASILIENSIS mit einem 100-seitigen ‹regio report› über die ersten Jahre der grenzüberschreitenden Kooperation. Er bearbeitete damals schon eine Projektskizze für die Regio-S-Bahn – sein ‹Lieblingskind› unter den grenzüberschreitenden Vorhaben –, welche nun seit 1997 schrittweise realisiert wird.

Gleichzeitig baute er Anfang der Siebzigerjahre die ‹Interkantonale Koordinationsstelle der Regio Basiliensis› (IKRB) auf, welche als staatliches Bein dem 1963 gegründeten privatrechtlichen Verein REGIO BASILIENSIS angegliedert wurde. Erst diese Koordinationsstelle ermöglichte das trinationale Netzwerk, das 1975 als ‹Deutsch-französisch-schweizerische Oberrheinkonferenz› (ORK) etabliert wurde. Christian Haefliger war bis zur Eröffnung des gemeinsamen ORK-Sekretariats (1995) Schweizer Delegationssekretär und von 1980 bis 1988 auch Vorsitzender der ORK-Arbeitsgruppe ‹Verkehr› sowie von deren Expertenausschuss ‹Nahverkehr›. Von 1980 bis 1992 war der Sozialdemokrat Haefliger Mitglied im Grossen Rat.

Als Geschäftsführer ab 1992 reorganisierte er die REGIO BASILIENSIS und baute die INTERREG-Funktionen mit Kantons- und Bundesmandaten auf. Als erster Projektleiter der Beratungsstelle INFOBEST PALMRAIN prägte er diese entscheidend mit. Ab 1995 wirkte er im Präsidium der ‹Arbeitsgemeinschaft Europäischer Grenzregionen› (AGEG) mit. Er war zudem aktiv an der Gründung und Weiterentwicklung des kommunal geprägten Regio-TriRhena-Rats beteiligt. 2001 wurde Haefliger in den Verfassungsrat des Kantons Basel-Stadt gewählt, wo er sich seither für eine Verankerung der kantonalen Aussenbeziehungen in der neuen Verfassung einsetzt.

Mit Christian Haefliger verlässt ein unermüdlicher Kämpfer für die Dreiländer-Region die Bühne. Als Regio-Netzwerker der ersten Stunde hat er über drei Jahrzehnte an fast allen grenzüberschreitenden Fäden gezogen und vor und hinter den Kulissen im Geist der Regio-Idee gewirkt. Christian Haefliger hat nicht nur als visionärer Verkehrsexperte zahlreiche Spuren hinterlassen, sondern vermochte auch mit seiner kommunikativen Begabung und seinem Charme zahlreiche Leute für die Sache der grenzüberschreitenden Zusammenarbeit zu gewinnen. Seine ‹Babuschka›-Konzeption der trinationalen Organe, die ineinander stecken wie hölzerne russische Puppen, bleibt weiterhin Leitidee für seine Nachfolger im grenzüberschreitenden Regio-Geschäft.

Regionale Grenzüberschreitungen

Von wegen ‹Landstädtchen› – damit ist es vorbei

Elisabeth Rosenkranz

Das ‹Oberzentrum› Lörrach / Weil am Rhein

Seit Juli 2002 sind Lörrach und Weil am Rhein gemeinsames ‹Oberzentrum›. Dies kann sich auch auf die Planungen der ‹Trinationalen Agglomeration Basel› auswirken.

Der Tüllinger Berg trennt die beiden Städte des Oberzentrums: Weil am Rhein und Lörrach im Wiesental.

«Wir haben nichts zu sagen, wenn wir nichts zu sagen haben.» Rolf Böhme, 20 Jahre lang Freiburger Oberbürgermeister, war ein Freund plakativer Äusserungen, die in seiner langjährigen praxis-politischen Erfahrung wurzelten. Diesen Spruch münzte Böhme sowohl auf das Verhältnis ‹seiner› Stadt zur badenwürttembergischen Landesregierung in Stuttgart als auch auf das Verhältnis zu den Nachbarstädten Basel und Mulhouse innerhalb der trinationalen Oberrhein-Region. In der Tat: Ist eine Stadt Oberzentrum, wächst auch ihr Stellenwert in der Wahrnehmung anderer: Man hat «etwas zu sagen». Zudem bieten sich Entwicklungschancen, über die es einiges «zu sagen» gibt.

In dieser Lage befinden sich auch die beiden Städte Lörrach und Weil am Rhein, die seit Juli 2002 als gemeinsames Oberzentrum firmieren. Die beiden Stadtoberhäupter Gudrun Heute-Bluhm und Wolfgang Dietz werten die Aufstockung zum Oberzentrum durch die Landesregierung im Rahmen des badenwürttembergischen Landesentwicklungsplans (LEP) als Anerkennung für zentralörtliche Leistungen, die seit Jahren in den beiden südwestlichsten Kommunen im ‹Ländle› erbracht werden. Gelungene Beispiele dafür sind etwa die Neu- und Umgestaltung der Innenstädte für mehr Urbanität, der Ausbau der Berufsakademie Lörrach, das Veranstaltungsangebot des Burghofs, das Laguna Badeland, der Saunapark Vierjahreszeiten, der Rheinhafen, die beiden Landesgartenschaugelände, der Architekturpark mit dem Vitra Design Museum, die Versorgung im Gesundheitswesen und ein vielfältiges Gewerbe- und Dienstleistungsangebot.

Um es vorwegzunehmen: Mehr Geld gibt es für ein Oberzentrum nicht. Automatische Rechtsfolgen bestehen allenfalls darin, Fabrikverkauf (Factory-Outlet-Center) anzusiedeln und mehr Polizeikräfte zu fordern. Allfällige Erwartungen Basels, jetzt finanzkräftigere Partner für die Umsetzung gemeinsamer Projekte im Rahmen der Trinationalen Agglomeration Basel (TAB) zu haben, müssen vor diesem Hintergrund enttäuscht werden.

Wahrnehmung steigt

Dennoch: «Wir werden anders wahrgenommen. In Basel ist durch den Begriff ‹Oberzentrum› klar geworden, dass wir nicht mehr das kleine Landstädtchen sind, als das man uns immer gesehen hat. Wenn ich darauf angesprochen werde, habe ich oft das Gefühl, dass Basel stolz auf uns ist, nach dem Motto: Lörrach und Weil am Rhein haben sich gemausert», sagt Gudrun Heute-Bluhm. Ob das neue Oberzentrum über die TAB-Schiene auch für Basel eine stärkere Wahrnehmung bei der Landesregierung in Stuttgart bedeutet, sei, so die Lörracher Stadtchefin, ein interessanter Gedanke, wenn auch nicht unmittelbar überprüfbar.

Es gibt indes einen anderen – zumindest theoretischen – Aspekt, der im Verhältnis Basel–Oberzentrum Lörrach/Weil am Rhein künftig eine Rolle spielen könnte. Dieses Verhältnis sei, so Stadtchef Wolfgang Dietz, «weniger ein deutsch-schweizerisches als vielmehr ein klassisches Stadt-Umland-Verhältnis.» Dazu gehört, dass zentrale Einrichtungen wie Universität, Theater, Uniklinik etc. bereitgestellt werden, die andere ohne Mitfinan-

zierung nutzen. «Was könnte Basel also daran hindern, diese Themen gegenüber dem neuen Oberzentrum ins Spiel zu bringen? Ich will keine Diskussion lostreten, aber irgendwann werden wir über Gesundheitswesen, Krankenhausversorgung und dergleichen reden müssen», so Dietz. Auch Amtskollegin Heute-Bluhm fände im Interesse der Bevölkerung eine Abstimmung mit Basel vorteilhaft. Allerdings sieht sie in den völlig unterschiedlichen Finanzierungssystemen noch zu hohe Hürden, um etwa im Gesundheitswesen zu Lösungen zu kommen.

Rivalitäten kanalisieren

Vorderhand geht es für Lörrach und Weil am Rhein darum, als gemeinsames Oberzentrum Entwicklungsmöglichkeiten zu definieren und auch gemeinsam auf den Weg zu bringen. Dass dabei auch die ‹Chemie› zwischen den beiden Verwaltungsspitzen stimmen muss, versteht sich. Es ist zudem deren Aufgabe, die traditionelle Erzrivalität zwischen den beiden Kommunen zu kanalisieren und den Tüllinger Berg als manifeste Grenze ‹in den Köpfen› abzutragen. Es ist nun einmal Tatsache, dass die Entwicklung von Lörrach (45 000 Enwohner) und Weil am Rhein (30 000 Einwohner) komplett unterschiedlich verlaufen ist, dass Lörrach immer Amtsstadt war und von daher ein anderes Selbstverständnis hat als die Stadt Weil am Rhein, die Wolfgang Dietz als «Stadt im Werden» bezeichnet. Für Gudrun Heute-Bluhm ist Weil am Rhein «ein gleichberechtigter Partner, der akzeptieren muss, dass für Lörrach Innenstadtentwicklung und Handel enorm wichtig sind. Umgekehrt muss Lörrach akzeptieren, dass in Weil am Rhein ein Schwerpunkt auf industrieller Entwicklung liegt, der Abwanderung aus Lörrach bedeuten kann». Auch Wolfgang Dietz hält unter dem Aspekt einer effizienten Kommunal- und Verwaltungspolitik, aber auch vor dem Hintergrund der Leitlinien des Landesentwicklungsplanes eine gegenseitige Abgrenzung für «unsinnig».

Den LEP Baden-Württemberg gibt es seit 1971. Er ist das integrierende Gesamtkonzept für die räumliche Ordnung und Entwicklung des Landes und ist über der kommunalen Planungshoheit angesiedelt. Mit dem LEP verfügt das Land über klassische Steuerungsinstrumente der Raumordnung, zu denen auch das Netz der Ober-, Mittel- und Kleinzentren zählt. Bereits 1991 hatten die damaligen Oberbürgermeister Rainer Offergeld aus Lörrach und Peter Willmann aus Weil am Rhein eine Aufstockung zum gemeinsamen Oberzentrum angestrebt. Die Initiative verlief indes im Sande, denn das Etikett ‹Oberzentrum› gibt es nicht umsonst: Investitionen in das qualitative und quantitative Angebot an Dienstleistungen, Gütern und Arbeitsplätzen kosten nun mal Geld.

Regionale Entwicklungsaufgaben

Nach der Definition des LEP sollen Oberzentren «als Standorte grossstädtischer Prägung die Versorgung eines Verflechtungsbereichs von mehreren hunderttausend Einwohnern (in der Regel die Region) mit hochqualifizierten und spezialisierten Einrichtungen und Arbeitsplätzen gewährleisten».[1] Demnach sind Oberzentren «als Standorte zur Deckung des höheren spezialisierten Bedarfs Schwerpunkte von regionaler und überregionaler Bedeutung».[2] Zur Ausstattung zählen unter anderem Fachhochschulen, Universitäten, zentrale Bibliotheken, Theater, Konzerthäuser, Museen, Galerien, Sporthallen, Stadien, Krankenhäuser der Zentral- und Maximalversorgung, Banken, Verbände, umfassende Einkaufsmöglichkeiten, Grosskaufhäuser, Behörden, Gerichte sowie eine Verkehrsinfrastruktur für Bahn- und Flugverkehr. Der LEP sieht darüber hinaus besondere regionale Entwicklungsaufgaben vor. Dazu zählt für den europäischen Verflechtungsraum im Dreiländereck – und vor dem Hintergrund der grenzüberschreitenden Zusammenarbeit im Rahmen der Trinationalen Agglomeration Basel (TAB) – vor allem der Ausbau der Verkehrsinfrastruktur bezüglich Schiene und Strasse sowie die Einbindung des EuroAirports in das Gesamtverkehrsnetz. Gewünscht werden ausdrücklich die Weiterentwicklung der TAB sowie der Ausbau oberzentraler Funktionen in Abstimmung mit Basel. Ausserdem sollen grenzübergreifende interkommunale Gewerbegebiete entwickelt werden.

Als Voraussetzung dafür wollen die beiden Städte in einem ersten Schritt zusammen die längst überfällige Flächennutzungsplanung fortschreiben und als inhaltliche Kursbestimmung ein Leitbild zur gemeinsamen Stadtentwicklung erstellen. Auch der Ausbau von Profil-Konstanten der Stadtphysiognomie Lörrach–Weil am Rhein gegenüber dem Agglomerationskern Basel-Stadt ist ein Thema. Dies bedeutet «hohe Anforderungen an eine qualifizierte Stärken-Schwächen-Analyse sowie an das Herausdestillieren profilrelevanter, unverwechselbarer Entwicklungslinien».[3]

Grenzen der Gemeinsamkeit

Für die operationale Handhabung wurden ein gemeinsamer Oberzentrumsausschuss (OZA) und vier Arbeitsgruppen gebildet. Der Ausschuss hat beratende Funktion, keine Entscheidungskompetenz. Diese verbleibt in der Hoheit des jeweiligen Ge-

In Riehen formiert sich der Widerstand gegen die Zollfreistrasse, welche die süddeutschen Gemeinden Weil am Rhein und Lörrach verbinden soll. Das Bild zeigt das Trassee für die neue Strasse, links das Riehener Bad.

meindeparlaments. Dem OZA gehören paritätisch je acht Ratsmitglieder plus die beiden Oberbürgermeister an. In den Arbeitsgruppen Stadtplanung/-entwicklung, Wirtschaft/Verwaltung, Kultur sowie Jugend/Schule/Soziales werden Ideen und Potenziale für eine Zusammenarbeit sowie Synergien gesammelt und eruiert. Diskutiert werden zum Beispiel ein gemeinsamer Bibliothekspass oder eine gemeinsame Veranstaltungsbroschüre der Volkshochschulen. Wo allerdings Gebühren ins Spiel kommen, sind einer Zusammenarbeit aufgrund unterschiedlicher Niveaus schnell Grenzen gesetzt. Geht es gar um Einsparungen durch Zusammenlegung kommunaler Einrichtungen, wird die Sache vollends heikel: «Gibt eine Stadt Einrichtungen auf, verliert sie an kommunalem Selbstverständnis und an Zentralität. Hierin hat die gemeinsame Oberzentrumsfunktion Grenzen», sagt Gudrun Heute-Bluhm.

Image, Umwelt, Flächenvorsorge, Potenzial der Innenstädte, Wohnen und Arbeiten sowie Verkehr sind die Eckwerte, die das gemeinsame Oberzentrumskonzept tragen. Es geht um den Ausbau von Standortvorteilen ebenso wie um Siedlungserweiterung und Konzepte für eine sich wandelnde Stadtbevölkerung. Es geht um städteräumliche Grünverflechtung und um Potenziale von Rhein und Wiese für eine gemeinsame städtebauliche Identität. «In Lörrach wird über die Renaturierung der Wiese und deren bessere Einbindung ins Stadtbild diskutiert. Im gemeinsamen Oberzentrum stellt sich die Frage komplexer, nämlich, wie man den Grünzug Wiese als Ganzes von Lörrach-Ost bis zum Ende der Gemarkungsgrenze Weil am Rhein auffassen kann», beschreibt Wolfgang Dietz die neue Konstellation.

Planung und Kommunikation

Die Erstellung des städtebaulichen Entwicklungskonzepts ist in der Hauptsache ein Prozess der gegenseitigen Interessenabwägung und der Stärken-Schwächen-Analyse beider Städte. Was denkt und wünscht die jeweils andere Stadt? Kann der Stadt-Partner mit einer zu entwickelnden Stärke des anderen leben? So lauten die Kernfragen. Alle Optionen werden von Experten-Teams unter Einbezug öffentlicher Institutionen in einem breit angelegten Moderationsverfahren entwickelt. In zehn Monaten soll das Konzept stehen. Es wird die Grundlage für den gemeinsamen Flächennutzungsplan sein, der bis zum Jahr 2020 Geltung haben wird.

Was dabei von grenzüberschreitender Relevanz ist, wollen die beiden Oberbürgermeister in der Nachbarschaftskonferenz und im TAB-Verein kommunizieren. Dies ist deshalb wichtig, weil sich Eckwerte der städteplanerischen Entwicklung des neuen Oberzentrums – wie etwa die geplante Verkehrsachse ‹Nordbogen› vom Wiesental über Lörrach und Weil am Rhein bis zum EuroAiport, aber auch grenzüberschreitender öffentlicher Nahverkehr – zum Teil mit Schlüsselprojekten der TAB überschneiden. Wichtig ist diese Kommunikation auch deshalb, weil die TAB den Agglomerationsraum in seiner künftigen Entwicklung als Ganzes begreift.

Dazu wird das Oberzentrum Lörrach/Weil am Rhein eine ganze Menge «zu sagen» haben.

Anmerkungen

1 Klaus Stein, Stadtentwicklung Lörrach, Lörrach 2002.
2 Ebenda.
3 Klaus Eberhard/Klaus Stein, Gemeinsames Städtebauliches Entwicklungskonzept (Exposé), Lörrach und Weil 2003.

Die Flügel gestutzt *Stefan Schuppli*

Der EuroAirport leidet unter dem Abbau der Swiss

Im Stadtbuch 2001* hat der Verfasser ausführlich über das Verhältnis der Crossair und der Swissair berichtet – sowie über das unrühmliche Ende der nationalen Airline. Der damalige – recht spekulative – Ausblick bot ein düsteres Entwicklungsszenario für die neue Swiss International Airlines und den EuroAirport. Die Befürchtungen haben sich leider bestätigt.

Nicht alles war vorauszusehen. Das Umfeld der Airline-Branche ist in den letzten zwei Jahren extrem schwierig geworden. Die Lungenseuche Sars, der Irak-Krieg und eine relativ kräftige Rezession haben nicht nur der Swiss das Leben schwer gemacht. Die kommerzielle Luftfahrt ging 2002 und 2003 durch die grösste Krise ihrer Geschichte. Weltweit wurden milliardenhohe Verluste eingeflogen, und trotz der Stilllegung von weltweit über tausend Verkehrsflugzeugen gibt es Überkapazitäten. Als ‹Startup› litt die Swiss doppelt darunter. Besonders exponiert war (oder ist) auch der EuroAirport, weil die ehemalige Crossair hier in den vergangenen Jahren ein grosses Netz aufbaute.

Nach einem recht erfolgreichen Start wurden die neuen Swiss International Airlines mit ihrem Hauptsitz auf dem Euro-Airport (EAP) rasch von den geschilderten Problemen eingeholt. Dazu kamen interne, betriebliche Schwierigkeiten wie die kaum miteinander zu vereinbarenden Kulturen der beiden ehemaligen Gesellschaften Swissair und Crossair sowie eine Kräfte raubende Auseinandersetzung mit der Gewerkschaft der ehemaligen Crossair-Piloten.

Reduktion des Streckennetzes

Vor allem infolge der Rezession wurde im Frühling 2003 das Streckennetz massiv reduziert. Das Konzept der 26 Langstreckenjets, 26 Jets der A-320-Familie und rund 80 Jets der ehemaligen Crossair wurde aufgegeben und um rund 30 Prozent zusammengestrichen. Schon zuvor war durchgesickert, dass sich die Geschäftsleitung (oder zumindest Swiss-Chef André Dosé) vom Umsteigekonzept auf dem Euro-Airport verabschiedet und den Fokus klar auf Zürich gerichtet hatte. Das Bedienungsbild auf dem EuroAirport verschlechterte sich fast schlagartig. Marseille, Toulouse, Bordeaux, Bilbao und Sevilla, Palma de Mallorca und Florenz wurden im Süden gestrichen, im Norden wurden Kopenhagen, Stockholm und Helsinki geopfert. Auf den verbleibenden Strecken wurde zudem der Flugplan ausgedünnt. Auch die Bodendienste waren in der Folge massiv betroffen, mehrere hundert Stellen wurden abgebaut. Auch am Hauptsitz der Swiss wurde das Messer angesetzt. Bereits stehen viele Büros leer oder sind unterbesetzt.

Hohe Kapazitäten – mangelnde Auslastung

Der Niedergang der Swiss trifft den EuroAirport zum ungünstigsten Zeitpunkt: Ein neues Y-Fingerdock und die Abflughalle auf der französischen Seite wurden in Betrieb genommen, insgesamt ein Investitionsvolumen von 380 Millionen Franken. Die Kapazität ist auf 6,5 Millionen Passagiere ausgelegt.

Tatsächlich sahen die Verhältnisse noch vor wenigen Jahren rosig aus. Seit 1990 verdoppelten sich die Passagierzahlen von 1,9 auf den Höhepunkt von 3,8 Millionen im Jahr 2000. Es waren die massiven Wachstumsjahre der Crossair, die auch in die Erweiterung ihres Verwaltungsgebäudes rund 160 Millionen Franken investierte.

Schon im Spitzenjahr 2000 verdüsterte sich der Horizont, und erstmals seit Jahren war der Flughafen wieder mit einem Rückgang der Passagierzahlen konfrontiert. 2001 waren es noch 3,5 Millionen Passagiere (–6 %), 2002 sank die Zahl auf 3 Millionen (–14 %), 2003 waren es (vorläufige Zahl) knapp 2,5 Millionen und 2004 dürfte sich die Zahl nochmals zurückbilden und bei 2,3 Millionen landen. Der Flughafen rechnet nicht damit, dass sich der Verkehr sehr rasch erholen wird.

Zu lange wohl war der EuroAirport gutgläubig und frass der Swiss aus der Hand. Die wiederholten Bekenntnisse der Swiss zu Basel und dem Regionalverkehr wurden blindlings zum Nennwert genommen. Die Verwaltung realisierte zwar, dass sich der EuroAirport durch die einseitige Ausrichtung auf Crossair in eine ungesunde Abhängigkeit begeben hatte. Das Rezept für eine Milderung dieser Abhängigkeit konnte nicht gefunden werden.

Dazu kommt der Strukturwandel der Airline-Branche. Der Vormarsch der Billigflieger zeigt, dass nicht Luxus gefragt ist, sondern günstige Tarife. Eduard Belser, seit 2002 Verwaltungsrats-Vizepräsident des EuroAirports räumt ein, dass der Verwaltungsrat die Bedeutung der «Macdonaldisierung» des Flugverkehrs nicht richtig eingeschätzt hatte. «Heute wären die Billiggesellschaften mit einem Zelt zufrieden.» Es sei fraglich, ob heute nochmals so geplant würde wie Mitte der Neunzigerjahre.

Kosten senken

Der EuroAirport versucht nun, auf allen Ebenen Kosten zu senken. Das kann er hingegen nicht beliebig tun. Denn ein Mindestmass an Infrastruktur muss erhalten bleiben. Ein Blick auf die Erfolgsrechnung zeigt, dass ein grosser Teil der Kosten zumindest langfristig mehr oder weniger fix ist: Zinsen und Abschreibungen in der Höhe von rund

30 Millionen Euro müssen jährlich geleistet werden. Das ist fast die Hälfte der Ausgaben. Erstmals in seiner Geschichte musste der Flughafen Personal abbauen. Im Jahr 2003 wurden 25 Arbeitsplätze gestrichen, rund 10 Prozent aller in der Flughafenverwaltung tätigen Angestellten erhielten die Kündigung. Die damit erzielte Einsparung ist minimal, sie beträgt nur 2 Prozent der Gesamtausgaben, weil die Personalkosten in der Kostenrechnung nur 20 Prozent ausmachen. Die Sparmassnahmen werden sich erst 2004 in der Rechnung niederschlagen. Für 2003 ist mit einem Defizit von 6 Millionen Euro zu rechnen. Die auf dem Flughafen ansässigen Betriebe bauten ihrerseits rund 2 200 Stellen ab.

Auf Airline-Suche

Die Entwicklung der Finanzlage des EuroAirports hängt weitgehend davon ab, ob der Flughafen neue Fluggesellschaften gewinnen kann. Dabei geht es nicht nur um Einnahmen aus Passagier- und Landetaxen sowie andere Flughafengebühren (2002: 49 % der Erträge), sondern auch um andere kommerzielle Erträge, die sich zum Teil proportional zum Flugverkehr entwickeln.

Bislang ist es nur ansatzweise gelungen, neue Airlines auf den EuroAirport zu bringen. Am meisten hat sich im Charterbereich bewegt, ausgelöst durch Reiseveranstalter wie Starter und Avione. Im Linienverkehr ist die Lage schwieriger. Bis anhin hatte der EuroAirport keinen Erfolg beim Versuch, eine der neuen Niedrigpreis-Fluggesellschaften nach Basel zu holen. Ryanair hat nach dem Abzug von Strassburg dem Flughafen Karlsruhe-Baden-Baden den Vorzug gegeben, Germanwings und Hapag-Lloyd Express operieren aus Stuttgart, Easyjet befindet sich nach wie vor in der Schwebe – hat mit seiner Riesenbestellung von 120 Airbus-Flugzeugen überinvestiert und steht unter einem gewissen Druck, neue Operationsbasen zu finden. Der EuroAirport hat es immerhin unter die ersten fünf Favoriten geschafft.

Eine Operationsbasis bedeutet bei Easyjet die Positionierung von rund sechs Jets, was für den EuroAirport ein Plus von einer runden Million Passagieren bedeuten würde. Finanziell wäre der EuroAirport damit fürs Erste wohl aus dem Schneider. Aber der Flughafen will neue Airlines nicht mit Dumpingpreisen locken.

Die lobenden Worte, die Easyjet für den EAP gefunden hat, müssen relativiert werden. Sie könnten ebenso gut als Drohung an die Adresse des Flughafens Zürich interpretiert werden. Dieser hat unlängst die Passagiertaxen massiv erhöht und leidet bekanntlich unter den Einschränkungen des neuen Anflugregimes im Norden des Flughafens. Die Repositionierung Easyjets nach Basel hätte einen Abzug in Zürich zur Folge. Ein Schwachpunkt für den EuroAirport ist, wie von ausländischen Fluggesellschaften wiederholt gesagt wurde, das relativ kleine Einzugsgebiet einerseits, der kleine Bekanntheitsgrad der Region Basel anderer-

seits. Die Region wird im Ausland zu wenig als Ganzes wahrgenommen, es sind schliesslich drei Teilmärkte. Das Problem liegt weniger beim Verkehr aus Basel heraus (‹outgoing›), sondern beim Verkehr nach Basel (‹incoming›).

Nun hat die Swiss in Europa ein neues Tarifsystem eingeführt, mit welchem sie die Billig-Airlines frontal angreift. Das hat zwar für die Region den grossen Vorteil, dass auch ab EuroAirport zu den noch verbleibenden Destinationen teilweise sehr günstige Tarife angeboten werden. Auch die Business-Tarife sind jetzt wesentlich tiefer, die Nachfrage dürfte deshalb deutlich ansteigen. Wie sich das auf das Verhalten der Billigkonkurrenz auswirkt, ist zurzeit offen. Das Risiko besteht, dass wegen der verstärkten Konkurrenz Easyjet davon abgehalten werden konnte, eine Basis in Basel ein-

Die Macht des Faktischen: Die Swiss konzentriert sich immer mehr auf Zürich.

zurichten. Andererseits ist Easyjet auch in Zürich mit dieser Preisoffensive konfrontiert. Damit erhalten obgenannte Faktoren wie höhere Passagiertaxen, Verspätungssituation etc. anteilmässig ein grösseres Gewicht. Sie könnten ausschlaggebend sein für einen Umzug Easyjets nach Basel.

Offen ist auch, ob das Bedienungsbild des Euro-Airports bereichert würde. Der Region bringt es nicht sehr viel, wenn Easyjet einfach die gleichen Destinationen zu etwas günstigeren Preisen als Swiss anbietet, diese aus dem Markt drängt und nachher die Preise wieder erhöht (was bei dem nachfrageabhängigen Preisfestsetzungssystem fast zwangsläufig geschehen würde).

Staaten zur Kasse bitten?

Die Aussichten auf eine baldige Genesung der Finanzen des EuroAirports sind also wenig rosig. Überall sind Wenn und Aber zu finden. Auch bezüglich der Zinsen ist der Flughafen exponiert. Derzeit sind sie rekordtief, aber das wird sich mit einiger Sicherheit ändern. Dann dürfte die Zinsbelastung zu einer zusätzlichen, jährlich millionenschweren Last werden.

Dreht sich alles zum Schlechten, könnten Frankreich, die Schweiz und der Kanton Basel-Stadt zur Kasse gebeten werden. Im Artikel 5 des Staatsvertrages zwischen Frankreich und der Eidgenossenschaft ist dies festgeschrieben. Danach müssen die beiden Länder den Nettoverlust im Verhältnis des Verkehrsaufkommens (also Flüge nach dem Recht der EU oder der Schweiz) tragen. Das Verhältnis ist in der Grössenordnung von 50:50, wie die Statistik zeigt. Auch die Eidgenossenschaft und Basel-Stadt ‹dürfen› teilen, wie in der Flughafen-Vereinbarung zwischen den Kantonen Basel-Stadt, Baselland und dem Bund von 1998 zu lesen ist. Das für die Schweizer Seite anfallende Defizit tragen Bund und Basel hälftig, Baselland muss nichts zahlen, weil der Landkanton beim Flughafen auch eine geringere Mitsprache hat. Denkbar ist auch, dass der EuroAirport bei der Eidgenossenschaft und Frankreich um einen Kapitaleinschuss ersucht, um sich die Amortisationen leisten zu können. Eine politische Auseinandersetzung – unter schwierigsten Bedingungen – wäre in diesem Fall sicher.

Swiss – noch immer ein Risiko

Ein Risiko stellt nach wie vor die Swiss dar. Die Lage der Firma ist prekär. Der Flughafen muss bei der grössten Firma auf dem Areal mit einem ‹Worst Case›-Szenario rechnen, mit der schlimmstmöglichen Wendung. Diese wäre beispielsweise eine Verlagerung des Hauptsitzes mit seinen 1500 Arbeitsplätzen nach Zürich – oder ein definitives ‹Aus›. So wie die Dinge liegen und wie die Entwicklung bisher ablief, kann dieser Abzug nicht ausgeschlossen werden. Damit fände die Geschichte mit dem eingangs erwähnten Verkehrsabbau in Basel ihre traurige Fortsetzung.

Ganz zu schweigen von einer Bruchlandung der Swiss. Sie würde die Region ein weiteres Mal massiv treffen. Aber dann läge der Fokus auf Zürich, wo die Auswirkungen noch viel schlimmer wären.

Anmerkung

* Basler Stadtbuch 2001, Basel 2002, S. 124–128.

Die Spitallandschaft der beiden Basel

Martin Brodbeck

Zersplitterung statt Fusion

Wie in keinem anderen Sachgebiet sind die Bewohnerinnen und Bewohner der Kantone Basel-Landschaft und Basel-Stadt von der Politik ihrer Behörden so unmittelbar betroffen wie im Gesundheitswesen. Und doch: Gerade hier fährt die Partnerschaft den grössten Zickzack-Kurs zwischen gemeinsamer und autonomer Planung und verunsichert damit Patientinnen und Patienten, Krankenkassen, das medizinische Personal und die Universität. Wurde zu Beginn des Jahres die gemeinsame Spitalliste als helvetische Pionierleistung gefeiert, stellt am Ende dieses Jahres ein Spitalbericht aus dem Baselbiet alles Erreichte wieder in Frage.

Seit 75 Jahren Kleinbasler Stadtklinik: das St. Claraspital.

Öffentliche Spitäler

Zahlreiche öffentliche und private Institutionen prägen die Spitallandschaft der Region Basel. Im Zentrum steht das Kantonsspital Basel mit 767 Betten*. Das Kantonsspital Basel erfüllt drei Funktionen: Es ist erstens ein Stadtspital für die Grundversorgung und die erweiterte Grundversorgung (mittlerer medizinischer Bereich). Es ist zweitens das Zentrumsspital der Nordwestschweiz für die Spitzenmedizin (auch hochspezialisierte Medizin genannt). Und es ist drittens das zentrale Universitätsspital für die medizinische Fakultät der Universität Basel.

Als zweites wichtiges Universitätsspital fungiert das Universitäts-Kinderspital beider Basel (UKBB). Die beiden bisherigen Standorte auf dem Bruderholz in Baselland und am Schaffhauserrheinweg in Basel-Stadt sollen aufgegeben werden zu Gunsten eines einzigen Standortes an der Schanzenstrasse in unmittelbarer Nähe zum Kantonsspital Basel. Über die künftige Grösse (2002: 129 Betten) besteht noch keine Klarheit. Als einziges Spital wird das UKBB von den beiden Basel gemeinsam getragen.

Eine Kategorie tiefer liegen die beiden Baselbieter Kantonsspitäler Bruderholz (429 Betten) und Liestal (384 Betten). Diese beiden Häuser betreiben zur Hauptsache die erweiterte Grundversorgung. Allerdings bringt es der medizinische Fortschritt und der Ehrgeiz der Chefärzte dieser Spitäler mit sich, dass der mittlere Bereich sich immer weiter nach oben entwickelt und somit die ‹Spitze›, für die das Zentrumsspital allein zuständig ist, immer kleiner wird. Dazu kommt, dass auch die beiden grossen Baselbieter Kantonsspitäler, wenn auch nur in Teilbereichen, Aufgaben eines Universitätsspitals erfüllen. In Liestal befindet sich die Urologische Universitätsklinik beider Basel, auf dem Bruderholz gibt es die ‹Medizinische Universitätsklinik›, weil ihr Chefarzt als Professor an der Uni Basel doziert und forscht. Im Übrigen beschränkt sich das universitäre Angebot der beiden Baselbieter Spitäler auf die praxisnahe Ausbildung von Studenten und Assistenzärzten.

Beim dritten öffentlichen Spital im Baselbiet, dem Kantonsspital Laufen (86 Betten), handelt es sich um ein Regionalspital für die Grundversorgung. In dieselbe Kategorie gehört im Kanton Basel-Stadt das Gemeindespital Riehen (78 Betten).

Zu diesen somatischen Akutspitälern für Erwachsene kommen noch spezialisierte Angebote dazu. So ist das staatliche Felix-Platter-Spital (443 Betten) *das* geriatrische Akutspital für Basel-Stadt. Im Baselbiet hingegen ist die Geriatrie in die Kantonsspitäler integriert. Die geriatrische Versorgung wird eine der grossen medizinischen Herausforderungen der Zukunft sein. Dasselbe gilt für den Bereich der Psychiatrie. Hier gibt es im Kanton Basel-Stadt die Psychiatrische Universitätsklinik (277 Betten) und die Klinik Sonnenhalde (59 Betten) und im Baselbiet die Kantonale Psychiatrische Klinik (191 Betten) in Liestal.

Privatspitäler

Beim Blick auf die Spitallandschaft sind die Privatspitäler nicht zu übersehen, die in Basel im schweizerischen Vergleich eine grosse Rolle spielen.

Neben verschiedenen kleineren und meist spezialisierten Institutionen ragen insbesondere die drei grossen Privatspitäler hervor, die etwas gemeinsam haben: Sie sind nicht gewinnorientiert. Allerdings unterscheiden sich das Clara-, das Bethesda- und das Merian-Iselin-Spital in ihrer Struktur.

Das St. Claraspital, das 2003 sein 75-jähriges Bestehen hat feiern können, ist Stadtspital fürs Kleinbasel und hat sich darüber hinaus zum eigentlichen Kompetenzzentrum in Teilbereichen entwickelt. Dieses mit seinen 249 Betten grösste Privatspital der Region funktioniert wie die öffentlichen Spitäler nach dem Chefarztsystem. Vom Claraspital fest angestellte Chef- und weitere Ärztinnen und Ärzte sind für die medizinische Betreuung der Patienten zuständig.

Im Gegensatz dazu sind das Bethesda-Spital (132 Betten) und das Merian-Iselin-Spital (135 Betten) so genannte Belegarztspitäler. Frei praktizierende Ärzte und deren Patienten nutzen die Infrastruktur und verschiedene Dienstleistungen des Spitals.

Dieses Belegarztsystem gilt auch für die kleineren Privatkliniken im Baselbiet: die Hirslanden-Klinik Birshof (43 Betten) in Münchenstein, die Praxisklinik Rennbahn (10 Betten) in Muttenz und die Ergolz-Klinik (16 Betten) in Liestal.

Eine Sonderstellung hinsichtlich der medizinischen Behandlung und der therapeutischen Betreuung nehmen die Ita Wegmann-Klinik (63 Betten) und die auf Onkologie spezialisierte Lukas-Klinik (46 Betten) in Arlesheim ein. Beide arbeiten mit fest angestellten Ärztinnen und Ärzten auf der Grundlage der anthroposophischen Medizin.

Grosse Zersplitterung

Der kleine und nicht vollständige Rundgang durch die Basler Spitallandschaft macht deutlich, wie vielfältig sie ist. Negativ betrachtet, muss man von einer grossen Zersplitterung reden mit negativen finanziellen und qualitativen Konsequenzen: Einerseits kommt es vor allem im Bereich der Apparate-Medizin zu einem Überangebot, anderseits hat die Zersplitterung zur Folge, dass die nötigen Fallzahlen oft nicht erreicht werden. Genügende Fallzahlen sind jedoch wesentlich für die Qualitätssicherung: Übung macht den Meister.

Diese zersplitterte regionale Spitallandschaft schwächt das Basler Zentrumsspital, gefährdet dessen universitären Charakter und damit auch die medizinische Fakultät der Universität Basel. Vor diesem Hintergrund ist es verständlich, dass Basler Politiker immer wieder die Schliessung oder Nutzungsänderung des Baselbieter Bruderholzspitals fordern. In der Tat macht es medizinisch keinen Sinn, zwei derart nahe gelegene öffentliche Spitäler zu betreiben. Aber diese Basler Optik verdrängt die Tatsache, dass Baselland das Bruderholzspital vor 30 Jahren auf Begehren von Basel-Stadt gebaut hat. In den darauf folgenden Jahren verlor Basel-Stadt an Einwohnern, Baselland hingegen ist gewachsen, so dass heute bezogen auf das eigene Gebiet der Stadtkanton mit Spitalbetten überversorgt (rund 140 Prozent), der Landkanton hingegen unterversorgt (gut 60 Prozent) ist.

Pionierleistung bedroht

Das eidgenössische Krankenversicherungsgesetz (KVG) verpflichtet die Kantone zu einer Spitalplanung und zum Führen von Spitallisten. Diese Spitallisten sind insofern von grosser Bedeutung, als nur die darin aufgeführten Spitäler von den Krankenkassen anerkannt sind. Im Weiteren können die Kantone die Bettenzahl pro Spital vorschreiben. Die beiden Basel haben sich Anfang 2003 zu einer schweizerischen Pionierleistung zusammengefunden: zu einer gemeinsamen Spitalplanung und zu einer gemeinsamen Spitalliste. Dabei wurde auch der notwendige Bettenabbau angegangen. Bis Ende 2003 ist die Bettenzahl im Akutbereich der Erwachsenenspitäler (private und öffentliche) in den beiden Basel von 2747 (1997) auf 2120 Betten zurückgegangen. 85 Prozent des Bettenabbaus betreffen den Kanton Basel-Stadt. Diese Pionierleistung hätte ein erster Schritt zu einer vertieften regionalen Spitalpartnerschaft zwi-

Seit Bestehen Zankapfel zwischen Baselland und Basel-Stadt: das Baselbieter Kantonsspital auf dem Bruderholz.

schen Basel-Stadt und Baselland sein sollen. Im Zentrum hätte ein gemeinsamer regionaler Spitalverbund gestanden. Basel-Stadt und Baselland wären (wie beim Universitäts-Kinderspital beider Basel) gemeinsam Träger gewesen – mit denselben Rechten und denselben Pflichten.

Wären: Denn Anfang November hat ein neuer ‹Strategiebericht› der Baselbieter Regierung die regionale Ausrichtung der Spitalplanung und die gemeinsame Spitalliste in Frage gestellt. Dabei hält die Regierung am Status quo der Baselbieter Kantonsspitäler fest und erteilt der zentralen Forderung von Basel-Stadt – der gemeinsamen Spitalträgerschaft – eine klare Absage. Ziel dieser neuen, autonomistischen Baselbieter Spitalpolitik ist es, möglichst viele Baselbieter in den eigenen Kantonsspitälern zu behandeln. Leistungen im spitzenmedizinischen Bereich und notwendige Zusatzkapazitäten im Bereich der erweiterten Grundversorgung will ‹Liestal› ausserkantonal einkaufen. Grundsätzlich will man zwar weiterhin die Spitzenmedizin in Basel beziehen, aber nur wenn der Preis stimmt.

Gleichzeitig stellt die Baselbieter Regierung in ihrem Strategiebericht auch die gemeinsame Spitalliste in Frage. Denn falls die zurzeit noch bei den eidgenössischen Räten hängige zweite KVG-Revision wie geplant zustande käme, würden alle auf einer Spitalliste aufgeführten Spitäler einheitlich finanziert – mit dem Ergebnis, dass die Baselbieter bei einer gemeinsamen Spitalliste frei zwischen den Listen-Spitälern beider Basel wählen könnten. Heutzutage ist dies nur für Patienten möglich, die zu ihrer Grundversicherung eine Zusatzversicherung (allgemeine Abteilung ganze Schweiz, Halbprivat, Privat) abgeschlossen haben. Künftig dürften nach Auffassung der Schweizer Sanitätsdirektoren auch Zusatzversicherte nur in Listen-Spitäler ihres Kantons.

Basel spielt auf Zeit

Die auf Autonomie und Protektionismus ausgerichtete neue Baselbieter Spitalpolitik ist für Basel-Stadt auf längere Sicht finanziell schlicht nicht tragbar. Denn faktisch heisst dies, dass Baselland

für seine Patienten im Kantonsspital Basel weiterhin nur die Grenzkosten trägt, nicht aber seinen Anteil an den Vollkosten des Zentrumsspitals übernimmt. ‹Zentrumsspital› und ‹Universitätsspital› sind zwar nicht zu 100 Prozent deckungsgleiche Begriffe. Ein Zentrumsspital könnte auch ohne universitären Auftrag Spitzenmedizin betreiben. Ein Universitätsspital braucht (insbesondere für die Ausbildung) auch die erweiterte Grundversorgung. Aber ein Universitätsspital ohne Spitzenmedizin ist unvorstellbar. Falls nun der Kanton Baselland ausschert, indem er sich aus der finanziellen Verantwortung stiehlt oder sogar die Spitzenmedizin in Zürich oder Bern einkauft, dann gefährdet er damit direkt die Zukunft des Basler Zentrumsspitals und indirekt die Zukunft der medizinischen Fakultät.

In dieser hoffnungslos scheinenden Lage spielt nun die Basler Regierung auf Zeit und entwirft ihrerseits in einem ‹Zwischenbericht› drei Szenarien. Erstens das favorisierte Szenario eines gemeinsamen regionalen Spitalverbundes. Ein zweites mit einem vorerst auf Basel-Stadt beschränkten Spitalverbund, welchem Baselland und die anderen Nordwestschweizer Kantone zu einem späteren Zeitpunkt beitreten könnten. Und als drittes, schlechtestes Szenario einen Abbau der Basler Spitalbetten auf die Bedürfnisse des Kantons Basel-Stadt. Die medizinische Fakultät müsste dann versuchen, mit Spitälern von Aarau über Liestal bis Delsberg Verträge abzuschliessen, um so vom universitären Auftrag zu retten, was noch zu retten ist.

Anmerkung

*   Wo nichts anderes vermerkt = Stand Ende 2002. Quelle: Gesundheit beider Basel, Ausgabe 2003, hg. vom Leitungsausschuss Gesundheitsstatistik beider Basel.

Stadt und Gesellschaft

Sozialstaat in Bedrängnis

Wie viel Sozialstaat können wir uns noch leisten, und wie sozial ist der Sozialstaat noch? Kann sich Basel-Stadt bei einer Wohnbevölkerung von 187 000 noch eine Pensionskasse im bisherigen Umfang für seine immerhin 19 000 Angestellten leisten? Wie wird das Geld angelegt? Welche Reformen drängen sich auf?

Fragen, die Politiker, Ökonomen und die Bevölkerung gleichermassen beschäftigen, denn es sind durchaus existenzielle Fragen für das Gemeinwesen und die direkt Betroffenen. Und einen politischen Konsens über die einzuschlagende Richtung gibt es nicht. Lesen Sie den Beitrag von Christoph Brutschin, dem Präsidenten der grossrätlichen Spezialkommission für das Pensionskassengesetz.

Die Sozialhilfe wird aufgrund der wirtschaftlichen Bedingungen in einem Mass beansprucht, dass ihr Leiter die Frage stellt: Braucht die Sozialhilfe Hilfe? Gibt es ein Rezept um die steigenden Kosten in den Griff zu bekommen, ohne dass die Sozialleistungen für die, die sie dringend benötigen, unzulässig gekürzt werden müssen? Antworten gibt Rolf Maegli, Leiter der Sozialhilfe Basel-Stadt.

Weitere Themen:

- Kleinbasel erhält mit dem Union das schweizweit erste interkulturelle Begegnungszentrum.
- Hans Meier († 2003) hat die Christoph Merian Stiftung verändert.
- ‹Top Secret›: Basler ‹high cultural export› nach Schottland.
- Cafés und Beizen in Basel – eine ethnologische Entdeckungstour.
- Basel hat der grossen Mäzenin Vera Oeri († 2003) viel zu verdanken.

Sozialstaat in Bedrängnis

Sozialpolitische Weichenstellung mit Zündstoff

Christoph Brutschin

Die Revision des Basler Pensionskassen-Gesetzes

Das aus dem Jahre 1980 stammende ‹Gesetz betreffend die Pensionskasse des Basler Staatspersonals› ist durch verschiedene Teilrevisionen unübersichtlich geworden. Zusammen mit der Tatsache, dass verschiedene Leistungen durch die Beiträge nur unzureichend finanziert sind, war dies Auslöser für die Erarbeitung einer vollständig neuen Rechtsgrundlage. Ob die Vorlage im Umfeld von schlechter Börsenlage, roten Zahlen im Staatshaushalt und spürbaren Verhärtungen in der sozialpartnerschaftlichen Auseinandersetzung eine Zukunft hat, ist offen.

3-Säulen-Konzeption der Altersvorsorge

Um das Thema einzuleiten, eignet sich ein Blick auf die Elemente der Sicherung der finanziellen Altersvorsorge in der Schweiz.

Die gesetzlichen Grundlagen des so genannten ‹3-Säulen-Konzeptes› sind jünger, als man vielleicht vermuten würde. Dieses System wurde erst im Rahmen der 6. AHV-Revision 1964 definiert und 1972 ins Grundgesetz übernommen. Das eigentliche Bundesgesetz über die berufliche Alters-, Hinterlassenen- und Invalidenvorsorge (BVG) geht auf das Jahr 1985 zurück.

Der Aufbau der schweizerischen Altersvorsorge hat verglichen mit anderen Ländern Vorteile, weil den drei Säulen verschiedene Finanzierungskonzepte zugrunde liegen: Die AHV/IV basiert auf dem Um-lageverfahren, das heisst die Beiträge der aktiven Bevölkerung werden direkt für die Rentenfinanzierung verwendet. Da die Beiträge mit steigender Lohnsumme proportional zunehmen, können auch die Renten der Wirtschaftsentwicklung angepasst werden. Anfällig ist das Umlageverfahren dagegen auf demografische Ungleichgewichte, wie sie heute in weiten Teilen Europas zu beobachten sind. Zeigen lässt sich das am so genannten Altersquotienten (Verhältnis von Rentnerinnen und Rentnern zur aktiven Bevölkerung), der gemäss einer Annahme des Bundesamtes für Sozialversicherung im Zeitraum 2000 bis 2030 in der Schweiz von 28,1 auf 42,5 Prozent steigen soll.[1] Ohne Trendänderung werden in knapp dreissig Jahren also etwas mehr als zwei beruf-lich Aktive für die AHV einer Rentnerin oder eines Rentners aufkommen müssen.

Von der Alterung einer Gesellschaft nicht betroffen sind kapitalfundierte Rentensysteme wie die berufliche Vorsorge, die 2. Säule, und die freiwillige 3. Säule. Schwächen haben diese Systeme für sich allein aber auch, weil die Rentenhöhe und die allgemeine Leistungsfähigkeit der Vorsorgekassen stark von der Entwicklung an den Finanz- und Aktienmärkten abhängig sind und die Teuerung oft nicht ausgeglichen werden kann. So war es denn auch der im März 2000 einsetzende Börseneinbruch, der die Gewinne der 90er-Jahre im Handumdrehen zum Verschwinden brachte und eine seither andauernde Diskussion um die Frage auslöste, wer diese Verluste tragen muss.

Pensionskasse ist nicht gleich Pensionskasse

Bei der Zuordnung von Anlageverlusten gilt es zwei Arten von Pensionskassen zu unterscheiden. Die einen funktionieren nach dem so genannten *Beitrags-primat*. Die Beiträge werden auf ein individuelles Konto eingezahlt, und am Ende einer Berufslaufbahn wird aus dem angesparten Kapital mittels eines Umwandlungssatzes eine Rente berechnet. Gut 75 Prozent der insgesamt 3,25 Millionen aktiv Versicherten gehören einer solchen Kasse an.[2] Das verbleibende Viertel ist in einer *Leistungs*primatskasse versichert. Dort wird die Zielrente als Prozentsatz des versicherten Lohnes im Voraus festgelegt.

Wenn jetzt über die Verteilung von Verlusten diskutiert wird, ist die Situation beim Beitragsprimat im Prinzip klar: Das Risiko liegt allein bei den Arbeitnehmerinnen und Arbeitnehmern. Beim Leistungsprimat ist es komplizierter, weil hier grundsätzlich die Arbeitgeberseite die Zahlung der versprochenen Leistung sicherstellen muss; je nach Reglement kann das allerdings auch via Beitragserhöhung oder eine anderweitige Beteiligung der Versicherten geschehen.

Das ‹alte› Basler Pensionskassengesetz ...

Kantonsangestellte sowie Mitarbeiterinnen und Mitarbeiter von angeschlossenen Institutionen sind bei der ‹Pensionskasse des Basler Staatspersonals› versichert. Die gesetzliche Grundlage geht zurück aufs Jahr 1980, sie ersetzte damals das ‹Gesetz betreffend Pensions-, Witwen- und Waisenkasse des Basler Staatspersonals› von 1948.

Der grosse Teil der Versicherten gehört der so genannten ‹Abteilung I› an, einer Leistungsprimatskasse. Diese sieht vor, den Berechtigten nach 35 Beitragsjahren eine Rente von 65 Prozent des letzten versicherten Lohnes auszurichten. Da diese Rente zudem gleich wie der Lohn beim aktiven Personal der Teuerung angepasst wird, lässt sich feststellen, dass die kantonale Pensionskasse vergleichsweise grosszügige Leistungen ausrichtet. Allerdings hat eine Umfrage aus dem Jahre 2002[3] bei 144 Pensionskassen mit rund 600 000 aktiven Versicherten gezeigt, dass verschiedene andere Vorsorgeeinrichtungen gerade bezüglich der prozentualen Rentenhöhe in Abhängigkeit vom versicherten Lohn auch höhere Leistungen ausrichten.

... und seine Mängel

Das geltende Pensionskassengesetz ist weiter gekennzeichnet durch zwei Hauptmerkmale: erstens durch seine formale Unübersichtlichkeit und zweitens durch eine strukturelle Unterfinanzierung. Der Ursprung der Unübersichtlichkeit liegt in der Übergangsordnung. Diese musste wegen des im Jahre 1985 in Kraft getretenen Bundesgesetzes über die

Lebhafte Sitzung der Spezialkommission ‹Pensionskassengesetz› des Grossen Rates.

berufliche Alters-, Hinterlassenen- und Invalidenvorsorge (BVG) erlassen werden und war ursprünglich auf fünf Jahre befristet. Ein im Jahre 1989 dem Grossen Rat vorgelegter Ratschlag für ein neues Gesetz wurde der Regierung nach zweieinhalb Jahren Beratung wieder retourniert. Notgedrungen beschloss diese, die durch Bundesrecht vorgegebenen Anpassungen auf dem Wege von Teilrevisionen zu realisieren, was im Ergebnis zum heutigen gesetzgeberischen Flickwerk führte.

Das zweite Hauptmerkmal bildet die Tatsache, dass die geleisteten Arbeitgeber- und Arbeitnehmerbeiträge die in Aussicht gestellten Leistungen nur teilweise zu finanzieren vermögen, was sich in Deckungsgraden kleiner als 100 niederschlägt. Konkret lag diese Kennzahl in den Jahren 1984 bis 1994 immer zwischen 60 und 70 Prozent. Dem Beispiel anderer Vorsorgeeinrichtungen folgend (vgl. Grafik) wurde ab 1995 das Anlagevermögen mit beachtlichem Erfolg vermehrt in Aktien und ähnliche Papiere umgeschichtet, was den Deckungsgrad per Ende 1999 bis auf gut 94 Prozent ansteigen liess. In der Folge verpasste aber auch die Pensionskasse Basel-Stadt den richtigen Zeit-

punkt, um die Gewinne zu realisieren. Der im Jahr 2000 einsetzende Abschwung an den internationalen Börsen führte dazu, dass der Deckungsgrad Ende 2002 wieder bei 72 Prozent lag.

Sicher auch unter dem Eindruck von schlechten Anlageergebnissen und teilweise seltsamen Geschäftspraktiken anderer Vorsorgeeinrichtungen setzte daraufhin eine lebhafte Debatte ein um die Frage, ob sich diese Verluste nicht hätten vermeiden lassen. Dazu ist festzuhalten, dass hohe Gewinne nur um den Preis entsprechender Risiken zu haben sind und man zu keiner Zeit davon ausgehen durfte, dass das Pendel immer nur auf die eine Seite ausschlagen würde. Auf der anderen Seite ist nicht zu bestreiten, dass die Anlagepolitik der baselstädtischen Pensionskasse insbesondere im Jahr 2001 nicht die glücklichste war: Während der Schweizer Aktienindex SMI gut 20 Prozent seines Wertes abgab, verlor die Basler Vorsorgeeinrichtung auf diesen Beständen nicht weniger als 32 Prozent.[4] Der Grosse Rat setzte wegen dieser Verluste im Juni 2003 eine parlamentarische Untersuchungskommission ein, welche die Anlagepolitik genauer unter die Lupe nehmen soll.

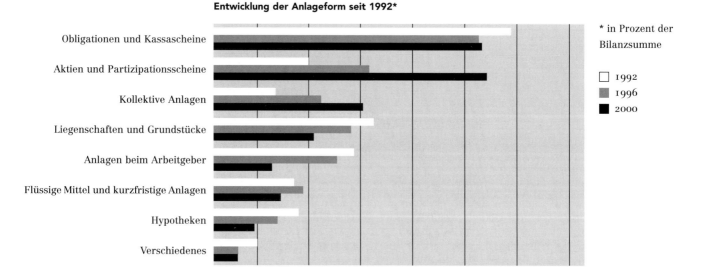

Entwicklung der Anlageform seit 1992*

* in Prozent der Bilanzsumme

☐ 1992
▨ 1996
■ 2000

Obligationen und Kassascheine
Aktien und Partizipationsscheine
Kollektive Anlagen
Liegenschaften und Grundstücke
Anlagen beim Arbeitgeber
Flüssige Mittel und kurzfristige Anlagen
Hypotheken
Verschiedenes

0 % 5 % 10 % 15 % 20 % 25 % 30 % 35 %

Im Grunde erstaunt die Heftigkeit der jetzigen Diskussion, denn der Deckungsgrad war dank der im Gesetz verankerten Staatsgarantie über Jahre hinweg überhaupt kein Thema gewesen. Wahrscheinlich haben hier die verschiedenen (Quasi-) Ausgliederungen von öffentlichen Vorsorgeeinrichtungen, insbesondere ehemaliger Regiebetriebe des Bundes wie Post und Bahn, die Sensibilitäten stark erhöht.

Entwurf für ein neues Pensionskassengesetz

Unübersichtlichkeit, ungenügende Finanzierung, fehlender Eintrag ins Register der beruflichen Vorsorge, Forderungen nach Erhöhung des Deckungsgrades sowie eine hängige, am 30. Oktober 1995 eingereichte Initiative des Basler Volkswirtschaftsbundes, welche den Arbeitgeberbeitrag für die berufliche Vorsorge bei höchstens 17 Lohnprozenten festschreiben will: genügend Gründe also, eine erneute Totalrevision an die Hand zu nehmen.

1996 setzte das federführende Finanzdepartement eine Expertengruppe und danach eine spezielle regierungsrätliche Kommission ein. Die Ergebnisse dieser Arbeiten führten im Dezember 1999 zu einer Vernehmlassung und schliesslich zu einem Ratschlagsentwurf, der dem Grossen Rat im Januar 2002 zugestellt wurde. Die Regierung war dabei während der ganzen Zeit in Kontakt gewesen mit den Verbänden, die das Staatspersonal vertreten. Dem Vernehmen nach lagen die Positionen ganz am Schluss nicht mehr weit auseinander, die Zustimmung der Verbände scheiterte an einigen wenigen Parametern. – Ob es klug war, hier nach der Taube auf dem Dach zu schielen, anstatt mit dem berühmten Spatz in der Hand zu leben, wird sich zeigen.

Im Februar 2002 wurde das Geschäft einer grossrätlichen Spezialkommission überwiesen, die ihren Bericht in Anbetracht ziemlich kontroverser Diskussionen nicht bis Ende 2003 hat abliefern können. Dass der Ratschlag zu unterschiedlichen Beurteilungen führt, verwundert wenig, weil das neue Gesetz gegenüber dem Status quo sowohl Verbesserungen wie auch Verschlechterungen bringt: Auf der einen Seite stehen die geringere Renten-kürzung bei einem frühzeitigen Rücktritt und die Tatsache, dass neu auch Schichtzulagen versichert werden sollen; auf der anderen finden sich insbesondere die Erhöhung der notwendigen Beitragsjahre von 35 auf 38 und der nur noch zum Teil garantierte Teuerungsausgleich auf den Renten.

Wenn man sich das Geldmengenwachstum der letzten Jahre vor Augen hält, muss über kurz oder lang damit gerechnet werden, dass die Inflation wieder ansteigt[5] und damit auch die Kaufkraft der Renten sinkt. Im Blick darauf ist es nachvollziehbar, dass sich die Arbeitnehmerverbände gerade mit dieser Verschlechterung schwer tun. Andere politische Exponenten betrachten den regierungsrätlichen Ratschlag als generell zu grosszügig. Der Initiative des Volkswirtschaftsbundes folgend, besteht ihr Hauptanliegen darin, die Arbeitgeberbeiträge zu plafonieren. Damit verbunden wäre einmal eine Verschiebung der Anlage- und sonstigen Risiken von der Arbeitgeberseite zu den Versicherten, dann aber wohl auch eine Entlastung der Staatskasse.

Wie es mit dem Ratschlag zu einem neuen Pensionskassengesetz weitergeht, wird man wahrscheinlich erst nach einer Volksabstimmung wissen – angesichts der für alle Beteiligten grossen Tragweite des Entscheids macht es nicht zuletzt aus Gründen der Akzeptanz durchaus Sinn, wenn hier der Basler Souverän das letzte Wort erhält.

Anmerkungen

1 Bundesamt für Sozialversicherung, Schweizerische Sozialversicherungsstatistik 2002, Bern 2003, Seite 235.

2 Bundesamt für Statistik, schriftliche Beantwortung einer Anfrage des Autors, Februar 2003.

3 PRASA Hewitt: Inside pensions / Switzerland, Nr. 10, September 2002, Seite 2 f.

4 Pensionskasse des Basler Staatspersonals, Jahresbericht und Rechnung 2001, Seite 11.

5 Aleksander Berentsen, ‹Nicht die Deflation, die Inflation ist die Gefahr›, in: Basler Zeitung, 28. Juli 2003.

Sozialstaat in Bedrängnis

Hilfe für die Sozialhilfe? *Rolf Maegli*

Sozialhilfe im Kontext sozioökonomischer Veränderungen

Die Sozialhilfe ist das letzte Netz im System der sozialen Sicherung. Man erwartet von ihr, dass sie Fehlleistungen und Schwächen anderer Systeme auffangen kann. Was in Wirtschaft, Staat und Gesellschaft nicht funktioniert – die Sozialhilfe soll's richten. Doch dazu muss sie auch mit ein paar gängigen ‹Meinungen› aufräumen.

In den 1990er-Jahren wurde in der ganzen Schweiz eine Verdreifachung der Sozialhilfeempfänger beobachtet. Nach einer kurzen Entspannung in den Jahren 2000 und 2001 steigen seit Herbst 2002 die Zahlen wieder. Diese Entwicklungen stellen einiges in Frage, was bisher zum Thema Sozialpolitik gemeint, geglaubt und vertreten wurde. Zum Beispiel:

Arbeit sichert den Lebensunterhalt …?

Lange galt es als selbstverständlich, dass wer vollzeitlich arbeitet, seinen Lebensunterhalt oder denjenigen seiner Familie sichern kann. Diese Annahme ist durch das Phänomen der Working Poor widerlegt. Die Sozialhilfe muss seit Jahren Menschen wegen ungenügendem Einkommen unterstützen.

Der weitaus häufigste Grund für den Gang zum Sozialamt ist jedoch die Arbeitslosigkeit. Sie hat die unterschiedlichsten Ursachen – und neben dem Mangel an Einkommen oft weitere gravierende Folgen: Verlust von Bezugspersonen und Selbstwertgefühl, mangelnde Lebensperspektiven, Zerfall sozialer Netze. Daher wurden ab 2000 Programme zur Integration in die Arbeitswelt gestartet. Es musste aber bald festgestellt werden, dass die ursprünglichen Vorstellungen über die Integrationsmöglichkeit von Sozialhilfeempfängern zu optimistisch waren. Zwar fand ein Drittel der Personen, die in Programme vermittelt wurden, danach eine Stelle; doch nur ein kleiner Teil der Sozialhilfeempfängerinnen und -empfänger konnte die relativ strengen Aufnahmebedingungen, wie

minimale Deutschkenntnisse, keine Suchtprobleme, Konfliktfähigkeit, Verlässlichkeit, erfüllen. Es sollten daher als Vorstufe zur beruflichen Integration zusätzlich Programme für soziale Integration zur Verfügung stehen: Programme und Massnahmen, welche die soziale und emotionale Kompetenz fördern, die Person befähigen, innerhalb einer Organisation Aufgaben zu übernehmen, mit anderen zusammenzuarbeiten, verlässlich zu sein und mit Rückschlägen umgehen zu können.

Sozialhilfeempfänger sind randständig …?

Die ‹klassische Fürsorge› kümmerte sich um Menschen, die nicht in die gängigen Vorstellungen der Gesellschaft passten oder den Status eines ‹Aussenseiters› selber gewählt hatten, was sie oft auch in der äusseren Erscheinung kundtaten. Sozialhilfe musste meist nur in einmaligen Notlagen und vorübergehend in Anspruch genommen werden.

Von den heutigen Sozialhilfeempfängern kann nur noch eine Minderheit als randständig im herkömmlichen Sinne bezeichnet werden, der Grossteil ist in das soziale Gesellschaftsleben integriert. Sie sind aber erwerbslos, gesundheitlich beeinträchtigt, allein erziehend oder beruflich ungenügend qualifiziert. Es ist offensichtlich, dass mit den steigenden Anforderungen in der Arbeitswelt nicht mehr alle mithalten können. Die Zahl der Unterstützungsgesuche wegen gesundheitlicher Probleme ist in den letzten Jahren und Monaten kontinuierlich gestiegen. Dies geht einher mit der Zahl der IV-Rentengesuche, die gesamtschweizerisch im Steigen begriffen ist.

Daneben tragen demografische, wirtschaftliche und gesellschaftliche Entwicklungen dazu bei, dass die Sozialhilfe vermehrt einspringen muss: Ungelernte, kaum Deutsch sprechende Arbeitskräfte zum Beispiel werden rasch zu ‹Unterstützungsfällen›. Und die Veränderung traditioneller Familienmodelle bringt die Sozialhilfe in eine Auffangfunktion bei Scheidungen oder wenn ein Elternteil aus anderen Gründen allein erzieht.

Arbeiten lohnt sich ...?

Alle marktwirtschaftlichen Modellannahmen gehen davon aus, dass sich Arbeit lohnt. Die Richtlinien der Schweizerischen Konferenz für Sozialhilfe (SKOS) führen jedoch in gewissen Fällen dazu, dass sich eine Arbeitsaufnahme für Sozialhilfeempfänger nicht lohnt. So zum Beispiel, wenn Schuldforderungen, insbesondere Steuern, das ergänzend zur Sozialhilfe erzielte Einkommen beanspruchen und ihnen per Saldo weniger verfügbares Einkommen bleibt.

Hier hat der Kanton Basel-Stadt mit einem neuen System Zeichen gesetzt. Er gesteht den Sozialhilfeempfängern ein Drittel des erzielten Erwerbseinkommens als Freibetrag zu. Auch wenn sie das Erwerbseinkommen versteuern müssen, bleibt ihnen so per Saldo mehr Geld zur Verfügung als nach dem SKOS-System. Eine erste Zwischenbeurteilung des Basler Modells hat ergeben, dass trotz deutlich schlechterer Wirtschaftslage die Erwerbsquote der arbeitenden Sozialhilfeempfänger nicht abgenommen hat. Hingegen ist ihr Einkommen gestiegen – und die durchschnittlichen Unterstützungskosten haben statistisch gesehen abgenommen. Solche Modelle müssen verfeinert und weiterentwickelt werden.

Junge Menschen wohnen bei Vater und Mutter und machen eine Berufsausbildung ...?

Der ‹Normalfall› von Lebens- und Berufsentwicklung in der Schweiz war lange geprägt von der Annahme intakter und tragfähiger Familienverhältnisse und der Vorstellung, Jugendliche würden nach der obligatorischen Schulzeit entweder eine Berufslehre machen oder sich auf die Maturität oder andere höhere Schulabschlüsse vorbereiten. Dieser ‹Normalfall› ist im Abnehmen begriffen. Scheidungs- und Einelternfamilien nehmen zu, Jugendliche ziehen von zu Hause aus, bevor sie auf eigenen Füssen stehen können. Viele Jugendliche müssen Sozialhilfe beanspruchen, noch bevor sie einen Einstieg in weiterführende Schulen oder ins Berufsleben geschafft haben.

Die Beobachtungen der Sozialhilfe und wissenschaftliche Untersuchungen zeigen, dass viele junge Erwachsene mit mehrfach existenziellen Problemen zu kämpfen haben: Konflikten mit Eltern, prekären familiären Verhältnissen, tiefem Bildungsniveau, gescheitertem beruflichem Einstieg, gesundheitlichen Problemen, Mangel an Selbstwertgefühl, Schulden, sozialer Isolation. Da sind die zuständigen Amtsstellen gefordert, besser miteinander zusammenzuarbeiten und spezifische Programme zu organisieren und zu vermitteln.

Basel hat auch hier insofern neue Wege eingeschlagen, als die Unterstützungsansätze der Sozialhilfe für Jugendliche gekürzt wurden, um zu verhindern, dass der Sozialhilfebezug attraktiver ist als eine weiterführende Ausbildung oder die Integration in die Arbeitswelt. Gleichzeitig wurde für Hilfestellung zum Aufbau einer längerfristig tragbaren Existenz und zur Gewinnung von Selbstständigkeit gesorgt.

Basel ist sozial ...?

In der öffentlichen Meinung hält sich die Vorstellung, dass Basel im Vergleich zu anderen Kantonen besonders sozial sei und überaus grosse Leistungen erbringe. Eine von der SKOS erstellte Studie über Existenzsicherung im Föderalismus hat nun für Basel einen ernüchternden Befund ausgewiesen. Die Studie verglich vier verschiedene Lebenslagen in allen Kantonshauptorten miteinander. Dabei wurde untersucht, welches verfügbare Einkommen unter Berücksichtigung von realistischen Wohn- und Gesundheitskosten und von lokalen sozialen Leistungen übrig bleibt.

Basel hat in sämtlichen Lebenslagen schlecht abgeschnitten. Dies ist einerseits zurückzuführen auf die hohe Belastung durch Krankenversicherungsprämien, die relativ hohen Steuern und die Regelung der Alimentenbevorschussung. Der Mythos vom sozialen Basel entpuppt sich unter diesem Gesichtspunkt als Märchen, und die weiteren Aussichten sind angesichts der angespannten Finanzlage düster. Den verminderten Steuereinnahmen stehen umgekehrt proportional steigende Sozialkosten gegenüber. Es macht den Anschein, dass diese Entwicklung nicht nur konjunkturelle, sondern auch strukturelle Gründe hat. Und hier können nur langfristige, auf Nachhaltigkeit angelegte Strategien für ein ausgewogenes ökologisches, soziales und wirtschaftliches Wachstum die Antwort sein. Eine integrale Strategie muss die Ursachen von Sozialkosten an der Wurzel anpacken und die Integration von Schwächeren und Gefährdeten fördern und sichern. Die Herausforderung betrifft eine breite Palette von Politikfeldern, von der Erziehungs- und Bildungspolitik bis zu Städtebau und Planung, und verlangt arbeitsmarktliche Massnahmen (berufliche Förderung von Schwächeren und Erleichterungen des beruflichen Wiedereinstiegs von Frauen, ergänzt durch Angebote für Kinderbetreuung), soziale Integrationsprogramme und nicht zuletzt die Feinjustierung des sozialen Systems. Es muss echte Anreize schaffen, die auf Dauer zur beruflichen und sozialen Integration motivieren. Basel ist diesbezüglich auf dem richtigen Weg, für den Erfolg übergeordneter langfristiger Strategien wird jedoch entscheidend sein, dass sie mit Konsequenz verfolgt werden.

‹Union› –
wo Kulturen sich begegnen *Felix Christ*

Eine gedeckte Piazza im Herzen des Unteren Kleinbasels,
ein Ort der Begegnung zwischen ausländischer und schweizerischer Bevölkerung –
eine Vision ist Wirklichkeit geworden: im ‹Union›.

«Ghetto und Verslumung im Unteren Kleinbasel», so oder ähnlich lauteten Schlagzeilen etlicher Schweizer Zeitungen vor 2 bis 3 Jahren. Von einem unhaltbar hohen Prozentsatz ausländischer Bevölkerung, von inakzeptablen Zuständen war die Rede.

Zur Jahrtausendwende begann in kirchlichen Kreisen ein Nachdenken über die Situation. Auslöser waren Klagen älterer Menschen, die sich in ihrem Quartier mit den ständig neuen Läden und Geschäften fremd fühlten, die Mühe hatten mit den fremden Stimmen und Sprachen. Angst klang mit.

Eine Vision entstand ...
Ein Ort, wo sich Menschen aus dem Quartier begegnen, über Aktivitäten kennen lernen. Eine gedeckte Piazza im Herzen des Unteren Kleinbasels; darin eine ‹Beiz› – wo begegnet man sich ungezwungener? –, ein Festsaal zum Mieten, Räume für Aktivitäten und Gruppen, die integrativ wirken. Ein Ort, der einlädt, wo sich niederschwellig, fast nebenbei, Menschen begegnen, wo Nachbarschaft entsteht durch

Vom Kirchgemeindehaus St. Matthäus zum Interkulturellen Begegnungszentrum ‹Union›.

Gemeinsames. Das Gebäude, genau am richtigen Ort, war vorhanden, das Kirchgemeindehaus St. Matthäus an der Klybeckstrasse 95 wurde frei, da die Quartiergemeinde ihre Aktivitäten in die Matthäuskirche verlagern würde.

Visionen brauchen Geld, um Wirklichkeit zu werden. Um Visionen umzusetzen, braucht es Menschen, die daran glauben und dafür arbeiten.

Anfangs waren es Willi Bach (Migrationsbeauftragter, Koordination der Evangelisch-reformierten Kirche Basel-Stadt [ERK-BS]) und Felix Christ (Pfarrer, ERK-BS), bald erweiterten sie ihren ‹Thinktank› in einer losen Trägerschaft der beiden Kirchen ERK-BS und RKK-BS (Römisch-Katholische Kirche Basel-Stadt), der Christoph Merian Stiftung (CMS) und der Migrationsstelle des Polizei- und Militärdepartementes. Zur Konkretisierung wurde eine Projektgruppe gebildet mit Esteban Piñeiro als Projektleiter, begleitet von Felix Christ und Andreas Breymaier (CMS). Die Bedürfnislage wurde ausgelotet, Möglichkeiten abgeklärt, diverse Verhandlungen geführt, die Finanzierung des Projektes

Alteingesessene Kleinbasler treffen …

entworfen. Mit ‹Union› wurde ein eingängiger und zugleich zeichenhafter Name für dieses Projekt gefunden.

… und wurde Wirklichkeit

Ende 2001 wurde zur Abstützung des Projektes Union der Verein ‹Begegnungszentrum Kleinbasel› gegründet, der mittlerweile über 280 Mitglieder zählt.

Dank dem grossen Engagement der Christoph Merian Stiftung wurde die Realisierung des Projektes erst möglich. Sie übernahm den Kauf des Hauses und die Finanzierung der Betriebsplanung und des Umbaus, insgesamt über 6,8 Millionen Franken, wovon 1,265 Millionen Franken aus dem Anteil der Bürgergemeinde der Stadt Basel am Stiftungsertrag stammen. Der Verein Begegnungszentrum Kleinbasel steuerte zusätzlich Fr. 650 000.– bei, die er von verschiedenen Spendern und Sponsoren erhalten hatte. Der Betrieb des Union soll gemäss Budget aus den Mieteinnahmen und mit Geldern von Kanton und Bund (die Eingaben sind noch hängig, positive Signale sind hörbar) finanziert werden. Die Bürgergemeinde der Stadt Basel hilft in der Startphase mit einer begrenzten Defizitgarantie aus ihrem Anteil am Ertrag der Christoph Merian Stiftung.

Der Umbau, geleitet durch die Architekten Esther Brogli und Daniel Müller, begann im Januar 2003 und verlieh dem ehemaligen Kirchgemeindehaus ein neues Ambiente. Seit dem 28. November 2003 ist die Vision Wirklichkeit. Das Union hat die Türen geöffnet – ein in Basel einmaliges Haus, in dem sich ‹Kulturen begegnen›. Vorausgegangen war der Bezug der Büros und Kursräume der eingemieteten Institutionen*, die alle im engeren oder weiteren Sinn im Bereich der Integration tätig sind. Diese Nachbarschaft – nicht nur reine Zweckgemeinschaft – verhilft den Mitarbeitenden dieser Organisationen zu neuen Ideen und Informationen. Dass dabei Synergien und spannende Querverbindungen entstehen, ist im Sinne der im April 2003 gewählten Leiterinnen des Union, Elisabeth Towlson und Pascale Meyer. Sie haben sich den interkulturellen Austausch, den Dialog und die Auseinandersetzung mit fremden Lebenswelten zum Ziel gesetzt – ein Anspruch, den sie ab Januar 2004 mit ihrem eigenen Programm und den eingemieteten Institutionen einzulösen versuchen.

Was da wird

Unter anderem werden in periodischen Abständen so genannte ‹Kulturen-Wochen› angeboten, die einer bestimmten Region der Erde gewidmet sind. In Zusammenarbeit mit den jeweiligen Bevölkerungs- und Interessengruppen ermöglichen sie Einblicke in unbekannte Lebenswelten und fördern das Verständnis für diese Kulturen. Weitere Programmschwerpunkte bilden Veranstaltungen in den Bereichen Kultur und Kulinarisches sowie Bildungskurse. Angesprochen sind vor allem Kinder, Familien und ältere Menschen.

Das Union ist nicht nur Ort der Aktivität, sondern auch Treffpunkt, wo sich Senioren genauso wohl fühlen wie Kleinkinder, wo die Studentin in Ruhe Zeitung lesen kann und der fremdsprachige Neuzuzüger Informationen erhält. Herz des Union ist das Restaurant, das seinen Gästen mit Menus aus aller Welt bekannte und unbekannte kulinarische Genüsse anbietet. Ein internationales Zeitungsangebot in der Begegnungszone im Restaurant lädt zur Lektüre ein. Dort treffen sich auch regelmässig die Grauen Panther. An ihrem Stammtisch sind alle Interessierten, Jung und Alt, willkommen.

Für private und öffentliche Feste sind im Union zwei Säle zu mieten: der Grosse Saal mit Bühne (400 m²) und der Obere Saal (140 m²). Ausserhalb der Vermietungszeiten ertönen dort unter anderem afrikanische Rhythmen, Gymnastik wird betrieben und Tango getanzt; daneben finden auch traditionell dort beheimatete soziale Veranstaltungen wie die Gassenküchen- und die Kundenweihnacht ihren Platz.

Auch öffentliche Veranstaltungen sollen im Union über die Bühne gehen. Theatergruppen aus allen Kulturen, Veranstalter von Konzerten, Lesungen usw. werden den Grossen Saal im Union für Auftritte nutzen können und damit – so der Wunsch der Leitung – in Basel die Multikulturalität fördern.

… auf neu Zugezogene und ihre Kulturen.

Wozu? Wohin?

Ein Integrationszentrum dieser Grösse ist neu für Basel, neu für die Schweiz. Im Ausland, vorab in England und Deutschland, gehören ‹Häuser der Kulturen›, wie die ‹werkstatt der kulturen› in Berlin, schon länger zum bestehenden kulturpolitischen Angebot und werden gut genutzt. Als richtungsweisendes Beispiel gilt auch die ‹Villa Leon›, ein multikulturelles Bürgerzentrum in Nürnberg.

Ziel und Zweck des Union sehen die Verantwortlichen – Zentrumsleitung und Vorstand des Betreibervereins ‹Begegnungszentrum Kleinbasel› – einerseits in der interkulturellen Ausrichtung, der Begegnung zwischen der ausländischen und der schweizerischen Bevölkerung, andererseits auch in der im Politikplan der Stadt Basel festgehaltenen integralen Aufwertung des Kleinbasels, einer städtepolitisch wichtigen Aufgabe.

«Empowerment der Quartierbevölkerung», so formuliert im Integrationsleitbild der Stadt Basel, ist für die Leitung des Union ein wichtiger Grundsatz. Im dicht besiedelten Unteren Kleinbasel, das wenig Grünflächen bietet und von einer hohen Anzahl Migrantinnen und Migranten bewohnt wird, sind Kultur-, Bildungs- und Informationsangebote wichtige Voraussetzung für die Identitätsfindung und das Erleben eines Gefühls von ‹Heimat› für alle Bewohner.

Kontakt, Begegnung und Austausch unter den verschiedenen Bevölkerungsgruppen werden Verständigung, Respekt und Toleranz hervorbringen. Die Türen des Union sind geöffnet – herzlich willkommen!

Anmerkung

* Verein Johanna mit dem Deutschkursprogramm ‹Lernen im Park›, Verein Regenbogen, Verein für Jugendarbeit mit dem Kindercafé und Worldshop, Gassenküche (Essenzubereitung), Quartiersekretariat Unteres Kleinbasel, Lederwerkstatt Rehovot, Tangoschule Basel, Spitex-Zentrum Matthäus, Verein Vita, diverse Sportvereine.

Sie sind unterschiedlichsten Kulturen begegnet: die Seemänner des Basler ‹Störtebeker›-Chors.

Hans Meier *Christian Felber*

28. Mai 1916 – 3. August 2003

Ohne Hans Meier, den langjährigen ehemaligen Direktor der Christoph Merian Stiftung, könnten Sie heute wohl kein Basler Stadtbuch mehr lesen. Sein Eingreifen rettete die Anfang der 1970er-Jahre aus finanziellen Gründen beinahe eingestellte Publikation. Hans Meier leitete die Christoph Merian Stiftung von 1952 bis 1980. Ihr derzeitiger Direktor Christian Felber erinnert an dessen von dynamischer Entwicklung und tief greifenden Veränderungen geprägte Amtszeit.

Hans Meier hatte die Christoph Merian Stiftung zum Leben erweckt.

Als Hans Meier, der bis dahin Sekretär des Baudepartements gewesen war, Ende 1952 die Verantwortung für die Christoph Merian'sche Stiftung übernahm, fand er eine kleinere Vermögensverwaltung vor. Ausser wenigen Wohnhäusern und dem Kindergarten St. Elisabethen besass sie keine Einrichtungen, die zu führen waren. Erst unter Hans Meiers dynamischer Leitung kam es zu der breiten Entfaltung der Stiftung. Es war ein Glücksfall, dass ihr in der Zeit der grossen Veränderungen der Hochkonjunktur diese vitale Persönlichkeit vorstand. Was er in den 27 Jahren an der Spitze der Stiftung geschaffen hat, ist beeindruckend.

Lange Zeit stand der soziale Bereich im Vordergrund: 280 Alterswohnungen in verschiedenen Siedlungen wurden gebaut und Initiativen zur Betagtenbetreuung und zur Verbesserung der Lebensqualität der älteren Mitmenschen ergriffen. Dem allgemeinen Wohnungsmangel wurde mit den Gesamtüberbauungen Gellertfeld, Hinterer Jakobsberg und Sesselacker begegnet. Mit der Sanierung des vom Zerfall bedrohten, historisch wertvollen St. Alban-Tals nahm Hans Meier städtebauliche Herausforderungen in Angriff.

Die traditionellen landwirtschaftlichen Aufgaben der Stiftung wurden unter ihm erweitert. Er liess die Güter Löwenburg und Schlatthof zu innovativen Betrieben ausbauen und schuf im Kerngebiet des Stifters in Brüglingen die Grundlagen für den Botanischen Garten, die nationale Gartenbauausstellung Grün 80, das Naherholungsgebiet und den Park im Grünen.

In seine Amtszeit fallen auch die ersten kulturellen Aktivitäten der Christoph Merian Stiftung: So übernahm sie zum Beispiel das Basler Stadtbuch, als dessen Existenz aus Kostengründen stark gefährdet war. Hans Meier schrieb 1973 die immer noch gültigen Worte, dass es zum Bemühen der Stiftung gehört, «das städtische Bewusstsein der Einwohner Basels zu vertiefen und ihre aktive und freiwillige Mitarbeit an Basels Zukunft zu erhalten und zu fördern. Diesem Anliegen ist auch das Basler Stadtbuch verpflichtet.» Das Stadtbuch wurde vollständig umgestaltet und erzielte bereits im ersten Jahr nach dem Wechsel eine Vervierfachung der Auflage. Nicht zuletzt dieser Erfolg führte 1976 zur Gründung des Christoph Merian Verlags, der seinen Anfang mit der Herausgabe zahlreicher Basiliensia nahm und seither die Publikation des Stadtbuchs sichert.

Hans Meier war kein Mensch, der sich mit wenigem zufrieden gab. Während die Leistungen der Stiftung immer zahlreicher wurden, vermehrte er ihr Vermögen und vervielfachte den Reinertrag. Er erreichte, dass sie zu einem Hort zahlreicher Schenkungen, Erbschaften und Vermächtnisse geworden ist. Die Öffnung der Stiftung und ihr eigenständiges Auftreten nach aussen sind nicht zuletzt dieser starken Persönlichkeit zu verdanken, die neben ihren beruflichen Verpflichtungen auch in vielen Institutionen mitwirkte: im Kantonsspital und im Kunstverein, in der GGG und im Zoologischen Garten, in Stadt-, Platz- und Territorialkommando und bei vielem mehr.

Hans Meier war ein ‹Macher› im besten Sinn des Worts. Auf Fotografien erkennt man seinen ernsthaften Blick und die in dieser ungewöhnlich initiativen und tatkräftigen Persönlichkeit steckende Energie. Er trieb die Leute nicht an, er begeisterte sie und riss sie mit. Auf die gute Zusammenarbeit innerhalb der Stiftung, mit Mitarbeiterinnen und Mitarbeitern und mit seinen Beratern legte er grossen Wert. Als er 1980 in Pension ging, war er immer noch voll Tatendrang. Er fühlte sich der Öffentlichkeit der beiden Basler Kantone in hohem Masse verpflichtet und übernahm auch nach seiner Pensionierung Verantwortung, so etwa in der Sophie und Karl Binding Stiftung oder in der Paul Sacher Stiftung.

Wir danken Hans Meier für seinen aussergewöhnlichen Einsatz für die Christoph Merian Stiftung und die Stadt Basel.

‹Top Secret›: top, no secret! *Rudolf Grüninger*

Basler trommeln am Edinburgh Military Tattoo

Als erster Schweizer Formation überhaupt wurde ihnen die Ehre einer Teilnahme am renommierten ‹Edinburgh Military Tattoo› zuteil. Und sie lösten gleich Begeisterungsstürme aus. Was das ‹Top Secret Drum Corps Basel› bietet, ist ein wahrer Ohren und Augenschmaus.

Der Auftritt von sechs trommelnden Spionen am Charivari 1996 – meine erste Begegnung mit ‹Top Secret› – liess mich aufhorchen. Da standen sechs Tambouren im James-Bond-Look auf der Bühne und brillierten nicht nur mit präziser Trommelkunst, sondern hatten weiterentwickelt und perfektioniert, was erstmals die drei ‹Rädäbäng› und anschliessend die ‹Rolling Sticks› präsentiert und damit kunstvolles Show-Trommeln mit allerlei Jonglagen und spielerischen Einlagen auf die Bühne gebracht hatten. Auf Nachfrage erfuhr ich, dass es sich hier vorwiegend um Jungmusiker aus der Knabenmusik Basel handelte, welche ihr Können in dieser Richtung vervollkommnen wollten.

Professionell und witzig

Im folgenden Jahr war ich darum sehr gespannt, was diese begabte und phantasiereiche Gruppe diesmal zeigen würde. Ich wurde nicht enttäuscht, denn nach einem in ‹gewohnter› Manier trommlerisch einwandfreien Auftritt im ersten Teil führten die Tambouren zum Schluss plötzlich speziell ausge-

Basler Exportschlager in Edinburgh: ‹Top Secret›.

bohrte Trommelschlegel an den Mund und produzierten darauf Piccoloklänge, die von einem Pfeifer wie mir mit besonderer Hochachtung zu honorieren waren. Am Charivari 1999 trat die Gruppe dann nicht nur mit einem zusätzlichen Mitglied, sondern erstmals mit den Snare Trommeln auf, welche für das ungeübte Ohr etwa so klingen, als würde man getrocknete Erbsen auf ein Trommelfell ausschütten. Dazu kam mit einer Steppnummer erstmals ein tänzerisches Element dazu.

Es fällt auf, dass die Auftritte der ‹Top Secret› stets professionell und trotz ihrer witzig spielerischen Komponenten äusserst diszipliniert und proper daherkommen. Umso menschlicher wirken die Trommelvirtuosen dann, wenn der Leistungsdruck gewichen ist oder es sich um völlig unprätentiöse Ständchen zur alleinigen Belustigung von Publikum und ihnen selber handelt. In diesem Zusammenhang denke ich etwa an die Delegationen bei der USA-Reise der VKB anno 1997 oder anlässlich der Fête des Vignerons in Vevey von 1999.

Via Halifax nach Edinburgh

Den internationalen Durchbruch schafften die Tambouren des Top Secret Drum Corps Basel zusammen mit einer vierköpfigen Fahnendelegation durch ihre erfolgreiche Teilnahme am ‹Indoor Military Tattoo› im kanadischen Halifax 2001 sowie mit verschiedenen Auftritten neben dieser Veranstaltung. Dort erfolgte auch die erstmalige Einladung einer schweizerischen Formation zum Edinburgh Military Tattoo, wo die Truppe mit zwölf Snare Drummers, sechs Bass Drummers und sieben die Schweizer Fahne schwingenden ‹Color Guards› vom 1. bis zum 23. August 2003 beim internationalen Publikum und den zahlreich angereisten Baslerinnen und Baslern wahre Begeisterungsstürme auslöste. Im Hinblick auf die räumlichen Verhältnisse am Ort der Präsentationen unterhalb des Schlosses hatte man die Gruppe vergrössern müssen, damit ihr Auftritt überhaupt wirken konnte. Zudem wurden schmucke Uniformen in den Basler Farben mit ‹Wallensteinerhüten›, geschmückt mit im Wind wehenden weissen Federn, angeschafft.

Geht man diesem grossen Erfolg auf den Grund, findet man Zielstrebigkeit, Beharrlichkeit und Ausdauer, gepaart mit viel Enthusiasmus, welche die jungen Virtuosen bei der Vorbereitung ihres Engagements beweisen mussten. Allein die Tatsache, dass sie durchgehalten haben, verdient Respekt. Da wurde tage- und nächtelang an den schwierigsten Trommelstücken herumgeschliffen, bis sie in einem schier unglaublichen Tempo so sassen, als wäre es das Einfachste auf der Welt. Dazu wurde eine Choreografie einstudiert, welche in ihrer Lockerheit in wohltuender Weise im Kontrast zu den haarscharf interpretierten Rhythmen der Instrumente, an sich schon ein Ohrenschmaus, steht, so dass schwierigste Trommelkunst mit tänzerischer Leichtigkeit dargeboten wird. Zum visuellen Genuss trugen ebenso die ‹Fahnenträger› bei, welche harmonisch in das Geschehen einbezogen waren und deren Aluminiumfahnenstangen einmal sogar als Klangkörper eingesetzt wurden.

New stars are born

Jeden Abend brach das Publikum, welches gewohnt ist, nur das Beste vom Besten zu hören und zu sehen, bei und nach dem gut sechsminütigen Auftritt der ‹Top Secret› in grossen Jubel aus. Publikum und Fachleute waren sich einig: Was hier – wie selbstverständlich – an hohem Können, origineller Show und aussergewöhnlicher Trommelkunst geboten wurde, war ebenso einmalig wie phantastisch.

Mit ihrem grossartigen Auftritt, welcher über den Äther in die ganze Welt ausgestrahlt wurde, haben ‹Top Secret› auch für Basel effektvolle Werbung gemacht. Sie haben den sportlichen Triumphen des FCB eine kulturelle Glanzleistung beigefügt, eben Stadtmarketing vom Feinsten. Als im Schlussbild des Tattoo alle Mitwirkenden, insbesondere die verschiedenen schottischen Pipes-Bands in ihren farbigen Kilts, und die Banner der Beteiligten auf der Spielfläche verteilt standen, wehte überdies mitten drin eine Basler Fahne im Wind.

Begeistert, in Freude und Wehmut verliess man die Vorstellung und spürte nach diesem spektakulären Auftritt des Top Secret Drum Corps Basel: ‹new stars are born›!

Cafés und Beizen in Basel *Till Förster*

Ein Projektkurs des Ethnologischen Seminars der Universität Basel

Cafés, Restaurants, Beizen – sie sind ein wesentlicher Teil städtischer Kultur. Hier trifft man sich, hier kann man trotzdem für sich sein. Manche machen das Café oder das Wirtshaus zu ihrem zweiten Zuhause, für andere ist es ein Ort, um Neues zu erfahren und Menschen kennen zu lernen. Sieben angehende Ethnologinnen und Ethnologen wollten mehr und Genaueres wissen und begaben sich im Rahmen eines Projektkurses auf eine Tour d'horizon.

Jedes Café und jede Beiz hat eine eigene Atmosphäre, die man meistens schon beim Eintreten ‹spürt›. In manchen Lokalen fühlt man sich spontan wohl, während man in anderen das Gefühl hat, nicht hierher zu gehören. Gaststätten sind Teil eines gesellschaftlichen Milieus und prägen es zugleich. Es sind Orte, in denen sich die Beziehungen abbilden, die wir zu unseren Mitmenschen unterhalten wollen.

Ein Projektkurs des Ethnologischen Seminars der Universität Basel warf verschiedene Fragen auf, wie: Wie finden die Menschen in den Cafés und Beizen zueinander? Oder bleibt jeder für sich? Welche Milieus haben welche Caféhauskultur hervorgebracht? Oder gibt es Cafés und Beizen, in denen sich alle Milieus treffen? Worüber unterhält man sich und worüber nicht? Solche Fragen lassen sich nur beantworten, wenn man selbst in unterschiedliche Lokale geht und den Menschen dort zuschaut und zuhört. Der Kurs war deshalb zuallererst eine Übung im Sehen und Beobachten, aber auch im Zuhören und Sprechen mit den Menschen, denen man in den Cafés und Beizen begegnet. Sieben Studierende haben an ihm teilgenommen: Antonia Andereggen, Steve Börlin, Andreas Bucher, Corinne Lüdi, Gertrud Stiehle, Nadia Stöcklin und Kirstie Wäber. Über zwei Semester, von April 2002 bis Februar 2003 haben sie immer wieder die fast zwanzig Gaststätten besucht, die sie sich für diese Studie ausgewählt hatten. Manche waren das, was man früher ‹gutbürgerlich› genannt hat, andere gehörten eher zum alternativen oder studentischen Milieu, wieder andere hatten ein mehr zufällig zusammengewürfeltes Publikum und manche wurden vornehmlich von Angehörigen einer bestimmten Nationalität besucht. Insgesamt wollten die Studierenden einen Überblick über die sozialen Milieus, die es in Basel gibt, gewinnen. Und sie wollten in Erfahrung bringen, ob sich diese Milieus in den Cafés und Beizen wiedererkennen lassen.

Entstanden sind Beschreibungen und Berichte, die im Ganzen fast 200 Seiten umfassen. Besonders lebendig sind die Schilderungen der alltäglichen Gespräche und Begegnungen, die die Teilnehmerinnen und Teilnehmer im Laufe des Kurses verfasst und miteinander verglichen haben. Es war ein Projekt, das sie nicht nur mit den wichtigsten Methoden der ethnografischen Forschung vertraut gemacht, sondern auch gezeigt hat, dass wissenschaftliche Arbeit im Team fruchtbarer ist und mehr Spass macht, als allein am Schreibtisch zu sitzen. Alles, was folgt, ist direkt aus den Berichten der Teilnehmerinnen und Teilnehmer entnommen.

‹Wilhelm Tell›

Der Wilhelm Tell beim Spalentor ist eine der letzten alten Basler Quartierwirtschaften. Gewirtet wird im Tell nicht nur im Parterre, sondern auf zwei weiteren Ebenen: im Speisesaal im ersten Stock und an warmen Tagen auf der Terrasse beim Seiteneingang gegen den Botanischen Garten hin. Im ersten Stock geht es zu den Essenszeiten im grösseren Speisesaal an weiss gedeckten Tischen, mit Tafelsilber und schönen Gläsern eher gutbürgerlich zu, wie es in vielen alten Basler Gaststätten der Fall ist. Geschäftsleute, ArbeitskollegInnen, Paare meist jüngeren Alters finden sich hier ein. Es sind ‹In-People› dabei, mit modischen Kleidern und Frisuren. Die Grüppchen sitzen in diskretem Gespräch gesondert an ihren Tischen, und doch scheint ‹man› sich von der Basler Szene irgendwie zu kennen – was jedoch erst beim Abschied deutlich wird. Baseldeutsch ist die Umgangssprache.

Es gibt noch eine kleine abgetrennte Gaststube gegen den Hinterhof. Hier geht es um den runden Tisch stammtischmässig wie im Parterre zu.

Offenbar kennt die Bedienung die Gewohnheiten ihrer Stammgäste. Wenn sie das Bestellte bringt, was sehr rasch geht, beugt sie sich zum Gast: «Soo, bittschön, iren Expresso!», «Zum Wool!», «Rächt e Guete!» Und später beim Abräumen: «Soo, ischs rächt gsi?», «Hetts gschmeggt?», «Darf i Iine no öbbis bringe? E Kaffi? E Dessert?»

Die Wünsche der Gäste tönen zum Teil originell: Ein ‹halbes Tartare› ist ‹kein Problem› für die badische Bedienung, und während sie für die Weiterleitung der Bestellung zur Küche geht, fragt der Gast verschmitzt grinsend in die Runde, wie sie das Ei wohl halbieren werde. Erfreut darf er dann ein ganzes auf seiner Mini-Portion Tartare entgegennehmen, und sie ‹ermuntert› ihn: «Muesch no Pfäffer und Tabasco derzue ha?» Und bringt ihm

«Ischs rächt gsi?» Im Restaurant ‹Wilhelm Tell›

auch dieses. Draussen auf der Terrasse bestellt ein Student «Gschwungeni Hörnli ooni Ei», und auch das wird gebracht, mit der empfehlenden Frage der bezopften Bedienung, ob sie dazu «flüssigs Broot» bringen dürfe. Gerade diese Bedienung hat eine besondere Art, mit todernster Miene den Gästen etwas – für mich Unhörbares – zu sagen, was Gelächter auslöst. Auf der Terrasse ist das verbale Hin und Her zwischen Gästen und Bedienung ohnehin besonders locker, während man im ersten Stock der bürgerlichen Kultur treu bleibt.

‹Rio-Bar›

Die Rio-Bar ist ein enges, auch bei Tag ziemlich dunkles Lokal in bester Lage am Barfüsserplatz. Tagsüber betritt man hier ein ruhiges ‹Café›, geradezu eine Oase – verglichen mit dem hektischen Treiben auf dem Barfüsserplatz. Nach Feierabend verändert sich der Charakter des Lokals zunehmend. Zu später Stunde wird die Rio-Bar zum lauten und verrauchten Szenelokal, in dem sich chic gekleidete Studenten, Jungmanager, Juristen und ‹Nouveau-riches› tummeln.

Oft unterhalten sich allein eingetretene Gäste, an der Bar sitzend, persönlich mit dem Personal. Da die Bedienung die verschiedenen Plätze hinter der Bar aber regelmässig verlässt, um andere Bestellungen aufzunehmen und zu servieren, werden die Gespräche zwischen ihr und den Gästen an der Bar gelegentlich unterbrochen. So entwickeln sich Konversationen zwischen den einzelnen Gästen – ohne das Mitwirken der Bedienung. Man kommt ins Gespräch und quatscht über Gott und die Welt. Viele Gäste sind seit Jahrzehnten treue Stammkunden und kennen sich schon lange, vielleicht nicht mit Namen, aber zumindest von Begegnungen in der Rio-Bar. Der tagsüber für die Bedienung reservierte Tisch hinter der hintersten Nische ist der Ort, wo Freunde der Bedienung und zu Freunden gewordene Stammgäste mit dem Personal einen Kaffee trinken und plaudern. Dort sitzt bisweilen auch der Chef mit einem Gast und trinkt etwas. Abends kommt es durch den Platzmangel zwangsläufig zu mehr Kontakten zwischen den Gästen. Einen Sitzplatz zu ergattern ist nicht einfach, oft gar unmöglich, auch der enge Durchgang ist mit stehenden Gästen überfüllt. Die Gäste am Abend sind in der Regel jünger als jene am Tag: so etwa um die 30.

Am Wochenende mutiert die Rio-Bar zum In-Lokal. Viele der Gäste kennen sich direkt oder über gemeinsame Bekannte. Die Platzanordnung ist sehr dynamisch: Mal stehst du hier bei zwei Kumpels, mal hast du dich drei Meter daneben mit einem dir unbekannten Gast auf eine Diskussion über Fussball eingelassen, und fünf Minuten später sitzt du mit einer alten Freundin am hintersten Tisch und bestellst ein neues Bier. Im Gedränge erblickt man wieder einen alten Studienkollegen, spricht mit ihm ein Paar Worte, bevor man sich wieder dem nächsten Freund zuwendet. Auf dem Weg zur Toilette bleibt man doch auch schon mal an einem anderen Tisch mit Bekannten hängen und trinkt das nächste Bier dort. Von einer Ecke des Lokals zur anderen

Man duzt sich, philosophiert und erzählt aus dem Leben. In der ‹Rio-Bar›.

wird sich gegenseitig zugewinkt und zugerufen. An der Bar wird wild und quer durcheinander gesprochen. Es spielt keine Rolle mehr, wer sich kennt und wer nicht. Der Alkohol fliesst reichlich, die Zungen werden lockerer. Man duzt sich, philosophiert und erzählt aus dem Leben.

‹Café Spitz›

Das Café Spitz gehört zu den berühmtesten Basler Gaststätten und befindet sich an einem historisch bedeutenden Ort. Das Gebäude des heutigen Restaurants war ab Ende des 13. Jahrhunderts das Rathaus von Kleinbasel, bis es Ende des 14. Jahrhunderts ausschliesslich zum Richthaus wurde, zum Sitz des Kleinbasler Stadtgerichts. Zudem bildete es das Zentrum der Kleinbasler Bürgerschaft und der Drei Ehrengesellschaften Kleinbasels. Als Mitte des 19. Jahrhunderts die Stadt Basel das Richthaus an Private verkaufen wollte, vereinten sich die drei Kleinbasler Ehrengesellschaften zur Hären, zum Rebhaus und zum Greifen zu dessen Erwerb. Zuerst trug das Lokal den Namen ‹Café National›. Doch diese Bezeichnung fand keinen Widerhall in der Bevölkerung, der Volksmund nannte es ‹Café Spitz›. Mit Spitz ist das kleine Türmchen über der Uhr gemeint. Es steht als Erinnerung an dasjenige des Richthauses.

Das Café ist ein Gasthaus, in dem man bürgerliche Umgangsformen pflegt. Allgemein hält die Bedienung Abstand zu den Gästen und setzt sich nie zu ihnen an einen Tisch. Wenn ein Gast auf der Terrasse erscheint und sich die Bedienung bereits dort befindet, wird er nicht schon aus Distanz begrüsst, wie man es aus studentischen Lokalen kennt. Wenn die Gäste sich setzen, sehen sie auf Grossbasel, speziell auf das Münster. Tritt die Kellnerin oder der Kellner an den jeweiligen Tisch, kommt ein höfliches «Guten Tag, was wünschen Sie?». Ein Gespräch wirkt schon zu Beginn ein wenig wie abgeschnitten. Die Gäste werden grundsätzlich immer gesiezt und in Schriftdeutsch begrüsst.

Die gesucht höfliche Distanz des Personals kann einen negativen Beigeschmack erhalten, wenn der Gast das Gefühl bekommt, nicht willkommen zu sein. Bei einem meiner Besuche servierte mir der Kellner ein Frappé mit den Worten: «Sie haben doch ein Frappé bestellt! Bitte sehr!» Dies sagte er in einem höflichen und zugleich sehr distanzierten Ton, der durch seine Körpersprache unterstrichen wurde: Er stellte das Frappé mit einem weit ausgestreckten rechten Arm vor mir auf den Tisch. Ich hatte das Gefühl, geduldet aber nicht willkommen zu sein.

Zum Gast besteht eine körperliche Distanz, welche durch einen Abstand in Armeslänge zum Ausdruck kommt und sich beispielsweise auch darin zeigt, dass das Tablett ganz knapp auf den Tisch geschoben wird. Manche Gäste scheint diese Ambiance weniger anzusprechen, das stellte ich bei einem anderen Besuch fest: Sieben Gäste, so Mitte 60, sassen an zwei zusammengerückten Vierertischen auf der Terrasse und beobachteten den Kellner bei seiner Arbeit. Einer machte einen Witz, indem er den Arm zum Eingiessen überspitzt elegant nach oben hob und meinte: «Esoo schänggt dä yy!» Als Antwort meinte eine ein paar Jüngere Frau: «Dä het aber schöni schwarzi Hoor und himmelblaui Auge.» Eine andere Frau erwiderte lachend darauf: «Aber nüt im Hirni! Do bringt dir das alles nüt!»

Doch ein ablehnendes oder wie im geschilderten Fall auch beleidigendes Verhalten eines Gastes gegenüber dem Personal ist im Café Spitz die Ausnahme. Das Personal ist sehr bemüht und zuvorkommend – es drückt bürgerliche Kultur aus.

‹Zum Roten Engel›

Unweit des Marktplatzes befindet sich wohl eine der schönsten Ecken der Basler Altstadt: der Andreasplatz. An diesem lauschigen Ort habe ich schon viele Stunden verbracht, die meisten davon im Roten Engel. Die einfache Ausstattung, der lockere Umgang, die grosse Auswahl an Tees und nicht zuletzt die bunte Gästeschar lockten mich immer wieder in diese alkoholfreie Beiz.

Ein Sammelsurium von Menschen findet sich im Roten Engel ein. Da sitzt ein etwas älterer, graumelierter, schlanker Herr, welcher Notizen in ein kleines schwarzes Büchlein macht, dort zwei junge

Frauen mit Rastahaaren und bunten Kleidern. Sie plaudern und greifen alsbald wieder zu ihren Büchern, um weiterzulesen. Ein anderer ist alleine für sich am Tisch und wirft, mit englischem Akzent, Sprüche in die Runde oder summt oder singt mit verträumtem Blick Lieder vor sich hin, während nebenan Männer um zwei Schachbretter verteilt abwechselnd eine Partie gegeneinander spielen. Das scheint die Menschen ein paar Tische weiter nicht zu interessieren, die manchmal ruhig, manchmal laut und heftig in Zweier- und Dreiergruppen miteinander diskutieren. Draussen auf dem Platz tauchen im Sommer regelmässig Musiker auf, die in der Hoffnung auf ein kleines Entgelt ihre Künste zum Besten geben – manchmal zeitgleich mit Musik, die im Inneren des Lokals abgespielt wird.

Die Stimmung ist gemütlich und entspannt: Die Gäste sitzen locker, mit hängenden Schultern, wo es geht angelehnt, oder auch den Kopf auf die Hände gestützt auf ihrer Sitzgelegenheit: einem Stuhl, einer Bank, einem Hocker, im Sommer draussen manchmal gar auf dem Boden des Platzes. Andere diskutieren mit geradem Rücken und im Schneidersitz mit ihrem Gegenüber. Es kommt schon mal vor, dass jemand einen freien Stuhl als Ruhefläche für seine Füsse benutzt. Zwanglos wird an den Getränken geschlürft oder auch mal gar nichts konsumiert.

Die ‹Hasenburg›

Schräg gegenüber dem Roten Engel liegt die Hasenburg. Sie ist wie der Wilhelm Tell eine alte Basler Beiz mit Stammpublikum. Meist gehen diese Gäste locker miteinander um. Sie lachen gerne und sind für viele Themen offen. Manchmal geht man aber auf die Voten anderer nicht wirklich ein und bringt stattdessen lieber ein eigenes Anliegen oder schmeisst ‹e glatte Spruch› in die Runde. Gäste, die sich zum Essen hier treffen, sprechen öfters über ihr Privatleben als jene an den Stammtischen. Zu den häufigsten Gesprächsthemen zählen neben der Tagespolitik Arbeit, Sport, Regionales, Vereine, Fasnacht, Urlaub, Wirtschaft, Gesundheit und Familie/Bekannte. Die politischen Meinungen gehen oft nicht sehr weit auseinander und bewegen sich mehrheitlich im moderat bürgerlichen Bereich. Nur selten konnte ich Themen ausmachen wie Umwelt, Armut/Drittwelt, persönliche Probleme (Privates, auf das man nicht stolz ist) und alternative Kultur. Die Konversation tönt oft so oder ähnlich:

«… jetz hän si jo doo das neue Syschteem uf der Boscht …» – «… Joo, mit däne Nümmerli do, soon e Saich …»

«… jetz schnyde mer no die drey Blatte zue und denn wünsche mer em Alte e schöns Wuchenänd … Am Frytignoomidaag ryss ych my Arsch nüm uff, das sag der! Und wenn der Heer no so toobt du, hehehe …»

«… nei, nei, das soll alles der Kassier mache, suscht fiert das zu nüt mee das Joor …»

«… Kennsch dä nit? S isch zwoor e Schwuchtle, aber är isch normaal und macht super Goschdyym …»

«… Der Leuebärger isch doch e Käschperli! …»

«… Ych find das völlig in Oornig, wenn sy die Swissairbriedere yyloche. Das sin nämlich d Bschysser … Und mir zaales! … Jo kumm, do het doch no männge Drägg am Stägge, gäll …»

«… Eimool Wurschtsalat und eimool mit vyl Kääs, bitte, für uns zwei … Und was nimsch duu? …»

«… Wär sich aasträngt, ka au öbbis erreiche, nit …»

«… D Novartis bietet mit den IWB (Industrielle Werke Basel) zämme e Löösig aa …»

«… he joo im achtenünzig isch das gsi, bym Rutli im Schreebergarte …»

«… mit em Dölf zämme han y e huffen Uusflüg gmacht, aber er het schwäär abgää, die letschte zwei Joor …»

«… Wiesoo wänn ir SPler denn au immer mit de Stüüren uffe? …» «… He ganz eifach wäge de Meerynaame, womer dringend bruuche. Do sin sich im Barlamänt fascht alli einig …»

«… Y muess der no öbbis verzelle, duu, d Miriam – weisch, em Jürg sy Frau – het e Döchterli griegt! … E Syydebölleli …»

Die meisten Gäste sprechen Baseldeutsch. Gelegentlich sind auch fremdsprachige Besucher oder Personen mit Dialekten aus den übernächsten Kantonen zu vernehmen, aber das bleiben Ausnahmen.

‹Grandcafé Huguenin›

Im Herzen Basels, beim Barfüsserplatz, befindet sich das traditionsreiche und stadtbekannte Grandcafé Huguenin. Die wichtigste Einkaufsstrasse Basels, Museen, Taxis, öffentliche Verkehrsmittel und die Altstadt sind in unmittelbarer Nähe und bequem zu Fuss zu erreichen. Feine Patisserie, französische Küche und leichte Snacks werden hier in einem edlen Ambiente serviert. Man sagt dem Huguenin nach, dass sich im Lokal hauptsächlich ‹der Daig vo Baasel› trifft – und damit gemeint sind gut situierte und prominente Basler Bürgerinnen und Bürger und Abkömmlinge der alteingesessenen Geschlechter. Eine Aussage, die mein Interesse für

dieses Lokal als Ort der Projektstudie geweckt hat: Setzt sich das Publikum wirklich nur aus dem elitären Basler Bürgertum zusammen? Und wenn ja – auf welche Art und Weise artikuliert sich dieses gehobene Milieu?

Begegnungen zwischen Gast und Personal spielen sich meiner Beobachtung nach nur innerhalb der konventionellen Bestellformalitäten ab. Zwischen dem Gast und der Bedienung herrscht sowohl räumliche als auch persönliche Distanz. Die zu Stosszeiten sehr rege ankommenden Gäste bleiben, ob alleine oder in der Gruppe, entweder zuerst am Rand oder in der Mitte des Cafés einen kurzen Moment stehen und schauen sich nach einem ihnen passenden freien Tisch um. Manche halten zuerst noch bei der Bar inne und betrachten das ‹aamächelig› präsentierte Gebäck, süsse Mandelgipfel oder feine belegte Brote, bevor sie sich

‹Grandcafé Huguenin›.

Stadt und Gesellschaft

bestückt mit Handtasche, Aktenkoffer oder Plastiktüten dem Tisch ihrer Wahl nähern.

Männer jeglichen Alters, die zumeist alleine kommen und eher selten eine Gruppe bilden, scheinen mit ihren Augen nicht nur Ausschau nach freien Tischen, sondern auch nach Frauen zu halten. Denn sie nehmen bei ihrer Ankunft Blickkontakt vor allem zu den anwesenden Frauen auf. Die Blicke sind allerdings nur von kurzer Dauer, und Mann setzt sich an seinen Platz ohne weitere Bemühungen der Kontaktaufnahme. Eher aus dem Rahmen fiel in ihrem Auftreten eine Gruppe von ungefähr 20-jährigen Jugendlichen, die mit gelgeformten Haaren, Markenkleidern und offenen Lederjacken einmal laut redend das Café betraten. Mit schlenderndem Gang, langsamen und rhythmischen Bewegungen gingen sie durch die von den Tischreihen geformten Gänge, schauten dabei immer wieder nach links und rechts und musterten die anwesenden Frauen von oben bis unten und von unten bis oben. Ihr Verhalten wirkte aufgesetzt, da ihre Bewegungen mehr Raum einnahmen, die Stimmen lauter waren und die Blicke länger und intensiver als jene der anderen Gäste. Schliesslich zog sich einer der Jugendlichen, am Tisch angekommen, auch noch das T-Shirt aus – was trotz der Hitze dieses Sommertags überhaupt nicht in dieses Milieu passte. Interessanterweise reagierte aber niemand darauf, weder verbal noch mit einem Blick.

Die Zone draussen vor dem Café scheint für eine kleine Minderheit eine Art von Präsentationsfläche darzustellen: Schick gekleidete Frauen beispielsweise bleiben fast etwas zu lange zwischen den Tischen stehen, manchmal mit in die Hüfte gestütztem Arm. Oder da gabs auch eine Gruppe aus zwei Frauen und einem Herrn, alle in Anzügen und mit Zigaretten, die in langen Mundspitzen steckten: Betont lange zogen sie den Rauch ein und bliesen ihn wieder aus, während sie mit direktem Blick die Runde der versammelten Gäste durchgingen. Und schliesslich wäre da noch der spannende Einzelfall eines Mannes im silbrig schillernden Minirock zu erwähnen: Mit langsamen, femininen Bewegungen, einem vorgeschobenen Becken und

kleinen Schritten bewegte er sich zwischen den Tischen der Terrasse durch und ging seines Weges. – Es wäre als Passant sicher einfacher gewesen, die Tische und Stühle zu umgehen. Der Mann wurde von den Gästen allerdings kaum wahrgenommen, umso mehr jedoch vom Personal. Zwei Kellner, die gerade an der Türe standen, konnten ihren Blick nicht von ihm wenden und schauten ihm lange nach. Vielleicht hat er ihnen gefallen.

Ein vorläufiges Résumé

Cafés, Restaurants und Beizen haben eine eigenartige Zwitterstellung zwischen privatem und öffentlichem Raum. Ende des 17. und im 18. Jahrhundert trugen sie wesentlich zur Bildung der politischen Öffentlichkeit in der sich formierenden bürgerlichen Gesellschaft bei. Sie waren Treffpunkte, wo man sich ohne Gefahr, von der Obrigkeit zur Rechenschaft gezogen zu werden, äussern konnte. Diese Funktion müssen sie heute nicht mehr erfüllen, doch noch immer bieten Gaststätten einen Raum, in dem sich Menschen auf eigene Art geben und kommunizieren können.

Will man die Ergebnisse des Projektkurses zusammenfassen, so sticht vor allem ins Auge, dass sich die verschiedenen Milieus der städtischen Gesellschaft nicht mehr so eindeutig wie früher in entsprechenden Cafés und Beizen widerspiegeln. Freilich gibt es noch das bürgerliche Restaurant, doch schon sein Gegenstück, die Arbeiterbeiz, scheint seltener zu werden. Neben sie sind Lokale getreten, die sich nicht mehr so eindeutig dem einen oder anderen Milieu zuordnen lassen. Das deutet auf einen Wandel der städtischen Gesellschaft selbst hin. Einer zunehmenden Differenzierung der Lebensstile entspricht die wachsende Vielfalt von Kommunikationsformen in Cafés und Beizen.

Grosses Herz, offener Geist

Hans-Peter Platz

Zum Gedenken an Vera Oeri-Hoffmann

Die grosse Mäzenin Vera Oeri lebt nicht mehr. Als Enkelin des von ihrem Grossvater aufgebauten Pharma Konzerns F. Hoffmann-La Roche hat Vera Oeri die Firmenkultur der heutigen Roche Holding entscheidend mitgestaltet. Zeitlebens unterstützte und förderte sie das Musik- und Kulturleben der Stadt Basel.

Vera Beatrice Oeri-Hoffmann. So wie sie immer war: ansprechbar, gesprächsbereit, interessiert, witzig und schlagfertig zugleich.

Völlig unerwartet für ihre Familie und Freunde ist Vera Beatrice Oeri-Hoffmann am Morgen des 16. Oktobers gestorben. Kaum zu fassen für alle, die der stets lebhaften und offenen 79-Jährigen noch kurz zuvor begegnet sind. Klaglos über fortschreitendes Älterwerden und etwaige damit verbundene Beschwerden, bleibt Vera Oeri deshalb so in Erinnerung, wie sie immer war: ansprechbar, gesprächsbereit, interessiert, witzig und schlagfertig zugleich – als eigenwillige, charakter- und geistvolle Frau. Schon bemerkenswert und selten, wie auffällig unauffällig sie sich überall zu bewegen wusste, wo sie ihre vielfältigen Interessen und ihre wache Neugier hinführten. Gern gesehen schon deshalb und als ausgesprochen liebe Persönlichkeit dazu.

Vera Oeri, deren materieller Reichtum in geschwätziger Zeit so vielen die Zunge löste, hat immer stilvoll ihre eigene Art bewahren können und, wenn es denn sein musste, vor Zudringlichkeiten zu schützen gewusst. Gesellschaft definierte sie deshalb zusammen mit ihrem Gatten, dem Mediziner Jakob Oeri, nie klassenbewusst, sondern so, wie es Herz und Verstand diktierten. Entsprechend vielfältig und spannend waren ihr Beziehungsnetz und ihr Freundeskreis; dem Austausch und nicht der Erhaltung von Ansichten und Urteilen verpflichtet.

Frühe Kindheits- und Jugenderfahrungen dürften in diesem Leben vieles vorgeformt und bewegt haben. Geboren am 15. Juni 1924 als Tochter von Maja und Emanuel Hoffmann-Stehlin in Basel, verbrachte sie ihre Kleinkinderzeit in Brüssel, wo der Vater eine Niederlassung der von ihrem Grossvater aufgebauten Hoffmann-La Roche, der heutigen Roche, leitete. Als Achtjährige verlor Vera Oeri durch einen Unfall ihren Vater, und nur ein Jahr später starb ihr Bruder Andreas an Leukämie. 1934 heiratete die Mutter den jungen Musiker Paul Sacher.

Vera und Bruder Lukas verlebten in der Folge ihre Jugendzeit in einem der Musik und der bildenden Kunst weit offenen Elternhaus. Nach einem Ausbildungsjahr in Genf lernte sie als Privatsekretärin ihres Stiefvaters Paul Sacher, was Kunst- und Kulturbetrieb an Spannungen und Sternstunden mit sich bringen konnte, aber auch an Einsatz und Arbeit benötigte, um Bedeutung und Haltbarkeit zu erlangen.

Als Vera Hoffmann 1948 den Arzt Jakob Oeri heiratete und mit ihm eine wunderbar funktionierende und betriebsame Lebenspartnerschaft einging, wurde die eigene Familie während Jahren zu ihrem Einsatz- und Lebenszentrum. Fünf Kinder wurden dem Paar zwischen 1949 und 1955 geboren und von ihm, wie längst bewiesen ist, erfolgreich und der offenen und toleranten Familientradition verbunden, grossgezogen.

Was in den vergangenen vier Jahrzehnten aus dem glücklichen Verbund Oeri-Hoffmann an kulturellen Werten geschaffen und an weit verzweigter, meist anonymer Wohltätigkeit in karitativen und ökologischen Bereichen geleistet wurde, ist nicht nur für Basel, sondern weit über die Vaterstadt hinaus von fortdauernder und erheblicher Langzeitwirkung. Und ist, von der Förderung alter und zeitgenössischer Musik über die Paul-Sacher-Stiftung und die Maja-Sacher-Stiftung, die von der

Emanuel-Hoffmann-Stiftung begründete und wachsende Kunstsammlung bis hin zum Museum für Gegenwartskunst und zum Museum Jean Tinguely fast zu riesenhaft für eine kleine Frau, die wir in Zukunft bei vielen Gelegenheiten schmerzlich vermissen und deren grosses Herz und offener Geist unserer Stadt fehlen werden. Zwar wissen wir ihr Erbe in guten und treuen Händen, aber die Erinnerung an Vera Oeri müssen wir schon selbst und in Dankbarkeit pflegen.

Kultur

Basel und das Buch

Gute Ideen haben viele, aber nicht alle haben die nötige Beharrlichkeit, die Kraft zu überzeugen und manchmal ein dickes Fell gegen Miesmacher, Skeptiker und Neider. Wer hätte vor zwei Jahren gedacht, dass Matthyas Jenny es tatsächlich schafft, zusammen mit der Messe Schweiz in Basel eine Buchmesse auf die Beine zu stellen? Nun gibt es sie, die BuchBasel, und ihre Erstausgabe war – abgesehen von ein paar Kinderkrankheiten – rundum ein Erfolg. Ebenfalls erfolgreich war das sie begleitende Literaturfestival, das die ganze Stadt mit unzähligen literarischen Veranstaltungen und Lesungen bespielte. Dabei kamen auch Kinder und Jugendliche mit dem von Felix Werner und Barbara Jakob organisierten Jugendliteraturfestival auf die Rechnung. Das Programm beider Festivals war reichhaltig und dicht.

Zeitgleich mit der BuchBasel startete die Aktion ‹Basel liest ein Buch›. Für welches der vorgeschlagenen Bücher würde sich die Basler Bevölkerung entscheiden, war die grosse Frage. Es war Andrej Kurkows Buch ‹Picknick auf dem Eis›, über das sich dann die Lesenden an den verschiedensten Orten austauschen konnten.

Basel stand also 2003 ganz im Zeichen des Buches. Uns interessierte aber nicht nur, wer Bücher liest, sondern auch wer in Basel Bücher herstellt und verlegt. Wandern Sie mit durch die Basler Verlagslandschaft.

Weitere Themen

- Das Schaulager – eine geniale Erfindung von Maja Oeri mit einer kongenialen Architektur von Herzog & de Meuron.
- Die Basler Musik-Akademie ist Weltklasse, wie aber kann sie im Dschungel der Fachhochschul-Reformen und angesichts des Spardrucks überleben?
- Früher von Basel belächelt, heute von Basel neidvoll verfolgt: Das von Helmut Bürgel organisierte Lörracher Stimmen-Festival gibt es seit zehn Jahren.
- Der Dokumentarfilm von Jacqueline Falk und Christian Jamin über einen grossen Kleinbasler und seine Menschlichkeit hat Basel begeistert.

Basel und das Buch

Buchmesse plus Literaturfestival = ‹BuchBasel› *Martin Zingg*

Basels erste Buchmesse war ein Erfolg

Als am Morgen des 2. Mai 2003 in der Messe Basel um 9.30 Uhr die Glastüren der Halle 3 aufgestossen wurden, war die Aufregung ungewöhnlich gross. Eröffnet wurde nämlich nicht eine der üblichen Messen, sondern eine Veranstaltung, die bereits im Vorfeld heftige Diskussionen ausgelöst hatte: die ‹BuchBasel› – ein nationales Ereignis.

Monatelang war darüber diskutiert worden, ob es überhaupt vertretbar sei, diese Messe durchzuführen. Brauchte es in der kleinen Schweiz neben dem Genfer ‹Salon du livre› denn wirklich eine zweite Buchmesse? Und wenn ja: Durfte die Basler Messe zur gleichen Zeit stattfinden wie die Genfer Messe, die immerhin zum siebzehnten Mal ihre Pforten öffnen sollte? Denn die ‹BuchBasel›, auch das erregte einiges Aufsehen und war für viele der eigentliche Skandal, sollte am 2. Mai beginnen, das Genfer Pendant bereits am 1. Mai – und beide Messen sollten bis zum 4. Mai dauern.

Am selben Datum zwei Veranstaltungen gleicher, dazu noch sehr spezieller Art – in den Feuilletonspalten der Presse, in Buchhändler- und Verlegerkreisen gab es schon lange vor diesem Termin aufgeregte Debatten, die bisweilen einen schrillen Ton annahmen.

Erst belächelt, dann beargwöhnt
Die Vorgeschichte nimmt sich zunächst harmlos aus. Als zwei Jahre zuvor der Basler Verleger und Literaturveranstalter Matthyas Jenny erstmals mit dem Vorschlag an die Öffentlichkeit getreten war, in Basel eine Buchmesse zu organisieren, war er zunächst belächelt worden. Eine «typische Jenny-Idee», hiess es. Die Verlage, seit einigen Jahren in ökonomischen Turbulenzen, reagierten reserviert, nicht anders verhielt sich der Buchhandel. Als *die* Schweizer Buchmesse gilt seit ihrer Gründung im Jahre 1987 der Genfer Salon du livre, und der findet jeweils Anfang Mai statt, im Palexpo, dem Genfer Messegebäude nahe dem Flughafen. Dass der Salon einen deutlich frankophonen

Akzent hat, ist weiter nicht verwunderlich und wurde anfänglich kaum bemängelt: Lange Zeit war sie als einzige nationale Buchmesse eine grosse gesamtschweizerische Kulturveranstaltung, und damit ein Prunkstück föderalistischen Denkens. Bis vor wenigen Jahren gingen denn auch zahlreiche deutschschweizerische und deutsche Verlage nach Genf, wobei sich zuletzt allerdings die Klagen über das mässige Interesse an deutschsprachiger Literatur zu häufen begannen. Grosse deutsche Verlagshäuser wie Suhrkamp oder S. Fischer wandten sich in der Folge von Genf ab, und selbst in der Deutschschweiz liess die Begeisterung in den vergangenen Jahren merklich nach.

Im Sommer 2002 wurde aus den brancheninternen Mutmassungen über die Absichten von Matthyas Jenny die offizielle Nachricht, dass in Basel eine internationale Buch- und Medienmesse stattfinden werde, eine ‹BuchBasel›. Die Bedenken, mit denen Verlags- und Buchhandelskreise auf die Gerüchte reagiert hatten, wichen nun teilweise heller Empörung. Am grössten war diese naturgemäss in der Romandie. Von ‹alemannischer Arroganz› war da die Rede, von gezielter ‹Sabotage› des Salons. In zahlreichen Interviews erklärte Pierre-Marcel Favre, der Direktor des Salons, die Basler Buchmesse sei ein Angriff auf guteidgenössische Nachbarschaft. Unterstützung bekam er von offizieller Seite, und zwar aus Bern. In einem gemeinsamen Schreiben traten das Bundesamt für Kultur und die Kulturstiftung Pro Helvetia im Sommer 2002 an die Basler Messe (und an die Basler Regierung) heran und zeigten sich höchst besorgt. Die geplante Basler Buchmesse, liess der Brief unter anderem wissen, stelle eine «empfindliche Beeinträchtigung» des eidgenössischen Zusammenhalts dar.

Wer soll das bezahlen?

Die Messe war in weiter Ferne, die Aufregung wuchs – und noch war das meiste unklar. Offen war etwa, welche Verlage überhaupt an der angeblich so gefährlichen Messe teilnehmen wollten und welche von ihnen in Genf und in Basel gleichzeitig Präsenz markieren würden oder sich gar, noch schlimmer, von Genf ab- und Basel zuwenden wollten.

Offen war zu diesem Zeitpunkt auch und nicht zuletzt, wie das Begleitprogramm zur BuchBasel aussehen sollte. Denn Matthyas Jenny hatte der Messe Basel eine Koppelung der kommerziellen Veranstaltung mit dem schon etablierten, auch von ihm initiierten Basler Literaturfestival vorgeschlagen. Lesungen, Diskussionen, Signierstunden, sogar

Der BuchBasel war allen Unkenrufen zum Trotz ein überaus grosser Erfolg beschieden.

ein Festival für Kinderliteratur sollten die Messe begleiten und das Publikum anziehen. In der Vorbereitungsphase wuchsen die zwei Teile zu einem Ganzen – die BuchBasel, hiess es irgendwann, werde nur stattfinden können, wenn auch das Literaturfestival gesichert sei. Dies war wiederum eine Frage der Finanzen. Mit Unterstützung von Seiten der Messe Basel konnte das Festival aus nahe liegenden Gründen nicht rechnen. Matthyas Jenny begab sich auf Sponsorensuche. Das Budget, das er zunächst auf gut eine Million Franken beziffert hatte, musste er indes bald redimensionieren. Das Interesse schien plötzlich und auf unerklärliche Weise verflogen. War es das Schreiben vom Bundesamt für Kultur und der Pro Helvetia gewesen, das sich wie ein Kühlbeutel auf die anfängliche Begeisterung gelegt und eine spürbare Ernüchterung bewirkt hatte? Waren es die notorischen Finanzschwierigkeiten im kulturellen Sektor? Jedenfalls waren das Festival und damit die BuchBasel erst an jenem Tag endgültig gesichert, als bekannt wurde, dass Gelder in der Höhe von 375 000 Franken gesprochen seien: vom Kanton Basel-Stadt 250 000 Franken aus dem Lotteriefonds, vom Kanton Basel-Landschaft und von der Christoph Merian Stiftung je 50 000 Franken und 25 000 Franken von einem Sponsor, der ungenannt bleiben wollte.

Grossandrang am Stand des Christoph Merian Verlags bei der Vernissage des Buches ‹We are the Champions –
Der FC Basel in der Champions League 2002/2003›.
Der Autor Thomas Bürgi sowie die FCB-Spieler Julio Hernan Rossi, Christian Giménez und Hakan Yakin signieren.

Es kommt alles gut

Etwa 280 Verlage und verlagsnahe Institutionen waren es schliesslich, die sich hier präsentierten, aus der Schweiz, aus Deutschland und aus Österreich. Die Palette der Angebote reichte von Belletristik über Sach- und Fachbücher, Kinder- und Jugendbücher bis hin zu Zeitschriften und Zeitungen, antiquarischen Raritäten und Hörbüchern. Zum Vergleich: Die Frankfurter Buchmesse zählt etwa 6 500 Aussteller, die Leipziger Messe rund 2 000, Genf etwa 1 000.

Daneben und mittendrin das Literaturfestival. ‹Europa erzählt›, so lautete sein Motto, und das Programm, das Verena Stössinger und Martin R. Dean mitgestaltet hatten, nannte rund 200 einzelne Veranstaltungen. Es lasen und diskutierten, um nur einige wenige Namen zu nennen: Jean Echenoz und Bernard Comment, Giorgio Orelli, Alberto Nessi, Fabio Pusterla, Christina Viragh, Paul Nizon, Zsuzsanna Gahse, Rudolf Bussmann, Klaus Merz, Klaus Theweleit, Jochen Schimmang, Theres Roth-Hunkeler, Klaus Modick, Georg Klein, Barbara Bongartz, Ibrahim al Koni, Wilhelm Genazino, Asher Reich, Claudia Storz. Und da die Sächsische Akademie ihre jährliche Frühjahrstagung kurzerhand nach Basel verlegt hatte, lasen hier, neben anderen, auch Elke Erb, Richard Pietrass, Thomas Rosenlöcher, Rainer Kirsch, Angela Krauss.

Die Debatten galten Themen wie ‹In einer fremden Sprache schreiben›, ‹Das Drama nach dem Ende des Dramas›, ‹Auf der Suche nach der Herkunft› oder ‹Was ist national? Literatur und Identität in Europa›. Gelesen und diskutiert wurde nicht nur in den Messegebäuden, sondern an etwa dreissig verschiedenen Orten in der Stadt – die Omnipräsenz des Literaturfestivals war denn auch gelegentlich dessen anstrengende Seite.

Einen festen Platz – und zwar auf dem Messegelände – hatte hingegen jener Teil des Festivals, der für Kinder und Jugendliche gedacht war und den Felix Werner und Barbara Jakob organisiert hatten. Wettbewerbe, Bastelangebote, Suchspiele, Figurentheater, Lesungen, zu denen Autorinnen und Autoren wie Hanna Johansen, Brigitte Schär, Mirjam Pressler, Lukas Hartmann oder Azouz

Begag angereist waren. Auch hier war das Programm ausserordentlich dicht und reichhaltig.

Ein Erfolg – mit Zukunft

Die Reaktionen auf Messe und Festival waren überwiegend positiv. Das Publikum schien begeistert, einige Aussteller hatten ihre Unkosten mit dem Verkauf von Büchern zu einem grossen Teil wieder hereingespielt. Noch am Abend des dritten und letzten Messetages traten Stephan Lips und Matthyas Jenny, die Verantwortlichen von Messe und Festival, vor die Medien und gaben bekannt: 28 000 Besucher und Besucherinnen. Eine Stunde später gab es auch Zahlen aus Genf: 110 000, zehntausend weniger als das Jahr zuvor.

Das neutrale Marktforschungsinstitut, das die neue Messe zu untersuchen hatte, meldete weitere gute Zahlen: 83 Prozent der Besucher hätten die Kombination von Messe und Literaturfestival gut oder sehr gut gefunden, 72 Prozent gaben an, die nächste BuchBasel besuchen zu wollen. Zwei Drittel der Aussteller schliesslich bekundeten die feste Absicht, wieder daran teilzunehmen.

Und schon wenige Tage nach dem Ende der Messepremiere war zu erfahren, dass die Buch-Basel 2004 vom 7. bis zum 9. Mai stattfinden werde: «Damit nimmt die Veranstalterin der ersten internationalen Buch- und Medienmesse Rücksicht auf das traditionelle Veranstaltungsdatum der Genfer Buchmesse, die seit Jahren am ersten Maiwochenende stattfindet.» Ein versöhnliches Ende, zumindest fürs Erste.

Die verborgene Leidenschaft für Lettern

Anna Wegelin

Buchverlage in Basel

Dem Buchhandel geht es schlecht – man denke nur an die kulturpolitische Debatte über die Buchpreisbindung in der Schweiz.[1] Doch wie steht es in Basel, einst Mittelpunkt des schweizerischen Druck- und Verlagswesens? – Rücksprachen mit einer Reihe von Verlegern[2] zeigen: Vom viel beschworenen Untergang des klassischen Buchs kann nicht die Rede sein. Strategische Ziele und ökonomische Zwänge in der heterogenen ‹Basler Verlagsszene›.

Das Buch hat es mit Basel, Basel hat es mit dem Buch. Seit über fünf Jahrhunderten. «Schon bald nach der Erfindung des modernen Buchdrucks», steht im Historischen Lexikon der Schweiz, «wurde Basel zum Mittelpunkt des schweizerischen Druck- und Verlagswesens».

Traditionsreich und sachlich – die Fachbuchverlage Schwabe, Birkhäuser, Karger und Helbing & Lichtenhahn

Das Haus Schwabe wurde von Johannes Petri begründet. 1488 nahm er seine Arbeit als selbstständiger Drucker im humanistischen Basel auf, wo 1460 die älteste Universität der Schweiz eröffnet wurde. Der Verleger Urs Breitenstein, seines Zeichens ‹Botschafter des Buches› in der traditionsreichen Basler Institution: «Schwabe ist, als Nachfol-ger der Officin Petri, das älteste bestehende Druck- und Verlagshaus der Welt.» Der Verlag Schwabe publiziert Bücher und Zeitschriften in den Bereichen Geisteswissenschaften (u. a. die drei Sprachausgaben des erwähnten Historischen Lexikons der Schweiz, HLS) und Medizin und hat sich vor allem im ersteren Bereich international einen Namen gemacht. Durch die Gründung des Schweizerischen Ärzteverlags EMH (Editores Medicorum Helveticorum) im Jahr 1997, als Kooperation mit der Vereinigung der Schweizer Ärztinnen und Ärzte FMH, konnte der medizinische Programmteil wesentlich ausgebaut werden, zum Beispiel mit der ‹Schweizerischen Ärztezeitung›.

‹Schwabe AG› war bis in die jüngste Zeit ein Familienbetrieb. 1996 ging die Aktienmehrheit an Hans-Rudolf Bienz und Urs Breitenstein über. Die beiden langjährigen Mitarbeiter sind heute je zur Hälfte Inhaber des Gesamtunternehmens mit 160 Angestellten. Dieses gliedert sich in die drei eigenständigen Bereiche Verlag (Leitung: David Marc Hoffmann), Druckerei und Informatik; dazu kommen der EMH-Ärzteverlag und die Buchhandlung ‹Das Narrenschiff›. Die Bereichsleitungen würden jedoch «sehr eng zusammenarbeiten», betont Breitenstein. Das gereiche zum Wettbewerbsvorteil.

Schwabe geht es gut. In den Worten Urs Breitensteins: «Wir machen einen einzigen Strich unter die Rechnung und schreiben schwarze Zahlen.» Doch würden die Drittmittel leider nicht mehr so leicht fliessen: Das politische Klima in der Schweiz sei eben zurzeit «nicht sehr bildungseuphorisch». Er sei jedoch zuversichtlich, fährt er fort, dass Schwabe in der bestehenden Art als «dynamisches Schweizer Unternehmen der grafischen Branche» weiter existieren kann. Es sei halt ein «Glücksfall» gewesen, dass der damalige Besitzer Christian Overstolz nicht auf den meistbietenden Käufer, sondern auf «hohe Qualität und die Erhaltung der Tradition» gesetzt habe. Solches «Glück» ist dem Birkhäuser-Verlag nicht zuteil geworden.

Die ‹Birkhäuser Verlag AG Basel› ist heute ein international ausgerichteter Verlag für Naturwissenschaften und Architektur. Der Programmschwerpunkt ‹Birkhäuser Science›, der das Birkenblatt im Logo führt, ist ein zu 90 Prozent (im Zeitschriftenbereich zu 95 Prozent) in Englisch publizierender Fachbuchverlag mit den Schwerpunkten Biologie und Mathematik. Hans-Peter Thür, CEO des gesamten Verlags, bezeichnet ihn als den grössten naturwissenschaftlich orientierten Verlag in der Schweiz, der ausserdem weltweit hohes Ansehen geniesse. – Zum zweiten Schwerpunkt ‹VA› (Verlag für Architektur), der in Deutsch und in Englisch publiziert, sagt er: «Wir sind einer der grössten und wichtigsten Produzenten für Architekturliteratur in Europa.»

Birkhäuser produziert in Basel, Boston und Berlin jährlich zirka 230 neue Buchtitel und 32 wissenschaftliche Zeitschriften und beschäftigt 48 Mitarbeitende in fester Position.

Der Verlag geht auf einen Druckereibetrieb zurück, den der Franke Emil Birkhäuser 1879 in Basel gründete und der schon bald Publikationen im Eigenverlag herausgab. 1979 wurde eine Niederlassung in Boston an der amerikanischen Ostküste eröffnet. Im Jahr 1985 erfolgte eine Zäsur: Der Druckereibetrieb ging an die ‹Basler Mediengruppe› (heute ‹Basler Zeitung Medien›), der Verlagsteil wurde vom ‹Springer-Verlag, Heidelberg-Berlin-New York› erworben und wird seither als selbstständiges Schweizer Tochterunternehmen mit Firmensitzen an den erwähnten drei Standorten geführt. Heute ist der Birkhäuser-Verlag Teil der neu formierten ‹Springer Science + Business Media›, die laut Thür die weltweit zweitgrösste Fachverlagsgruppe ist und den europäischen Finanzinvestoren Cinven und Candover gehört. Zum Jubiläumsjahr 2004 (125 Jahre Birkhäuser) sagt Hans-Peter Thür: «Wir machen keine Festschrift, um uns selber zu feiern, sondern publizieren ausgewählte Bücher zu günstigen Konditionen, die unser Verlagsprofil repräsentieren.»

Die Firma ‹S. Karger AG› hingegen ist bis heute ein erfolgreiches Familienunternehmen mit ein und demselben Verlagsprogramm geblieben. Karger ist einer der weltweit grossen Hersteller medizinischer Fachliteratur. 1890 vom jüdischen Samuel Karger in Berlin gegründet, übersiedelte der Verlag 1937 nach Basel, das vorübergehend zum Zentrum des deutschsprachigen Buchs wurde. Hier hatten sich 1934 Buchhändler und Verleger getroffen, um eine «gemeinsame Strategie zur Förderung des Schweizer Buchs festzulegen», wie es im HLS heisst. Das Treffen markierte den Beginn einer Blütezeit des Schweizer Verlags, die bis etwa 1950 andauerte.

Karger ist heute ein wichtiger Arbeitgeber in der Region und beschäftigt 250 Mitarbeitende. Der Verlag produziert rund 150 Buchtitel im Jahr und gibt 76 Journale heraus, gedruckt wird zur Hauptsache bei der ‹Friedrich Reinhardt AG› in Basel. Steven Karger, seit 1999 CEO, über die Betriebsökonomie: «Wir sind ein sehr gesundes Unternehmen.» So gesund, dass man mehrmalige Kaufangebote habe zurückweisen können und auch nicht

Schwabe.

Birkhäuser.

börsenkotiert sei. Wie Schwabe-Mitinhaber Breitenstein zählt auch er «fortschrittliche» Anstellungsbedingungen und Sozialleistungen, Mitarbeitertreue usw. zur «Tradition des Hauses». Und wie Hans-Peter Thür von Birkhäuser findet auch er den Verlagsstandort Basel insofern «zufällig», als die Welt im Zeitalter der Informations- und Kommunikationstechnologie ohnehin immer kleiner werde. Trotzdem fühle man sich der Stadt verbunden und wolle in absehbarer Zeit auch hier bleiben. Steven Karger: «Erstens haben wir hier Wurzeln geschlagen, was für ein traditionsreiches Familienunternehmen keine unwesentliche Komponente ist. Und zweitens bietet die politisch und sozial stabile Schweiz eindeutige Standortvorteile, was die Arbeitsqualität betrifft.» «Höchste Qualität – inhaltlich wie gestalterisch – ist einer der wichtigsten Ansprüche, die der S. Karger Verlag an sich selber stellt», doppelt er nach.

Der Verlag Helbing & Lichtenhahn, der juristische Literatur in den Bereichen Recht, Steuern und Wirtschaft verlegt, hat mit dem ‹Basler Kommentar zum Schweizerischen Privatrecht› schweizweit in Fachkreisen für Aufsehen gesorgt. Verlagsleiter Men Haupt: «Die vierbändige kommentierte Ausgabe zum Schweizerischen Zivilgesetzbuch und Obligationenrecht ist ein beliebtes Arbeitsinstrument in der Praxis und fürs Studium geworden.»
Die Gründung der Firma geht auf Johann Gottlieb Bahnmaier zurück, der um das Jahr 1822 in die von C. F. Spittler ins Leben gerufene Buchhandlung als Teilhaber eingetreten war. 1974 wurde der Betrieb, seit 1903 als Kollektivgesellschaft geführt, aufgelöst und in zwei Aktiengesellschaften trans-

feriert: in die ‹Buchhandlung W. Jäggi AG› und die ‹Helbing & Lichtenhahn Verlag AG›.

Der Verlag beschäftigt 25 Mitarbeitende und veröffentlicht rund 120 Publikationen pro Jahr. Daneben betreut er sieben wissenschaftliche Zeitschriften. Wie Birkhäuser, so gehört auch Helbing & Lichtenhahn einer ausländischen Firma, dem Verlag ‹C. H. Beck› in München; von 1977 bis 1998 war er noch eng mit ‹Sauerländer› in Aarau liiert gewesen.

Laut Men Haupt, der auch Präsident des Schweizer Buchhändler- und Verleger-Verbands (SBVV) ist, verfügt die ‹Basler Verlagsszene› über ein breites Angebot. Doch wisse er als Verleger von Fachliteratur leider zu wenig über die Befindlichkeiten der hiesigen Verlage mit Belletristik und Basiliensia: Man nehme sie zwar zur Kenntnis, kenne ihr Programm jedoch nicht im Detail.

Jung und subjektiv – die Literaturverlage Lenos und Urs Engeler Editor

‹Lenos› und *‹Urs Engeler Editor›* sind kleine Literaturverlage, die allerdings Grosses bewirken. Beide haben Nischen im deutschsprachigen Buchmarkt erobert. Und beide arbeiten dabei «am Rande zur Selbstausbeutung», wie der Basler Literaturvermittler Matthyas Jenny meint. Jenny hat selbst aus Leidenschaft für die Literatur (namentlich die von den Amerikanern William S. Burroughs und Brion Gysin sowie den Deutschen Jörg Fauser, Jürgen Ploog und anderen inspirierte deutsche ‹Cutup›-Szene) 1976 den Ein-Mann-Verlag *‹Nachtmaschine›* ins Leben gerufen und die gleichnamige Zeitschrift auf einer Rotaprint gleich auch noch gedruckt. Bislang hat der Nachtmaschine-Verlag gegen 200

Karger.

Helbing & Lichtenhahn.

Titel herausgegeben. Im Jahr 2003 erschien hier unter anderem der Band mit Gedichten aus dem Nachlass von Dieter Fringeli, ‹ich bin mein gutes recht›, mit einem Vorwort von Adolf Muschg und Vertonungen der Gedichte durch Daniel Weissberg.

Die ‹Lenos Verlag AG› ist ein ‹Kind› der 68er-Jahre. Der Verlag wurde 1970 gegründet und wird seit 1983 von den langjährigen Mitarbeitenden Heidi Sommerer und Tom Forrer (der seine Verlagslehre bei Birkhäuser absolvierte) geleitet.

Heute ist Lenos ein Vier-Personen-Betrieb, der zur Hauptsache Belletristik verlegt, mit Fokus auf die Arabische und die Schweizer Literatur, darunter Übersetzungen aus dem französischsprachigen Landesteil. In diesem weitaus grössten Programmteil erscheint auch die Literaturzeitschrift ‹drehpunkt›, die seit 1982 von Rudolf Bussmann und Martin Zingg herausgegeben wird. Der Sachbuchschwerpunkt macht zwar lediglich rund 10 Prozent der gesamten Buchproduktion aus, weist jedoch nachhaltige Bestseller auf wie die Werke von Hans Saner oder Sumaya Farhat Naser. 1993 erhielt der Lenos-Verlag den Kulturpreis der Stadt Basel.

In seinem Rückblick auf 30 Jahre Lenos schreibt Martin Zingg, es müsse schon verwundern, dass der Verlag in all den Jahren unabhängig geblieben sei: «Bei keinem grossen Verlagshaus untergeschlüpft und nicht an die Börse geflüchtet.» Das ist auch drei Jahre später noch so, wie Tom Forrer bestätigt: Lenos sei schuldenfrei – «ohne Mäzenatentum». Doch sei das laufende Jahr 2003 bis jetzt harzig verlaufen, und auch der Ertrag aus dem Verkauf von Nebenrechten habe in den letzten Jahren merklich abgenommen. Überhaupt werde die ‹Laufzeit› zur Lancierung eines Titels immer kürzer: Nach drei Monaten sei das Interesse der Medien vorbei, und die Neuerscheinung aus den Schaufenstern der Buchhandlungen entfernt. Andererseits hat die Konkurrenz unter den Deutschschweizer Literaturverlagen laut dem Lenos-Koleiter eher abgenommen: Alle wüssten eben, dass es sich um einen «kleinen Kuchen» handle und man sich dann nicht auch noch bekämpfen müsse. Ein Zeichen dafür sei der gemeinsame Auftritt an der ersten ‹BuchBasel› im Mai 2003 gewesen.

Auch Lenos lebt von der Mischrechnung: Gut verkaufte Titel helfen, die weniger erfolgreichen Bücher zu finanzieren. Tom Forrer: «Wir haben schon immer Bestseller und Badseller gehabt.» Allerdings sei das Risiko in der Belletristik generell viel höher als beim Sachbuch, das ein spezifischeres Zielpublikum habe. Ausnahmen wie die Werke des im Oktober 2003 verstorbenen Guido Bachmann, von Annemarie Schwarzenbach oder Ibrahim al-Koni, dessen Weltrechte Lenos immerhin besitzt, bestätigen die Regel. Lenos werde auch in Zukunft auf «Solides» statt auf Modeströmungen setzen, sagt Tom Forrer. So würden zum Beispiel die Herausgabe von Literatur der klassischen Moderne (Blaise Cendrars, Nicolas Bouvier u. a.) sowie die von Hartmut Fähndrich begleitete ‹Arabische Reihe› fortgeführt, die inzwischen rund 80 Titel umfasst und bestimmt weiteren Auftrieb erhalten werde, wenn im Jahr 2004 die Arabische Literatur Thema an der Frankfurter Buchmesse ist. Mit den kostengünstigen Pocketbüchern sowie Autorenlesungen will der Lenos-Verlag inbesondere für das breite Lesepublikum weiterhin attraktiv bleiben.

Lenos.

Urs Engeler Editor.

Urs Engeler, der sein Büro seit dem September 2003 ausschliesslich in Basel hat, spricht dagegen einen verhältnismässig kleinen Intellektuellenkreis an. ‹Urs Engeler Editor›, bis in die jüngste Zeit ein Ein-Personen-Verlag, ist hervorgegangen aus der von Engeler selbst herausgegebenen Zeitschrift für Gedichte ‹Zwischen den Zeilen›, die seit 1992 zwei Mal im Jahr erscheint. Bekannt ist der Nischenverlag für sein lyrisches Programm, das die Aufmerksamkeit der deutschsprachigen Feuilletons auf sich zieht. Engeler selbst betont, dass er «literarische Titel» mache: Zwar sei die Lyrik das «Verlagsherz»; doch würden auch Essays, Theaterstücke und Romane ins Programm aufgenommen, sofern sie «mit Sprache zu tun haben und von dort auch gedacht, inspiriert sind».

1999 erhielt Urs Engeler den Kulturpreis der Stadt Basel. Im März 2003 wurde der Verlag mit dem erstmals verliehenen ‹Deutschen Hörbuch Preis› ausgezeichnet, für die Anthologie ‹Fümms bö wö tää zää Uu. Stimmen und Klänge der Lautpoesie›. Die Jury würdigte damit auch die spezielle Form der multimedialen Compact-Bücher.

‹Urs Engeler Editor› ist ein ‹Kind› der Postmoderne. Seit 1997 produziert der Verlag regelmässig, inzwischen sind rund 70 Titel erschienen. Zu den Hausautoren gehören etwa Elke Erb, Oskar Pastior oder Peter Waterhouse, und aus Basel Urs Allemann, Birgit Kempker und Jürg Laederach. Sein Credo als Verleger und Herausgeber fasst Urs Engeler so zusammen: «Mir geht es darum, interessante Bücher zu machen, und das heisst auch mit den Autoren und dem Text arbeiten, was ich sehr intensiv pflege.» Diese ‹Pflege›, welche die Lyrik vielleicht mehr als andere Gattungen für sich

beansprucht, sei heute bei den grossen Verlagen in Deutschland nicht mehr populär: Sie schaffe Kosten und nicht unbedingt Gewinn.

Auf die Frage, weshalb er sich dennoch mit einer neuen Teilzeitmitarbeiterin einen Personalausbau leisten kann, antwortet er, es gebe «einfach sehr viel zu tun». Beim Stichwort Mäzenatentum verweist er auf die Beiträge durch die öffentliche Hand: Die 5 000 Franken, die er bislang immer wieder vom Literaturkredit BS/BL für seine Zeitschrift ‹Zwischen den Zeilen› erhalten habe, sei ein «wesentlicher Beitrag für das, was wir machen». Doch sei es ein «Witz, wie wenig die Literatur an Geld verbrennt». Ähnlich hatte es bei Lenos getönt, wo Tom Forrer meinte, der Honoraranteil, den sie jedes Jahr für Autoren, Übersetzer und Herausgeber aufbringen würden, übersteige den jährlichen Literaturkredit der Kantone Basel-Stadt und Baselland.

Vom regionalen Publikums- zum überregionalen Zielgruppen-Verlag – der Christoph Merian Verlag

Das Buch hat es mit Basel, Basel hat es mit dem Buch. Das trifft wohl in besonderem Masse für Basiliensia zu, die sich grosser Beliebtheit erfreuen. Einer der hiesigen Verlage, der Bücher über Basel und seine Geschichte(n) herstellt, ist der ‹Christoph Merian Verlag› (CMV), der auch die vorliegende Stadtchronik verlegt. Allerdings bilden heute Basiliensia nicht mehr die einzige Programmschiene des CMV, und auch die Verlagsökonomie hat sich gegenüber früher markant verändert.

Der Christoph Merian Verlag wurde 1976 von der Christoph Merian Stiftung ins Leben gerufen, um die Edition der seit 1876 existierenden Basler Stadtchronik nach dem Rückzug von Helbing & Lichtenhahn weiterhin zu gewährleisten. In den Anfangsjahren des CMV seien neben Publikationen zu regionalspezifischen Themen auch Bücher «im Dienst der Stiftungstätigkeit» erschienen, erklärt Beat von Wartburg, seit 1993 Leiter des CMV. Dies sowie die Reihen ‹Kinderbuch› und ‹(Schweizer) Geschichte› habe man inzwischen aufgegeben. Von Wartburg: «Der lokale Markt für Titel zu sozialethischen Themen war schlicht zu klein, der Kin-

Christoph Merian Verlag.

derliteratur-Bereich ist ein eigenes Marktsegment und das Interesse für populärhistorische Literatur in unserer fanatisch zukunftsgerichteten Welt ist beschränkt und wird ausserdem durch andere Verlage abgedeckt.»

Heute führt der CMV die beiden inhaltlichen Schwerpunkte ‹Region Basel› und ‹Fotografie und Kunst› und gibt im Jahr rund 25 Titel heraus. Beat von Wartburg: «Wir wollen einerseits weiterhin regionale Themen aufgreifen und andererseits überregional aktiv sein, was aus ökonomischen und vertriebstechnischen Gründen zwingend ist.» Der CMV verfügt heute über ein internationales Vertriebsnetz in Deutschland, Frankreich und in den englischsprachigen Ländern. Das Buchprogramm, erläutert Verleger von Wartburg, richte sich an ein breites Zielpublikum: «Wir möchten wissenschaftlich fundierte Texte respektive Erkenntnis popularisieren.» Dabei stelle man «höchste Qualitätsansprüche» an die Text-«Dramaturgie», die Gestaltung und die Druckqualität. Dies gelte nicht nur für die Reihe ‹Kunst & Fotografie›, sondern auch für die Basler Bücher. Ein gutes Beispiel sei der im Mai 2003 erschienene spezialformatige Bildband von Thomas Bürgi über den FC Basel in der Champions League ‹We are the Champions›.

Fünf Personen arbeiten derzeit im Verlag, drei davon teilzeitlich. Beat von Wartburg, der auch Mitglied der Geschäftsleitung der Christoph Merian Stiftung ist, leitet die Abteilung Verlag / iaab (Internationale Austausch Ateliers Region Basel). Früher finanzierte sich der Verlag aus dem Ertrag der Stiftung und wurde von einer Kommission begleitet. Heute ist er ein Geschäftsbereich der Stiftung, welche für die Personal- und die Infrastrukturkosten des Verlags aufkommt.

Der CMV-Chef trauert der alten Verlagsära nicht nach. Doch gehe der gewonnene «unternehmerische Freiraum» mit der ökonomischen Verpflichtung einher, «möglichst Bücher zu machen, die auf dem Markt eine Chance haben». Ein Beispiel, das den Erfolg des Verlagskonzepts belegt, ist der im April 2003 erschienene Band von Barbara Lüem über die Schweizer Rhein- und Hochseeschifffahrt ‹Heimathafen Basel›, dessen Idee laut von Wartburg entstanden ist, als die Christoph Merian Stiftung das Archiv der ‹Schweizerischen Reederei und Neptun AG› rettete. Das Buch hält ein wichtiges Kapitel der Industrie-, Sozial- und Kultur-Geschichte Basels fest und veranschaulicht es anhand von historischen Fotografien sowie Aussagen von Zeitzeugen. Und: Es verkauft sich blendend.

Mit Geld alleine, ist Beat von Wartburg überzeugt, lasse sich allerdings noch lange kein guter Verlag machen. Es brauche auch die Leute, die das Business mit dem Buch leidenschaftlich vorantreiben: «Wir sind Spinner, die unsere verlegerische Arbeit lieben.»

Anmerkungen

1 Zur Situation der Buchverlage in der Schweiz: www.kulturpolitik.ch/dokumente/prognos_buchpreis.pdf; www.kulturwirtschaft.ch/files/portrait_buch_2000.pdf; www.kulturpolitik.ch

2 Die Auswahl der hier präsentierten Buchverlage in Basel erhebt nicht den Anspruch, umfassend zu sein. Hauptkriterium für die Aufnahme war, dass die porträtierten Verlage mit Basel in Verbindung gebracht werden und/oder über die Region Basel hinaus ausstrahlen.
Websites der hier porträtierten Verlage:
www.birkhauser.ch;
www.engeler.de;
www.helbing.ch;
www.karger.ch;
www.lenos.ch;
www.literaturfestival.ch (Nachtmaschine);
www.christoph-merian-verlag.ch;
www.schwabe.ch.

Links

www.swissbooks.ch (Schweizer Buchhändler- und Verlegerverband, SBVV).
www.dhs.ch (Historisches Lexikon der Schweiz, HLS).
www.snl.ch (Schweizerische Landesbibliothek).

Eine Stadt liest ein Buch

Martin Machura
Anette Stade

Basel hat im Sommer 2003 als erste Schweizer Stadt das Literaturprojekt ‹Eine Stadt liest ein Buch› durchgeführt. Ein Projekt zur Förderung der Leselust und der urbanen Gemeinschaft. Ein Rückblick.

Eine Idee erreicht die Schweiz

«Die Menschen einer Stadt lesen zur gleichen Zeit das gleiche Buch und kommen darüber miteinander ins Gespräch» – das war die einfache und erfolgreiche Idee des Projekts ‹One City – One Book›, das 1998 in Seattle, USA, ins Leben gerufen wurde. Schon bald folgten weitere nordamerikanische Städte wie Chicago, Los Angeles und Buffalo. 2003 waren es bereits über 40 amerikanische Städte, die in einem wahren Wettstreit miteinander ihre Leseprojekte umsetzten. Viele Städte haben die Leseaktion bereits mehrmals wiederholt.[1] Im Jahr 2001 hatte die Idee über Leeds, Grossbritannien, dann auch nach Europa übergegriffen. 2002 waren die deutschen Städte Hamburg, Potsdam und Bad Hersfeld gefolgt. 2003 war Basel die erste Schweizer Stadt, die sich der Idee annahm. Doch wie musste die Idee in einer Stadt aussehen, die eine so hohe kulturelle Dichte aufweist wie Basel? Sind die Baslerinnen und Basler überhaupt bereit, sich neben dem FCB noch auf ein weiteres urbanes ‹Wir-Gefühl› einzulassen? Würde die Bevölkerung für einmal nicht nur über Krieg, Katastrophen und Drämliverspätungen, sondern auch über ein gemeinsames Buch ins Gespräch kommen? Gibt es ein Buch für Basel?

Die Basler Buchkommission

Um dieser Frage etwas näher zu kommen, wurde eine breit abgestützte Buchkommission einberufen.[2] 27 Vertreterinnen und Vertreter aus den Bereichen Kultur, Literatur/Buchhandel, Wirtschaft, Sport, Politik und Verwaltung waren eingeladen, die Buchauswahl und das Projekt aktiv mitzugestalten. Geladen wurden die Kommissionsmitglieder von der Christoph Merian Stiftung, welche die Finanzierung des Projekts gesprochen hatte, und dem Literaturhaus Basel, das für die Durchführung des Projekts verantwortlich war.

In einer ersten Sitzung Ende März 2003 beschäftigte sich die Kommission mit möglichen Auswahlkriterien: Spielt die Ursprungssprache des Werks eine Rolle oder die Herkunft der Schriftstellerin, des Schriftstellers? Sollte der Inhalt mit Bezug zum aktuellen Weltgeschehen sein und die Seitenzahl limitiert werden? Alle Positionen fanden engagierte Verfechterinnen und Verfechter, und so konnte man sich am Ende des Abends klar auf einen Punkt einigen: Es soll keine äusseren Kriterien geben, die bestimmen, was ein Buch zu einem geeigneten, einem guten Buch für Basel macht.

An der zweiten und letzten Sitzung der Buchkommission Ende April waren die Mitglieder aufgerufen, ihr persönliches Buch zu präsentieren. Aus dieser Auswahl sollten der Bevölkerung dann wiederum drei Bücher zur definitiven Wahl vorgelegt werden. Sicher fiel es vielen Mitgliedern an diesem Abend nicht leicht, sich für 3 der 27 Bücher zu entscheiden. Doch kurz nach 22 Uhr stand die Wahl der drei Bücher fest: ‹Idioten› von Jakob Arjouni, ‹1979› von Christian Kracht und ‹Picknick auf dem Eis› von Andrej Kurkow.

Die Bevölkerung wählt einen Pinguin
Am 2. Mai, zur Eröffnung der ‹BuchBasel›, der ersten internationalen Basler Buchmesse, wurde die Bevölkerung sowohl online wie auch brieflich zur Stimmabgabe aufgerufen. Rund zweitausend Baslerinnen und Basler beteiligten sich an der Abstimmung, und nach einem spannenden, sechswöchigen Kopf-an-Kopf-Rennen stand das Gewinnerbuch fest: ‹Picknick auf dem Eis› von Andrej Kurkow.[3] Der 1992 erschienene Roman des 1961 in Leningrad (St. Petersburg) geborenen und in Kiew, Ukraine, aufgewachsenen Andrej Kurkow beschreibt das

Leben des mässig erfolgreichen Schriftstellers Viktor und seines Wohnungsgenossen, des Pinguins Mischa, im Kiew der Neureichen und der Mafia.

In der anschliessenden (Sommer-)Ferienzeit wurde Kurkows eigentlicher Romanheld, der Pinguin Mischa, mit seinen Ausflügen in die Eislöcher des Dnjepr, zur willkommenen literarischen Abkühlung im Jahrhundertsommer.

Lesen, hören, malen und geniessen
Mit Aktionswochen im August und September gipfelte ‹Basel liest ein Buch› in einem bunten, fünfwöchigen Veranstaltungsreigen[4]: Schauspielerinnen und Schauspieler des Theaters Basel lasen vor der faszinierenden Kulisse der Königspinguine im Basler Zolli und bei Sonnenuntergang und Krimsekt auf der St. Alban-Fähre auf dem Rhein. Prominente Baslerinnen und Basler gaben sich in einem Lese-Marathon im schönen Rathausinnenhof das

Andrej Kurkows ‹Picknick auf dem Eis› war der Basler Bevölkerung liebstes Buch: Lesung im ‹Zolli› und ...

Buch in die Hand, und hunderte junger Menschen lasen und grüssten begeistert im Rahmen des Jugendkulturfestivals in Mikrofon und Kamera.[5] Open-Air-Filmabende im Garten der Christoph Merian Stiftung luden zu ‹White Russian›-Drinks und Kurzfilmen, eine Hör-Bar im Unternehmen Mitte zum lauschigen Verweilen und ‹Picknick›-Brunches zum kulinarischen Geniessen im Schützenmattpark ein. In Zusammenarbeit mit den Basler Verkehrs-Betrieben (BVB) wurde das ‹Basel liest ein Buch-Drämli› realisiert, in dem man lesenderweise das Aussteigen vergessen konnte. Und wer das Buch bereits auf Deutsch gelesen hatte, konnte in der Migros Klubschule mit hunderten anderer Kursteilnehmerinnen und Kursteilnehmer ‹Picknick auf dem Eis› in einer von sieben fremden Sprachen erleben oder in einem der Gestaltungskurse wahre Kunstwerke um den Pinguin entstehen lassen.

Den Höhepunkt freilich stellte der Besuch von Andrej Kurkow dar, der im Rahmen eines bunten Abschlussfests aus dem Roman und seinem Folgeroman[6] las und Heiter-Ironisches aus seinem Leben und seiner Wahlheimat Ukraine erzählte. Eingebettet war die Autorenlesung in Film-, Theater-, Musik- und Live-Zeichnungs-Performances. Dazu spendierten der Parkcafépavillon und der Schützenmattpark zum Projektabschluss eine unbeschwerte Geniesserkulisse und Petrus einen herrlichen Spätsommerabend.

Bitte weiter lesen
Viele Baslerinnen und Basler haben in diesem Sommer ‹Picknick auf dem Eis› gelesen, gekauft, ausgeliehen oder verschenkt. Das Projekt und die Aktionswochen wurden mit viel Interesse und Sympathie bedacht und manche Organisation würde bei einem nächsten Mal gerne (wieder) dabei sein.

… auf der ‹Wild Ma›-Fääri.

Natürlich haben die Baslerinnen und Basler nicht nur *ein* Buch, sondern tausende von Büchern gelesen. Viele haben auch weiterhin lieber nur in die Zeitung oder den Fernseher geschaut.

Und doch. Vielleicht folgt dem Projekt ‹Basel liest ein Buch› nun ‹ein Mensch liest ein Buch› – einer mehr – viele mehr. Mit neu oder wieder entdeckter Leselust – alleine oder gemeinsam. Es gäbe noch viel zu lesen. Auch in Basel.

Anmerkungen

1 Weitere Informationen über ‹One City – One Book›-Projekte in den USA unter http://www.loc.gov./loc/cfbook/one-book.html

2 Die Liste der Kommissionsmitglieder finden Sie unter www.baselliesteinbuch.ch (Buchkommission).

3 Mehr zum Autor und dem Buch ‹Picknick auf dem Eis› unter www.baselliesteinbuch.ch

4 Weitere Informationen zu den durchgeführten Veranstaltungen finden Sie unter www.baselliesteinbuch.ch (Agenda).

5 Mehr zur Aktion ‹Read and Greet› und Filme zum Ansehen unter www.baselliesteinbuch.ch (Read and Greet).

6 Andrej Kurkow, Pinguine frieren nicht, Zürich 2003

Lesemarathon im Innenhof des Basler Rathauses. Am Rednerpult: Polizeikommandant Roberto Zanulardo.

Schaulager ® *Stephan Graus*

Ein Geschenk an Kunst und Wissenschaft

Alles ist aussergewöhnlich an diesem im Mai 2003 eröffneten Haus: die Idee, seine Funktion, seine Dimension, seine Architektur – und dass es überhaupt und wie es entstanden ist. Basel kann sich glücklich schätzen und dankbar sein für eine Mäzenin wie Maja Oeri, die mit grossem Kunstsachverstand ein an sich banales Problem auf geniale und – was die Grössenverhältnisse betrifft – geradezu unschweizerische Weise löst: das eines Lagers. Ohne grosse Show entstand in Münchenstein ein einzigartiges Schaulager für die Kunst und die Wissenschaft.

Kunst lebt! Lebt Kunst? Was ist das Schaulager? Und warum eine geschützte Marke?

1933 gründete Maja Hoffmann-Stehlin (in zweiter Ehe Maja Sacher) zum Andenken an ihren früh verstorbenen Mann die Emanuel Hoffmann-Stiftung. Zweck der Stiftung ist es, Werke von Künstlern zu sammeln, «die sich neuer, in die Zukunft weisender, von der jeweiligen Gegenwart noch nicht allgemein verstandener Ausdrucksmittel bedienen», und diese «durch dauernde Ausstellung öffentlich sichtbar» zu machen. Die Sammlung ist von Anfang an und besonders in den letzten zwanzig Jahren markant gewachsen und hat sich schon früh ungewohnten Formaten, Rauminstallationen und den neuen Medien geöffnet. Heute besteht sie aus rund 650 Werken, darunter zahlreiche raumfüllende Installationen, und ist so umfangreich, dass nur noch ein kleiner Teil davon im Kunstmuseum oder im Museum für Gegenwartskunst ausgestellt werden kann.

Die nicht ausgestellten Werke wurden zerlegt, in Kisten verpackt und im Lager aufbewahrt. So waren sie unsichtbar, und die Folgen der Lagerung waren weder abseh- noch überprüfbar. Eine Situation, die dem Wohl der Kunst und dem Stiftungszweck zuwiderlief und die Sammlung jeglicher Erforschung oder Vermittlung entzog. Bruce Naumans Videoinstallation ‹Shadow Puppets and Instructed Mime› zum Beispiel besteht aus 6 Videobändern, 4 Monitoren, 4 Videoprojektoren, 6 Abspielgeräten, 2 mit einem Leintuch abgetrennten Räumen, 3 Wachsköpfen, Draht und Holz. Wenn dieses Werk verpackt ist, wie beschreibt man es, was wird erforscht? Das imaginäre innere Abbild einer einst gesehenen Installation? Oder Abbilder eines Werkes, das seinerseits Abbildungen wiedergibt? Lebt das Werk?

1995 übernimmt Maja Oeri das Präsidium der Emanuel Hoffmann-Stiftung und neben der Sammlungstätigkeit sucht sie aktiv nach Lösungen für die drängendsten Probleme der Stiftung: die fachgerechte Aufbewahrung und die Zugänglichkeit der Kunst. Sie erkennt, dass die Lösung nicht im Bau eines neuen Museums, sondern in der Lagerung selbst liegt: «Ich entwickelte die Idee zu einer neuartigen Kunstinstitution, zu einem Lagerhaus, in dem die Werke unverpackt und richtig installiert gelagert sind, so dass sie der Forschung wie auch der Restaurierung jederzeit zugänglich sind. Diesem neuen Modell gab ich den beschreibenden Namen Schaulager.»

Um den Bau und Betrieb des Schaulagers finanziell zu ermöglichen, errichtet sie die nach ihrem früh verstorbenen Sohn benannte Laurenz-Stiftung, eva-

luiert verschiedene Architekturbüros und vergibt
schliesslich den Bauauftrag an das Basler Büro
Herzog & de Meuron.

Die Aufgabenstellung

Ein Lagerhaus für zeitgenössische Kunstwerke, wobei die unter optimalen klimatischen Bedingungen
eingelagerte Kunst zugänglich und erforschbar sein
soll. Hinzu kommen massgeschneiderte Ausstellungsräume für Installationen, Büros und Werk-
statträume, ein Auditorium und Einrichtungen für
das Ein- und Ausladen der Kunstwerke. Zunächst
wurden also präzise Angaben bezüglich des Raum-
programms und seiner Ausgestaltung erarbeitet
und Harry Gugger (Partner, Herzog & de Meuron),
der schon für die Londoner Tate Gallery of Modern
Art verantwortlich war, übernimmt die architektonische Leitung. Da es sich um ein Pilotprojekt
handelt, es nichts Vergleichbares gibt, keinen Bau-
typus, der all die gestellten Aufgaben wahrnimmt
und ausdrückt, war die Herausforderung besonders gross. In den ersten Entwürfen reduzierte und
konzentrierte Herzog & de Meuron die Idee des
Lagerns direkt auf eine vertikale und horizontale
Fläche. Eine riesige Wand hätte sämtliche Wand-
arbeiten aufgenommen und die übrigen Kunstwerke hätten sich auf der Bodenfläche ausgebrei-
tet. Die Sammlung könnte sich so auf einen Blick
und als Gesamtübersicht präsentieren. Diese ma-
ximale Reduktion ist eine ansprechende Metapher
für die Enthüllung und Zurschaustellung der Sammlung, allein als praktische Lösung nicht machbar.

Der Bau*

Technische und kuratorische Überlegungen wiesen
in eine ganz andere Richtung. Es zeigte sich, dass
ein richtiges Lagerhaus mit stabilen Böden und
Wänden und grossen Spannweiten am meisten
Vorteile und paradoxerweise auch am meisten
Flexibilität bieten würde. In der Folge entstand
eine Architektur, die das geschossweise Einlagern
und Stapeln auch bildhaft ausdrückt: als etwas
Dauerhaftes und Stabiles im Gegensatz zur Ästhe-
tik der computergesteuerten Warenlager und der
unvermeidlichen Leichtbauweise. Die schweren

Von unschweizerischer Dimension: das Schaulager.

Die Architektur drückt das geschossweise Einlagern und Stapeln bildhaft aus.

Aussenmauern wurden schichtweise aufgetragen und ihre Oberfläche aufgekratzt, die Wände entblössen so die Kieselsteine aus dem Aushub. Aber diese Materialschichten sind nicht nur ein bildlicher Ausdruck für das Lasten und Lagern, sondern wegen ihrer grossen Trägheit auch wesentlicher Faktor bei der klimatischen Regulierung des Lagerinnern.

Die äussere Form des Lagerhauses ergibt sich aus der Geometrie der inneren Lagerordnung und den gesetzlichen Grenzabständen der Parzelle. So entstand ein Gebäudepolygon, das auf der Seite der Emil-Frey-Strasse zu einer Art Vorplatz eingedrückt ist, der weit sichtbar die Eingangsseite markiert. Vorgelagert ist ein kleines Haus mit Giebeldach, ein Torhaus, das mit der eingedrückten Seite des Lagerhauses einen hofartigen Raum, der Urbanität und Öffentlichkeit ausstrahlt, bildet.

Im Dienste der Forschung und Vermittlung

Aus der Idee ist ein besonderer Ort gewachsen. Nicht einfach ein anonymes Lagerhaus irgendwo an der städtischen Peripherie, sondern ein zwar meist stiller, aber dennoch aktiver und selbstbewusster Ort, der die öffentliche Dimension der Stadt Basel nach Süden, zum neu entstandenen Quartier Dreispitz/Münchenstein hin ausweitet. Der öffentliche urbane Charakter dieses neuen Orts wird verstärkt durch die zwei grossen LED-Tafeln im Eingangsbereich, welche von Künstlern generierte Bilder nach aussen tragen.

Die Raison d'être des Schaulagers ist und bleibt die Emanuel Hoffmann-Sammlung, die fachgerechte Lagerung und ihre Erschliessung für die Forschung und Vermittlung. Neben der inhaltlichen Konzipierung wird der Lehr- und Forschungscharakter der neuen Institution betont. Die Laurenz-Stiftung stiftet der Universität Basel die Laurenz-Assistenzprofessur für zeitgenössische Kunst, womit ein kontinuierlicher Austausch zwischen Universität und Schaulager gewährleistet ist. Die Trägerin des Schaulagers geht eine wissenschaftliche Partnerschaft mit der Universität ein, die sowohl die Lehre als auch die Durchführung wissenschaftlicher Projekte sowie die Zusammenarbeit mit anderen Institutionen beinhaltet. Dies illustriert auf exemplarische Weise den Forschungsanspruch des Schaulagers und verstärkt auch das Ausbildungsangebot im Bereich der zeitgenössischen Kunst. Als weltweit einmalige Einrichtung eröffnet das Schaulager der Erforschung junger Kunst eine völlig neue Perspektive und die Kunstwissenschaft erfährt einen starken Ausbau. Die Haupttätigkeit des Schaulagers wendet sich also, einem wissenschaftlichen Institut vergleichbar, primär an das wissenschaftliche Fachpublikum und Studierende. Am Gebäude ist dieser Anspruch klar ablesbar. Die Konzeption der Lagergeschosse sowie das übrige Raumprogramm (mit Auditorium, Seminarräumen, Medienraum, Bibliothek) schaffen reiche Voraussetzungen, die Kunstwerke nicht nur fachgerecht aufzubewahren, sondern auch zu erforschen und die gewonnenen Erkenntnisse in vielfältiger Weise weiterzugeben.

Von Zeit zu Zeit öffnet sich das Schaulager zusätzlich mit temporären Aktivitäten und unterschiedlichen Veranstaltungen einem breiteren Publikum und gibt Einblick in seine Tätigkeit. So wird das Schaulager einmal im Jahr mit einer Ausstellung die verschiedenen Aspekte seiner Tätigkeit der Öffentlichkeit vorstellen. Den Anfang machte die Retrospektive von Dieter Roth, die am 24. Mai 2003 eröffnet wurde und bis zum 14. September dauerte. Diese erste Ausstellung war exemplarisch, handelt es sich doch um ein grandioses, aber schwer zugängliches und konservatorisch anspruchsvolles Werk.

Das Schaulager unterstreicht, dass Kunstwerke hinter den Kulissen ein eigenes Leben führen, das sich nicht im endlosen Warten auf seine öffentliche Präsentation erfüllt. Es hebt die Kistenlager auf und verwandelt die Vorräume in autonome, von Museen unabhängige Einrichtungen mit spezifi-

Die Cafeteria, die mit ihrer Decke in gleichsam ‹poppiger› Weise die Struktur der Aussenmauern aufnimmt.

schen Qualitäten und Funktionen. Hinter der Idee des Schaulagers steht der im Grund konservative Glaube an das Kunstwerk als materielles Objekt oder als in die reale Fläche sich ausdehnendes, materielles oder elektronisches Bild, das nicht durch Daten irgendwelcher Art ersetzbar ist. Diese Überzeugung hat in der machtvollen Präsenz des Schaulager-Gebäudes mit seiner dicken, organisch wirkenden Hülle und seiner unförmigen wie unprätentiösen Gestalt eine eindrückliche architektonische Metapher gefunden.

Das Schaulager ist mehr als ein Ort – eine Hülle. Seine Inhalte können in dieser einzigartigen Form strahlen, weil sie von einer Idee noch überstrahlt werden: Kunst lebt!

Als selbstbewusste, gänzlich neue Art von Institution trägt das Schaulager seine Bezeichnung zu Recht mit Stolz. Und natürlich, es lässt sich seinen Namen schützen.

Anmerkung

* Vgl. auch den Beitrag von Ulrike Jehle-Schulte Strathaus in diesem Stadtbuch, S. 148 ff.

10 Jahre
‹Stimmen-Festival› Lörrach *Wolfgang Graf*

‹STIMMEN› – eine Idee geht über Grenzen

Mit einer einfachen Idee und einem stimmigen Konzept eroberte in den vergangenen zehn Jahren ein Festival das Dreiländereck. Zunächst lokal auf Lörrach beschränkt, entstanden im Laufe der Jahre erfolgreiche Kooperationen mit Baselland und Basel-Stadt. Im Sommer 2003, als das ‹Stimmen-Festival› auch im Elsass, in St-Louis und in Guebwiller, Einzug hielt, wurde aus STIMMEN ein bedeutendes trinationales Musikfestival mit internationaler Ausstrahlung.

Das ‹Stimmen-Festival› bringt grosse Namen in die Region, z. B. Bob Dylan.

Stimme –
der Ursprung der Musik

Die Stimme ist – neben den Geräuschinstrumenten das älteste Musikinstrument der Welt. Sie spielt seit Jahrtausenden eine wichtige Rolle bei religiösen Ritualen, beim Jagen und Arbeiten, bei der Kinderpflege und beim Spielen. Sie ist der Ursprung der Musik. Lange bevor unsere Vorfahren sich mit Worten verständigen konnten, teilten sie ihre inneren Zustände und Wünsche über Laute und Töne mit.

Die Stimme «kann säuseln und donnern, flöten und schmettern, sie kann schneiden wie Metall, klirren wie Glas und streicheln wie eine warme Hand. Die menschliche Stimme ist das stärkste, vielfältigste und wundersamste Instrument, das die Natur hervorgebracht hat.»[1]

Ist der Gesang die eigentliche, weltumfassende ‹Muttersprache›? Die Sprache, die in den Seelen aller Menschen Resonanz findet, egal welcher Hautfarbe und Landessprache? Besingen nicht seit Jahrtausenden überall auf der Welt Sängerinnen und Sänger die Liebe, klagen Menschen singend über ihre Leiden und Nöte, versüssen ihren Kindern das Einschlafen?

Die menschliche Stimme vermag vieles. Bereits das gesprochene Wort befähigt zum unmittelbaren Ausdruck menschlicher Empfindungen. Aber noch viel stärker berührt die Stimme, wenn sie sich zum Gesang erhebt und zu dem Instrument wird, das mit der Seele verwachsen ist. Dann kann diese bewegte, eben ‹beseelte› Stimmung entstehen, wo Zuhörer und Zuhörerinnen den Atem anhalten. Besondere Momente, wo alles überein-‹stimmt›: Inspiration und das Können der Sängerinnen und Sänger, der Ort und das Publikum. Von solch magischen Momenten ist in Verbindung mit dem Stimmen-Festival, das 2003 vom 25. Juni bis zum 27. Juli stattfand, schon viel gesprochen und geschrieben worden.

Durch den Gesang erfahren wir etwas über die Kulturen der Welt, über die Menschen, ihr Leben, ihre Heimat. Über die Stimmung und Texte ihrer Lieder lernen wir ihre Wünsche und Sehnsüchte kennen, ihre Wut und Begeisterung, auch ihre Liebe und ihre Trauer. Die Sänger sind Botschafter ihres Landes.

Die Unmittelbarkeit, mit welcher die menschliche Stimme berührt und Botschaften überbringt, ist wohl einer der Hauptgründe dafür, dass das Stimmen-Festival solchen Erfolg geniesst. Die Vielfältigkeit der Stimme ausserhalb der eingefahrenen Bahnen und abseits vom Mainstream bewusst gemacht zu haben, ist aber unzweifelhaft ein besonderes Verdienst des Stimmen-Festivals.

Eine genial einfache Idee

Diese Idee, die menschliche Stimme ins Zentrum eines Festivals zu stellen, ist wie viele geniale Dinge bestechend einfach und eine nie versiegende Quelle der Inspiration. Eine Idee, die den Veranstaltern eine Fülle von Möglichkeiten bietet, ein Programm zu planen, Schwerpunkte zu entdecken, verschiedene Stilrichtungen auszuprobieren und genau damit eine immer grösser werdende Zahl von Menschen zu erreichen.

Helmut Bürgel war 1994, als er nach einem Konzept für den Burghof suchte, mit der richtigen Idee zur rechten Zeit am richtigen Ort. Unterstützt von den lokalen Behörden und Politikern erfand er das Stimmen-Festival und damit auch die eigentliche künstlerische Identität des Burghofs. STIMMEN, das ist Burghof, das ist aber auch Lörrach. Es gibt nicht viele Städte, die so geprägt sind von einem kulturellen Ereignis, das wiederum in eine ganze Region ausstrahlt. Ausgehend vom Marktplatz breitete sich das Festival über den Rosenfelspark in das Umland aus. Zuerst ins Markgräflerland, nach Weil am Rhein, Binzen, Rheinfelden-Beuggen, dann ins Baselbiet, danach nach Basel und nach Riehen und schliesslich auch ins Elsass. Das sind zehn Jahre spannender Grenzüberschreitungen der besonderen Art, musikalisch, programmatisch und geografisch-politisch, mit einer Fülle unvergesslicher musikalischer Sternstunden.

Gezielte Programmplanung, hohe Qualitätsansprüche, aussergewöhnliche Konzerte an ausgesuchten Orten und verknüpfende Themenabende haben alljährlich grosses Interesse geweckt und Vertrauen geschaffen. Jedes Jahr überrascht das Stimmen-Festival mit immer wieder neuen Ideen, Entdeckungen und spannenden Eigenproduktionen.

Ein breit gefächertes Programm

Wer alles hat nicht schon auf den verschiedenen Bühnen gesungen – der Rückblick liest sich wie ein Lexikon des Gesangs: Jazzgrössen und berühmte Barden der Rock- und Popmusik, wie Bob Dylan, Bobby McFerrin, Neil Young, Bryan Ferry, Joan Baez, Patricia Kaas, Paolo Conte, Alanis Morissette, Jamiroquai, Simply Red, Lou Reed, Joe Cocker und Van Morrison; weltbeste Gesangsensembles und Chöre, wie das Hilliard Ensemble, die Tallis Scholars, der Eric Erics Kammerchor, Helmut Rilling und die Gächinger Kantorei und der Estnische Philharmonische Kammerchor. Zahlreiche aussergewöhnliche Vertreter der Musikkulturen Asiens, Afrikas, Osteuropas, des Orients und Südamerikas waren bei STIMMEN zu hören. Um nur wenige von den vielen zu nennen: Goran Bregovic (Jugoslawien), Omara Portuondo (Kuba), Les Mystères des Voix Bulgares mit Huun Huur Tu (Bulgarien/

Tuva), Mahotella Queens (Südafrika), Buena Vista Social Club (Kuba) …

Jedes Jahr entsteht ein breit gefächertes Programm, das einerseits populäre Musik mit bekannten Stars als Zuschauermagneten präsentiert, andererseits aber auch zum Entdecken von Neuem und Unbekanntem einlädt. Dieses Programmkonzept trägt wesentlich zum Erfolg des Festivals und entsprechend zum finanziellen Rückgrat bei. Die Zahlen sprechen für sich. Von 1994 bis 2003 erlebten mehr als 180 000 Zuschauer an 23 verschiedenen Orten 202 Festivalkonzerte.

Aber die Zuschauer sind nicht nur Zuhörer, sie können auch aktiv an verschiedenen Projekten des Festivals teilnehmen. ‹Lörrach singt›, erst seit zwei Jahren ein Bestandteil des Festivals, ist ein Tag des Gesangs mit mehr als zweitausend mitwirkenden SängerInnen – in der Innenstadt, in den Parks, in Innenhöfen, in den Stadtteilen, in den Häusern und Gärten Lörrachs. Ein Projekt, das auf einfache Weise eine ganze Region über die Grenzen zur Schweiz und zu Frankreich hinweg musikalisch verbindet.

Die Auswahl der Spielorte

«Die menschliche Stimme ist kein mechanisches Gerät. Sie ist das Instrument der Seele. Deshalb muss man Musik jedes Mal neu erfinden. Wenn du ein Lied zum ersten Mal singst, ziehen vielleicht gerade Wolken auf, beim zweiten Mal steht die Sonne hoch am Himmel. Dann muss man das Lied anders singen.»[2]

Jedes Konzert braucht seinen Ort, um voll zur Geltung zu kommen, und jede Stimme braucht ihren Raum, um zu klingen. Die Veranstalter und Kooperationspartner des Stimmen-Festivals widmen sich daher mit grosser Aufmerksamkeit der Auswahl der Orte, deren Atmosphäre dem Charakter der Veranstaltungen gerecht werden muss, ob es grosse innerstädtische Plätze, Naturparks, Kirchen oder Kunsthallen sind.

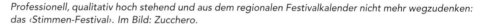

Professionell, qualitativ hoch stehend und aus dem regionalen Festivalkalender nicht mehr wegzudenken: das ‹Stimmen-Festival›. Im Bild: Zucchero.

Das Veranstaltungshaus ‹Burghof› in Lörrach ist die Zentrale des Festivals, der Marktplatz Lörrach die grosse Bühne für die Rock- und Popgrössen, mitunter auch für bekannte Interpreten der Weltmusik. Die Lörracher Innenstadt wird dann zur südländischen Piazza.

Das Herz des Stimmen-Festivals schlägt im Rosenfelspark. Auch der Reitplatz im stilvoll gepflegten Wenkenpark in Riehen entwickelt sich mehr und mehr zu einem wichtigen Festivalort mit eigenem Flair. Es sind insbesondere diese Orte der Ruhe und Stille, an denen konzentriertes Zuhören möglich ist und wo der Klang sich ungehindert ausbreiten kann. Sie verbinden auf schönste Weise Natur- und Kulturgenuss und bieten einen stimmungsvollen Rahmen für einzigartige Begegnungen mit aussergewöhnlichen Ensembles, wie dies auf ihre Weise auch die Örtlichkeiten auf dem Zeughausplatz in Liestal, dem Domplatz und im Dom von Arlesheim, in der Fondation Beyeler in Riehen, im Theater La Coupole in St-Louis und im ehemaligen Kloster Les Dominicains de Haute-Alsace in Guebwiller tun.

Die Festivalmacher legen sehr viel Wert auf eine stimmige Dramaturgie. Pro Veranstaltungstag findet in der Regel nur ein Konzert statt. Dadurch erhält jede Veranstaltung ihre besondere Wertschätzung.

Der Erfolg hat viele Namen

Der Erfolg des trinationalen Festivals wäre ohne die Freude an der Musik und das leidenschaftliche Engagement seines Begründers Helmut Bürgel nicht möglich. Ebenso hätte es ohne die Vielzahl und Treue der Sponsoren über die vielen Jahre hinweg nicht existieren können. Aber auch nicht ohne die vielen Zuschauer, ein engagiertes Team und die Kooperationspartner in der Schweiz und in Frankreich.

Der Erfolg hat viele Namen. Es würde zu weit führen, sie an dieser Stelle alle zu nennen. Mit der Erfolgsstory des Stimmen-Festivals hat sich auch die Stadt Lörrach verändert. Man geht gerne in das Stadtzentrum, das sich ein mediterranes Flair gibt. Und dies gar nicht zu Unrecht.

«Sicher wäre STIMMEN ohne den Innenstadtausbau nicht denkbar gewesen […]. Aber ohne Zweifel ist die Lebendigkeit unserer Innenstadt, ihre lebhafte Stimmung zu fast allen Tages- und Jahreszeiten eine direkte Folge der kulturellen und wirtschaftlichen Aufbruchstimmung in der Stadt. […] Darum haben wir häufig den Eindruck, die Stadt habe sich ganzjährig zur Bühne entwickelt.»[3]

Bleibt zu wünschen und zu hoffen, dass diese Begeisterung trotz allgemein knapper werdender Budgets auch auf andere Orte ansteckend wirkt.

Anmerkungen

1 Aus Geo 12/98, ‹Die Stimme›, von Johanna Romberg.
2 Bobby McFerrin, Die beseelte Stimme (zitiert aus DIE ZEIT, Nr. 50, 5. Dezember 2002).
3 Aus der Rede von Gudrun Heute-Bluhm, Oberbürgermeisterin der Stadt Lörrach, anlässlich der Eröffnung des 10. Internationalen Gesangsfestivals STIMMEN 2003 am 25. Juni 2003 im Burghof Lörrach.

Weltklasse in Basel oder Der Prophet im eigenen Lande

Christian Fluri

Die Musik-Akademie Basel zwischen Universität und Fachhochschule

Die Musik-Akademie Basel musste in finanzieller wie organisatorischer Hinsicht einen Überlebenskampf führen. Nun hat sie neue Hoffnungen und neue Perspektiven. Ihr Ziel: Basel soll ein umfassendes, eidgenössisch anerkanntes Kompetenzzentrum der Musikausbildung werden.

Die international hoch renommierte Musikakademie hat eine ungewisse, aber zugleich chancenträchtige Zukunft.

Man frage in musikinteressierten Kreisen in den USA, in Japan, in Spanien oder in einem anderen Land irgendwo auf dieser Welt nach wichtigen Städten in Europa – Basel ist eine davon, der Name ‹Schola Cantorum Basiliensis› ist weltweit ein Begriff. Vor 70 Jahren wurde die Lehr- und Forschungsstätte für Alte Musik auf Initiative des Dirigenten und Mäzens Paul Sacher gegründet, sie war damals das einzige Institut dieser Art. Als Lehr- und Forschungsinstitut ist die Schola Cantorum bahnbrechend und vorbildlich: Hier wird von den Praktikern angewandte Forschung auf höchstem wissenschaftlichem Niveau betrieben.

Countertenor-Star Andreas Scholl sagt, an der Schola Cantorum geniesse man heute die weltbeste Ausbildung für Alte Musik. Auch andere Stars wie der spanische Gambist und Dirigent Jordi Savall, dessen Frau, die Sopranistin Monserrat Figueras, die argentinische Sopranistin Maria-Cristina Kiehr, der belgische Countertenor und Dirigent René Jacobs oder der deutsche Cembalist Gustav Leonhardt lernten oder/und lehrten hier. Ebenso haben die Schola Cantorum und die aus ihr entstandenen Ensembles mit preisgekrönten CD-Einspielungen international Aufsehen erregt. Bereits die erste Schallplatten-Reihe für Alte Musik zu Beginn der 1970er-Jahre – «Reflexe – Stationen europäischer Musik» bei EMI – ist aus ihr heraus entstanden. Weit über Europa hinaus bekannt ist auch die Basler Musikhochschule, das frühere Konservatorium: Hier gaben die Komponisten Pierre Boulez, Luciano Berio und Hans Werner Henze Kurse, ihre Kollegen Detlev Müller-Siemens und Roland Moser unterrichten, ebenso der weltbekannte Pianist Krystian Zimerman, Bariton Kurt Widmer und viele andere.

Eine der Stärken der Hochschule ist – unter anderem dank des elektronischen Studios – die Auseinandersetzung mit der Musik der Moderne und der Gegenwart. Seit 1999 ist zudem die Jazzschule in die Musikhochschule eingegliedert. Die Hochschule für Musik hat zur Zeit 380 Studierende, die Schola Cantorum 240. Sie kommen aus der ganzen Welt nach Basel. Der beträchtliche Anteil an ausländischen Studentinnen und Studenten ist sichtbares Zeichen für die Weltklasse von Schola und Hochschule.

Ein zukunftsweisendes Modell

Musikhochschule und Schola Cantorum sind Abteilungen der ‹Basler Musik-Akademie›. Unter demselben Dach haben zudem die ‹Allgemeine Musikschule› mit ihren sehr aktiven Filialen im Kleinbasel und in Riehen sowie die Grundkurse ihr Zuhause. In der Musik-Akademie werden nicht allein Berufsmusikerinnen und -musiker sowie Komponistinnen und Komponisten ausgebildet, sie zeichnet ebenso verantwortlich für eine musikalische Bildung, die für alle Schichten der Bevölkerung zugänglich ist.

Man kann die Struktur der Musik-Akademie mit deren Rektor André Baltensperger als «zukunftsweisendes Basler Modell» bezeichnen. Die 3800 Schülerinnen und Schüler der Musikschule profitieren davon. Eine separat geführte Musikschule könnte kaum mit derselben Qualität aufwarten. Und die in der Musikschule angebotenen Förder-

programme für Begabte sind eigentliche Vorkurse für die Berufsausbildung. Eingebunden ist auch die musikalische Früherziehung in den Basler Primarschulen, die von 5600 Kindern genossen wird.

Basel hat allen Grund, stolz zu sein

In den Räumen der Musik-Akademie treffen verschiedene Generationen sowie angehende Berufsmusiker und passionierte Amateure aufeinander, man könnte von einer Art Mikrokosmos sprechen. Da ist in den Gängen und Räumen viel Leben.

Basel hat allen Grund, stolz zu sein auf die Musik-Akademie. Mit den Grundkursen und der Musikschule sorgt sie für eine breite musikalische Bildung, die – wie wir heute wissen – die intellektuelle und soziale Kompetenz von Jugendlichen stark fördert. Und Musikhochschule und Schola Cantorum sind zusammen Basels einzige Hochschulen von Weltruf. Der Stadtkanton hat in der einzigartigen Bildungs- und Kunstinstitution eine ausgezeichnete Botschafterin, die den Namen Basel hinaus in die Welt trägt. Den Stolz und das Bewusstsein, in der Musik-Akademie eine besondere Kostbarkeit zu besitzen, der es Sorge zu tragen gilt, haben zwar manche, aber – bis in die höchsten politischen und behördlichen Gremien – lange nicht alle.

Dennoch ein schwerer Stand

Wie anders lässt sich erklären, dass die Musik-Akademie im Jahr 2003 ums Überleben kämpfen musste. Es war erst die Botschaft und der Entwurf für ein teilrevidiertes Fachhochschulgesetz, die der Bundesrat Anfang Dezember zuhanden des Parlaments verabschiedet hatte, die der Musik-Akademie mit ihren Fachhochschulen neue grosse Hoffnungen gegeben haben.

Bereits 1994 – in der ersten Sparrunde – waren ihr von der Basler Regierung zehn Prozent der Subventionen gekürzt worden. Mit diesen knappen finanziellen Mitteln muss die Musik-Akademie seit zehn Jahren leben. Nun sind zudem die lebenswichtigen Drittmittel weggefallen, die Private als Überbrückung der Finanzknappheit gespendet hatten. Ab 2004 hätte die Musik-Akademie einen neuen, besseren Subventionsvertrag erhalten sollen. Doch der lässt auf sich warten. Inzwischen sind wenigstens die gleichen finanziellen Mittel bis Ende 2004 gesprochen. Basel-Stadt zahlt 21 Millionen Franken (inklusive Gebäudeunterhalt und Grundkurse sind es 26,4 Millionen), Baselland und der Bund steuern zusammen rund 2,6 Millionen bei (Baselland bezahlt einen Vollkostenbeitrag von 33 000 Franken pro Student) und Dritte leisten 1 Million. Die Eigeneinnahmen betragen 4,9 Millionen (Studien- und Schulgelder).

Grund dafür, dass man die Musik-Akademie lange in der Luft hängen liess, war: Ihr Subventionsantrag für die Jahre 2004 bis 2008, der eine stufenweise Anhebung der Gelder um 8,5 Millionen vorsah, stiess im Basler Erziehungsdepartement auf Ablehnung. Dies obwohl der Finanzbedarf mit Sorgfalt ausgerechnet wurde. Die vier Abteilungen haben ihren Betrieb durchleuchtet und – gemessen am Leistungsauftrag – präzis gerechnet.

Die Musik-Akademie musste aus finanziellen Gründen bereits Leistungen abbauen, an den Löhnen erste Abstriche vornehmen. Zudem stehen für die Musikhochschule und die Schola Cantorum Basiliensis im Zusammenhang mit der Integration in die eidgenössischen Fachhochschulen wichtige Umwälzungen bevor. Nach der Prüfung durch den Bund hat die Musik-Akademie Basel eine Ja-Aber-Anerkennung erhalten. Die beiden Hochschulen müssen den Mittelbau fördern (Assistenzen) und ein Prüfungssystem nach Bologna (mit Bachelor und Master) einrichten. Das alles kostet Geld und ist mit den bisherigen Finanzen nicht zu machen. Zudem muss sich die Musikhochschule im nationalen und internationalen Umfeld positionieren und ihre Stellung immer wieder neu erkämpfen: Der Konkurrenzdruck ist gross.

Trotzdem will die Basler Regierung der Musik-Akademie angesichts der misslichen finanziellen Lage des Kantons nicht mehr bezahlen, immerhin auch nicht Gelder streichen. Die Musik-Akademie wurde auf die Gründung der Fachhochschule Nordwestschweiz (Basel-Stadt, Baselland, Aargau und Solothurn) vertröstet, obwohl lange ungewiss war, ob diese zustande kommt. Und sie wurde an den Bund verwiesen. Dieser solle für die vielen ausländischen Studenten an der Schola Cantorum und der Musikhochschule aufkommen, war der Tenor beider Basel. Ihr internationales Renommee wurde ihr so indirekt zum Vorwurf gemacht.

Der Musik-Akademie drohte, in der Finanzdiskussion zwischen den vier Nordwestschweizer Kantonen unter sich sowie zwischen ihnen und dem Bund zerrieben zu werden. Sicher müssten die anderen Nordwestschweizer Kantone und der Bund auch einen – oder einen höheren – Beitrag an die Musik-Akademie leisten. Aber so etwas geht nicht ohne hartnäckiges Lobbying von Seiten des Kantons Basel-Stadt – gerade in Bern. Denn, kann es sich Basel leisten, sein einziges Lehrinstitut von Weltbedeutung aufs Spiel zu setzen? Basel muss als starker Bildungs- und Forschungsplatz erhalten

Rektor André Baltensperger.

werden, das ist eine wichtige Standortfrage. Alex Krauer, der Mann der Wirtschaft und Präsident des neuen Akademierates, sagt deutlich: «Exzellente Fachleute fragen stets nach den Bildungsmöglichkeiten und dem kulturellen Angebot, bevor sie sich hier anstellen lassen.» In diesem Umfeld ist die Musik-Akademie als Ausbildungs- und Kunststätte eines der wichtigen Institute. Und sie steht auch – mit der Universität und den kulturellen Leitinstitutionen – für die humanistische, künstlerische Tradition der Stadt.

Für einen eigenständigen Bereich Kunsthochschule

Die Leitung der Musik-Akademie reagierte auf den Plan, sie in die schweizerischen Fachhochschulen zu integrieren, zuerst mit Skepsis: Künstlerische und technische Ausbildung lassen sich nicht über einen Leisten schlagen. Eine Kunsthochschule hat einen eigenen Charakter: Hier überschneiden sich Ausbildung und künstlerische Produktion, die Freiräume benötigt. Baltensperger erläutert: «Die Qualität der Ausbildung an technischen Fachhochschulen wird unter anderem danach beurteilt, wieviel Prozent ihrer Absolventen innerhalb dreier Jahre nach Abschluss eine feste Anstellung finden. Das macht für Ökonomen und Ingenieure Sinn. Für uns aber ist eine solche Bewertung realitätsfremd. Unsere besten Studienabgänger wollen keine feste Anstellung. Sie sind freie Unternehmer, und zwar erfolgreiche.»

Agiles Handeln

Die Musik-Akademie Basel ergriff in der bedrohlichen Situation selbst die Initiative. Zuerst ging sie eine Kooperation mit der Universität ein. Studierende sollen in ihrer Ausbildung zwischen Universität, Musikhochschule und Schola Cantorum pendeln können, und die Studienfächer sollen gegenseitig anerkannt werden. Hier eröffnen sich die Möglichkeiten, gerade auch in der Interpretation der Musik des 19. und 20. Jahrhunderts die Verbindung von Praxis und Forschung zu erreichen, die die Schola Cantorum seit langem vorlebt. Mit dem im Februar 2003 unterzeichneten Koope-

rationsvertrag positionierte sich die Musik-Akademie mit ihren Hochschulabteilungen gezielt in der Nähe der Phil.-I-Fakultät.

Zugleich änderte sie – in reger Auseinandersetzung mit dem Basler Erziehungsdepartement – die Struktur ihrer Trägerschaft: Der Stiftungsrat wurde in einen Akademierat umgewandelt und verschlankt (neun Akademie-Räte, vier sind Staatsvertreter, fünf werden von der Stiftung gewählt). Als Präsident des neuen Akademie-Rates gewann man mit Alex Krauer, dem ehemaligen Novartis- und UBS-Verwaltungsratspräsidenten, eine starke Persönlichkeit.

Im Wissen, vorerst nicht mehr Gelder zu erhalten – sie hat ihren Subventionsantrag für 2004 bis 2008 sistiert –, ist die Musik-Akademie gezwungen, 1,3 Millionen Franken einzusparen. Eine Erhöhung der Schul- und Studiengelder um durchschnittlich zwölf Prozent soll 600 000 Franken einbringen (Härtefälle werden durch Stipendien und Ermässigungen vermieden). Mit einem weiteren Lohnverzicht von 1,6 Prozent (Einsparungen von 360 000 Franken) zeigen die Lehrer eine vorbildliche und solidarische Haltung, die man vielleicht auch von Basels Staatsangestellten-Kader einmal erwarten dürfte. Weitere 300 000 Franken werden bei den Sachkosten eingespart – ein heikles Unterfangen. Abstriche bei der Bibliothek, den Neuanschaffungen und der Pflege der Instrumente könnten auf die Dauer teuer werden.

Endlich neue Perspektiven

Inzwischen haben sich endlich neue Perspektiven eröffnet. Die Fachhochschule Nordwestschweiz ist beschlossene Sache. Die Botschaft des Bundesrates zum teilrevidierten Fachhochschulgesetz vom 5. Dezember bezieht den Bereich Gesundheit, Soziales und Kunst (GSK) explizit in das Gesamtpaket ein. Der Bund ist nun bereit, auch die finanziellen Konsequenzen zu tragen: «Es ist vorgesehen, die Integration der GSK-Bereiche in den nächsten vier Jahren mit Beiträgen in der Höhe von 20 Millionen Franken jährlich zu unterstützen. Die Kantone haben sich bereit erklärt, die Teilrevision trotz der geringen finanziellen Unterstützung des Bundes im GSK-Bereich bis Ende 2007 mitzutragen. Das erklärte Ziel des Bundes ist es, ab 2008 alle Fachbereiche nach gleichen Kriterien zu subventionieren.»

Mit der neuen Botschaft besteht klar die Perspektive, dass die Kunsthochschulen in ihrem eigenen Charakter anerkannt werden. Ihre Autonomie soll in den Studiengängen gewahrt bleiben. Das heisst: Die Musik-Akademie kann ihre Struktur mit ihren vier Abteilungen beibehalten – bei finanzieller Trennung von Hochschul- und Nicht-Hochschul-Bereich. Auch Musikhochschule und Schola bleiben getrennte Institute mit ihren eigenen Stärken. Es wird aber eine grössere Durchlässigkeit zwischen ihnen angepeilt.

Kompetenzzentrum für Musikausbildung

André Baltensperger hat die Vision, das Modell Musik-Akademie noch weiter zu entwickeln, in Basel ein Kompetenzzentrum für Musikausbildung zu schaffen. Sein Ziel ist es, die Musik-Akademie mit ihren vier Abteilungen (Schola Cantorum, Musikhochschule, Allgemeine Musikschule und Grundkurse) eng mit der Universität, der Paul Sacher Stiftung – mit ihrem riesigen Schatz an Autografen der Musik des 20. und bald auch des 21. Jahrhunderts –, dem Musik-Museum und dem Museum der Kulturen zu vernetzen. Das wäre eine riesige Chance für Basel, im Bereich Musikausbildung noch grössere Weltbedeutung zu erhalten. Dazu braucht es aber eine starke Musik-Akademie.

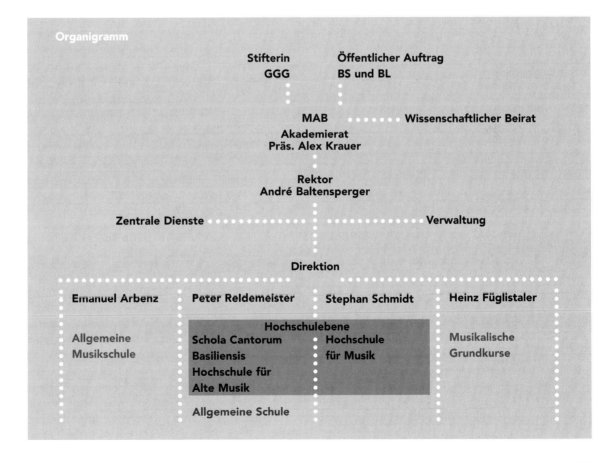

Organigramm

Stifterin GGG — Öffentlicher Auftrag BS und BL — MAB Akademierat Präs. Alex Krauer — Wissenschaftlicher Beirat — Rektor André Baltensperger — Zentrale Dienste — Verwaltung — Direktion

Emanuel Arbenz — Peter Reidemeister — Stephan Schmidt — Heinz Füglistaler

Allgemeine Musikschule — Hochschulebene — Schola Cantorum Basiliensis Hochschule für Alte Musik — Hochschule für Musik — Musikalische Grundkurse

Allgemeine Schule

Mit Schere, Charme und Seele

Beat von Wartburg

Der letzte Coiffeur vor der Wettsteinbrücke – ein Film von Jacqueline Falk und Christian Jamin

Sein Coiffeurladen ist kein Salon de Haute Coiffure, und Charly Hottiger kein Hairdresser. Der ehemalige Waisenhaus-Coiffeur, der über 80-jährig immer noch sein Geschäft führt, ist nicht nur der letzte Coiffeur vor der Wettsteinbrücke, sondern vielleicht der letzte ‹echte› Barbier und Coiffeur in Basel überhaupt. Denn wer kann heute noch mit dem Messer rasieren (– und hat seine Preise seit 20 Jahren kaum geändert)? Jacqueline Falk und Christian Jamin haben ‹Charly› in einem liebevollen und authentischen Film porträtiert.

Charly und Ruedi.

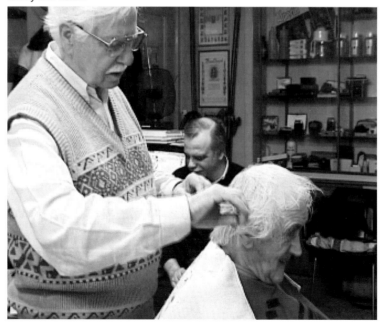

16 Franken kostet ein erstklassiger Herrenschnitt im Coiffeursalon an der Rebgasse 53 in Kleinbasel ab Mittwoch und bis Samstag. Montag und Dienstag ist der Salon geschlossen – ein Tribut an das Alter, denn eigentlich hätte Charly Hottiger mit seinen 81 Jahren längst das Pensionsalter erreicht. Doch es ist nicht nur die schmale Rente, die Charly Hottiger, ‹den letzten Coiffeur vor der Wettsteinbrücke› (so steht es im Schaufenster) immer noch Haare schneiden lässt. Sein Salon ist zum Treffpunkt von Nachbarn, Freunden und Sportkollegen geworden. Die meisten kommen nicht nur, um sich die Haare schneiden zu lassen, sondern zum Plaudern, zum Aufwärmen, zum Fernsehen. «Die Leute schauen einfach vorbei, auf Vorbestellung nehme ich niemanden, meine Kunden würden das gar nicht wollen. Das hier ist eine alte Bude, wo Jeder Jeden kennt, kein Salon.»

Der alte Laden und seine Einrichtung erzählen viele Geschichten. An den Wänden und auf den Spiegeln hängen Erinnerungsstücke: Grusskarten von Freunden und Bekannten, Fotos aus seiner beruflichen Laufbahn und aus seiner Karriere als Radsportler. Ein Fernseher steht mitten im Raum, Zeitungen liegen herum, geraucht werden darf auch, und die alte Hündin Shila döst friedlich in einer Ecke, bis ein Freund mit ihr spazieren geht.

Seinen Beruf hat Charly Hottiger – wie viele seiner Generation – nicht selbst gewählt. Nach dem Landdienst schickten ihn seine Eltern zum Haarschneiden zu einem Coiffeur am Bahnhof. Kaum waren die Haare geschnitten, sagte der Coiffeurmeister: «Karli, hier ist dein Stuhl und deine Schublade, du wirst jetzt bei uns Coiffeur.» Nach der Lehre arbeitete er mehrere Jahre im Welschland, dann 18 Jahre lang im Coiffeursalon seines Onkels am Lindenberg. Als der Onkel gestorben war, übernahm er dessen Geschäft und zog in das heutige Ladenlokal an der Rebgasse in unmittelbarer Nähe zum ‹Kischtli›, dem Bürgerlichen Waisenhaus. Dieses schickte nun seine Kinder regelmässig zum Haarschneiden. So wurde Charly Hottiger in den 1950er- und 60er-Jahren zum ‹Kischtli-Coiffeur› und für manchen Buben aus dem Waisenhaus zur Vertrauensperson: «Ich war ein halber Beichtvater.»

Noch heute kommen Ehemalige in Charlys Coiffeurladen. Einer davon ist der Vater der Filmemacherin Jacqueline Falk. Seit 50 Jahren lässt er sich von Charly Hottiger die Haare schneiden. Jacqueline Falk, die als Kind ihren Vater häufig zu Charly begleitet hatte, erlebte den Coiffeursalon stets als «einen Ort der Begegnung, den die Kunden aufsuchen, wenn sie sich einsam fühlen, über Sport oder alte Zeiten reden wollen», aber auch als «einen ‹utopischen Ort›, an dem man humor- und lustvoll alt werden kann». Und genau dies zeigt sie jetzt mit ihrem filmischen Porträt ‹Der letzte Coiffeur vor der Wettsteinbrücke›.

Der Film entstand unmittelbar, nachdem sie die Hochschule für Gestaltung und Kunst Zürich mit dem Kurzfilm-Musical ‹Pizza Canzone› abgeschlossen hatte. Zusammen mit Co-Regisseur Christian Jamin konnte sie Elisabeth Blättler (Schnitt), Fabrizio Fracassi (Kamera) sowie Daniel Dettwiler und Ramon Schneider (Musik) für das Projekt gewin-

nen. Obwohl mit einfachsten Mitteln und wenig Geld gedreht – öffentliche Gelder flossen nur von der Stadt und dem Kanton Bern –, wurde der Film zum Erfolg. Allein in Basel verzeichnete er 2000 Kinoeintritte und er wurde an die Solothurner Filmtage eingeladen. Das Erfolgsrezept? Das Filmporträt kommt ohne Sensationslust und ohne dokumentarischen Voyeurismus aus. Wohltuend fehlt ihm die ethnologische Distanz, und gleichzeitig schafft die Nähe kein Pathos, obwohl beide Filmschaffenden Charlys «umwerfendem Charme» erlegen sind. «Seit wir Charly und seine Bude kennen, freuen wir uns direkt aufs Altwerden.» So ist der Film durch seinen Protagonisten, aber auch durch die feinfühlige Regie zu einem Dokument der Menschlichkeit geworden. Wie bei seinem Laden, der unscheinbar und hoffnungslos antiquiert in einer grauen Häuserzeile liegt, verrät auch bei Charly nichts die innere Wärme, die er seinen Kun-

Charly kämmt Lucrezia.

den schenkt – zum Beispiel seiner ältesten, über
90-jährigen Kundin Lucrezia. «Nach den Dreh-
arbeiten», erinnert sich Jacqueline Falk, «besuchte
ich Charly. Er machte gerade eine kleine Mittags-
pause, als Lucrezia durch das Fenster schaute.
Zufällig hatte ich die Kamera dabei und bat Charly,
sie hereinzubitten. So ist eine der schönsten Szenen
des Films entstanden, die auch zu den Lieblings-
szenen des Publikums wurde»: Charly schneidet
seiner alten Freundin mit ‹bärbeissigem›, aber lie-
bevollem Charme und natürlich gratis die Haare.
Lucrezia revanchiert sich, indem sie ihm nach
Feierabend beim Aufräumen und Putzen hilft und
manchmal auch eine Flasche Wein vorbeibringt.
Vordergründig ist Charly ein Rauhbein, aber eines
mit Charme, viel Humor und vor allem mit einem
grossen Herzen – eben ein richtiger Kleinbasler.

Shila, Lucrezia, Charly und ein Kunde.

Wissenschaft und Bildung

Mehrsprachigkeit

Die Grenzstadt Basel liegt auch an einer Sprachgrenze: Am Burgfelder-, am Lysbüchel- und am Hüninger Zoll ist die Sprachgrenze sicht- und hörbar. Sprachgrenzen gibt es aber auch unsichtbar in der Stadt selbst. Basel mit seinem grossen Ausländeranteil gleicht manchmal einem ‹Basylon›. Am spürbarsten ist die Mehrsprachigkeit in den Schulen. Hier gilt es Mundart, Hochdeutsch, Herkunftssprachen und die zu erlernenden Fremdsprachen in Einklang zu bringen. Erstmals in der Schweiz wurde nun in Basel ein Gesamtkonzept für den Sprach(en)unterricht ausgearbeitet. Victor Saudan stellt das Konzept vor.

Was wohl die Mehrsprachigkeit im Kopf eines Individuums bewirkt? Dieser Frage sind Daniela Zappatore und Cordula Nitsch neurobiologisch in einem transdisziplinären Forschungsprojekt nachgegangen. In ihrem Beitrag beschreiben sie die ersten Resultate der Forschungen über das mehrsprachige Hirn.

Wird die Universität ökonomisiert?

Der zweite Themenblock ist der ‹Bologna-Reform› an der Universität gewidmet. Die europäische Standardisierung, der allgemeine Modernisierungs- und der Spardruck sind die eine Seite der Medaille, die andere die Gefahr von Verschulung und Ökonomisierung. Vizerektor Prof. Dr. Ulrich Druwe stellt den Standpunkt des Rektorats dar, Alexandra Greeff und Anelis Kaiser jenen der Studierenden.

Weitere Themen

- Die Reform nach der Reform: Die Weiterbildungsschulen erhalten einen zweiten Zug.
- 1653: Vor 350 Jahren erhoben sich die Basler Untertanen im beinahe vergessenen Bauernkrieg.

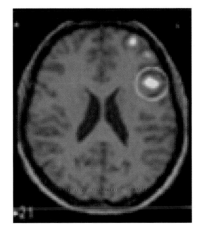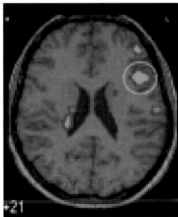

Basel-Stadt – der erste Kanton mit einem Gesamtkonzept für den Sprach(en)unterricht *Victor Saudan*

Im Auftrag des Erziehungsdepartements Basel-Stadt ist von einer Expertengruppe ein Gesamtsprachenkonzept für die Schulen von Basel-Stadt (GSK BS) geschaffen worden. Im Vordergrund stehen die stärkere Förderung der deutschen Sprache bei allen Schülerinnen und Schülern, die bessere Nutzung der Herkunftssprachen und der Ausbau des Fremdsprachenlernens.

Die Schule ist zunehmend stärker von Mehrsprachigkeit geprägt: Dialekt und Hochdeutsch, Herkunftssprachen der Schülerinnen und Schüler, mehreren zu vermittelnden Fremdsprachen. All diese Sprachen sollen aber nicht irgendwie nebeneinander existieren und sich gegenseitig rivalisieren. Sie sollen vielmehr im Unterricht so aufeinander ausgerichtet sein, dass sowohl das Erlernen der einzelnen Sprachen als auch die Entwicklung grundsätzlicher Sprachfertigkeiten gefördert werden. Dies ist das Ziel eines Gesamtsprachenkonzeptes.

Fragen, auf welche das Gesamtsprachenkonzept eine Antwort gibt

Das Gesamtsprachenkonzept zeigt zum Beispiel auf, welche Sprache wann und wie am besten eingeführt oder gefördert werden kann. Oder welche verbindlichen Lernziele je Stufe gültig sind und wie die Sprachfähigkeiten der Schülerinnen und Schüler angemessen bewertet werden können.

Im Mai 2003 hat eine Reflexionsgruppe von Vertreterinnen und Vertretern der Lehrkräfte

Nicht überall sind die Sprachbarrieren sichtbar ...

aller Schulstufen und weiterer interessierter Kreise unter der Leitung von lic. phil. Urs Lauer, Englischlehrer am Bäumlihofgymnasium und Fachdidaktiker für Englisch am Pädagogischen Institut Basel-Stadt, ein im Auftrag des Ressorts Schulen des Erziehungsdepartements erarbeitetes Gesamtsprachenkonzept für die Schulen von Basel-Stadt (GSK BS) vorgelegt. Sie ist damit einer zentralen Forderung des Politikplans der Kantonsregierung nachgekommen.

Hauptziele des Gesamtsprachenkonzepts

Das GSK BS verfolgt drei Ziele:
- die Nutzung zweier brachliegender Bildungspotenziale: erstens der vorhandenen Mehrsprachigkeit der Basler Bevölkerung und zweitens der geografischen Lage an den Sprachgrenzen;
- eine bessere Sprachförderung aller Schülerinnen und Schüler;
- eine klare bildungspolitische Linie hinsichtlich der Wahl der ersten Fremdsprache in Einklang mit den anliegenden Kantonen und Regionen.

Das gut hundertseitige Dokument beinhaltet neben einer Kurzfassung samt Begründung und Entstehungsgeschichte des GSK BS eine Bündelung der anstehenden Reformen im Sprachenbereich in mehrere Empfehlungen (siehe weiter unten), gefolgt von einem Massnahmenplan samt Kostenschätzungen und Lösungsansätzen.*

Die wichtigsten Verbesserungsvorschläge des GSK BS

Die in den Empfehlungen des GSK BS geforderten Reformen betreffen zusammengefasst fünf Handlungsbereiche:

Die Förderung der Lokalsprache Deutsch

Sprachfähigkeit ist eine Schlüsselqualifikation, die wir brauchen im Beruf, in der Freizeit oder in Familie und Partnerschaft. Eine hohe mündliche und schriftliche Sprachkompetenz ist Voraussetzung für ein erfolgreiches Leben. Deutsch soll deshalb im Deutschunterricht, aber vermehrt auch im Sachunterricht gefördert werden. Der Gebrauch des Dialekts wird klarer begrenzt und besser in den Unterricht integriert.

Die Förderung der Herkunftssprachen

Die Forschung zeigt, dass solide Sprachfähigkeiten in der Erstsprache die wichtigste Voraussetzung sind, sowohl andere Sprachen (z.B. die lokale Standardsprache Deutsch) erfolgreich zu erwerben wie auch eine harmonische kulturelle Identität zu entwickeln. Die in Basel-Stadt bisher erfolgreich als Pilotprojekte durchgeführten Modelle der integrierten Herkunftssprachenförderung (‹Sprach- und Kulturbrücke› an der Orientierungsschule sowie ein ähnliches Projekt an den Primarschulen ‹Volta› und ‹St. Johann›) sollen von möglichst allen interessierten Schulhäusern übernommen werden können.

Die Förderung der Fremdsprachen

In den westlichen Grenzorten zu Basel wird Französisch gesprochen. Viele Städte beneiden uns um diese Chance, sie wurde aber bisher von den Basler Schulen nicht genutzt. Gerade jüngeren Kindern soll die Möglichkeit geboten werden, sich früh (spätestens ab zweiter Primar) und in natürlicher Art und Weise die Sprache des Nachbarn, der Nachbarin anzueignen. Hierzu sollen verschiedene Formen von Klassenpartnerschaften und SchülerInnenaustausch zum Zuge kommen, mit dem Ziel, die Motivation für das Französischlernen zu fördern.

Auch Englisch soll früher, das heisst im fünften Schuljahr eingeführt und für alle Schülerinnen und Schüler obligatorisches Fach werden. An der Sekundarstufe II (Gymnasien, DMS und Berufsmaturklassen) soll vermehrt immersiver Unterricht wie z.B. Biologie auf Englisch angeboten werden.

Die methodisch-didaktischen Innovationen

Die hoch gesteckten Ziele verlangen entsprechende Methoden. Eine sprachübergreifende Didaktik, welche Brücken baut zwischen den verschiedenen Sprachen und die Sprachreflexion der Schülerinnen und Schüler entwickeln hilft; Klassenaustausch und elektronische Zusammenarbeit mit Schülerinnen und Schülern aus der andern Sprachregion; zweisprachiger Unterricht und Immersion: All dies sind bewährte Mittel, das Fremdsprachenlernen vielfältig zu unterstützen. Das Europäische Sprachenportfolio erlaubt es, gleichzeitig den Sprachenunterricht auf verständliche und allgemein verbindliche Standards auszurichten.

Die Schaffung von Rahmenbedingungen
für die Durchführung der Reformen
Die Lehrpersonen müssen bei den verschiedenen Massnahmen vor einer zu grossen Belastung bewahrt werden. Eine den neuen Zielen angepasste Grundausbildung und Weiterbildung, eine ständige Unterstützung durch eine Fachstelle und eine enge Zusammenarbeit mit regionalen und nationalen Institutionen sind unabdingbare Voraussetzungen für den Erfolg der Umsetzung des GSK BS.

Die nächsten Schritte ...
Die Vernehmlassung des GSK BS bei Schulleitungen/Lehrkräften und betroffenen Gremien und Kommissionen in Politik, Wirtschaft und Bildungsbereich dauerte von Mai bis September 2003. Die daraus gewonnenen Resultate werden in die weitere Prioritätenfestlegung und Planung der Umsetzung des GSK einfliessen.

In einem ersten Schritt wird voraussichtlich ein Massnahmenpaket zur Förderung der lokalen Standardsprache an den mittleren Schulen ausgearbeitet werden.

Die im Januar 2003 neu geschaffene ‹Fachstelle Sprachen› (FaSpra) des Ressorts Schulen (Leitung Silvia Bollhalder und Dr. phil. Victor Saudan) ist für die Koordination und Begleitung der verschiedenen Reformen und Teilreformen zuständig. Sie kümmert sich grundsätzlich um alle Fragen zur Qualitätssicherung im Bereich des Sprachenunterrichts in den Schulen von Basel-Stadt und soll mehr Klarheit und Verbindlichkeit schaffen vor allem auch in den Bereichen der Lehrmittel- und Lehrplanentwicklung.

Anmerkung
*   Vgl. www.edubs.ch.projekte

Das mehrsprachige Gehirn

Daniela Zappatore
Cordula Nitsch

Zur cerebralen Repräsentation mehrerer Sprachen in Abhängigkeit von Zeitpunkt und Form des Erwerbs

Mehrsprachigkeit ist ein aktuelles Phänomen in Stadtgebieten: so auch in Basel. Im transdisziplinären Forschungsprojekt ‹Neurobiologische Korrelate der Mehrsprachigkeit in der Regio Basiliensis› wird versucht, mit Hilfe der funktionellen Bildgebung herauszufinden, wie das Gehirn eines Stadtbewohners mit seinen verschiedenen Sprachen umgeht. Erste Daten zeigen, dass eine enge Interaktion zwischen Spracherwerbsmodalitäten und neuronalen Verarbeitungsstrategien besteht.

Gesellschaftliche und individuelle Mehrsprachigkeit

Basel ist offiziell deutschsprachig, also einsprachig. Tatsächlich ist das Leben in der Stadt jedoch durch Mehrsprachigkeit geprägt.[1] Auf der Strasse, im Tram, in den Medien, in der Schule, in den Geschäften, am Arbeitsplatz, hören und sprechen wir Schweizerdeutsch, Deutsch, Französisch, Englisch, Italienisch und weitere Sprachen. So wenig die Stadt einsprachig ist, so wenig sind es auch ihre Bewohner. Die Sprachenvielfalt ist nicht nur ein urbanes und gesellschaftliches Phänomen (gesellschaftliche Mehrsprachigkeit), sondern spiegelt sich auch im Individuum wider (individuelle Mehrsprachigkeit). Die Mehrsprachigkeit eines einzelnen Sprechers ist heute die Norm: Der Stadtbewohner erwirbt Sprachen und Dialekte im familiären Umfeld, durch anderssprachige Nachbarn und Freunde, in der Schule sowie aus beruflichen und persönlichen Interessen. In manchen Fällen zieht sich dieser Prozess bis ins hohe Alter hin.

Die Mehrsprachigkeit stellt eine Herausforderung sowohl für das Individuum als auch für die Gesellschaft dar. Neben der unterschiedlichen sozialen Akzeptanz der einzelnen Sprachen ergeben sich auch Probleme im Bildungssystem, da der Spracherwerb durchaus nicht immer erfolgreich verläuft. Andererseits gelingt es der Mehrzahl der Frauen und Männer, mit den vielen sprachlichen Varietäten dennoch ganz gut zurechtzukommen.

Die Spracherwerbsforschung befasst sich seit rund 40 Jahren mit der Frage, wie Sprachen erworben werden. Da sie sich jedoch in den vergangenen Jahrzehnten auf den kleinkindlichen Spracherwerb und den Erwerb von Zweitsprachen sowohl in schulischen wie in ausserschulischen Kontexten konzentriert hat, ist nur wenig bekannt, wie es sich mit den dritten, vierten und weiteren Sprachen verhält. Erfolgt der Spracherwerb hier analog zur Zweitsprache?

Das Projekt: ‹Neurobiologische Korrelate der Mehrsprachigkeit in der Regio Basiliensis›

Welches sind die biologischen Mechanismen, die es dem Einzelnen erlauben, mit den verschiedenen Sprachen umzugehen? Wie werden die vielen Sprachen im Gehirn angeordnet und wie können sie voneinander differenziert werden? Neuere technische Entwicklungen in den Bildgebenden Verfahren – *Positronen-Emissions-Tomographie* (PET) und *funktionelles Magnet-Resonanz Imaging* (fMRI) – erlauben, das fundamental menschliche Phänomen Sprache bei seiner Verarbeitung im Gehirn zu beobachten. Die klassischen Vorstellungen, die auf neuropatho-

logischen Untersuchungen beruhten, haben sich
mit den neuen Techniken bestätigt, insbesondere
jene, dass die sprachverarbeitenden Regionen beim
Rechtshänder in der linken Hirnhälfte im Bereich
des Broca- und des Wernicke-Areals[2] liegen. Die
neuen Bild-gebenden Verfahren ermöglichen es
nun, verschiedene Aspekte des Erwerbs und der
Verarbeitung von Sprachen bei Gesunden und
Kranken detaillierter zu untersuchen.

Im Basler Projekt ‹Neurobiologische Korrelate
der Mehrsprachigkeit in der Regio Basiliensis›[3]
wird die Mehrsprachigkeit von zwei Seiten her
untersucht. Zum einen wird eine qualitative Methode, die Sprachbiografie, verwendet: In freien,
narrativen Tiefeninterviews erzählen (und rekonstruieren) die Informanten ihre Lebensgeschichte
in Bezug auf den Mehrsprachenerwerb. Die Analyse dieser Daten liefert ein detailliertes Bild der
vielen Faktoren, die den Spracherwerb beeinflusst,
gefördert oder behindert haben. Die Erzählungen
enthalten Informationen zum Zeitpunkt des Erwerbs der verschiedenen Sprachen, zu den Er-
werbskontexten und der Art des Unterrichts, zu
fördernden oder hindernden Ereignissen, Erlebnis-
sen und Personen, zu Motivationen und Emotionen
und so weiter. Zum anderen wird die quantitative
Methode des fMRI angewandt. Während mehrsprachige Probanden in der Magnetröhre liegen, werden sie gebeten, einer Bezugsperson, mit der sie
üblicherweise nur in jeweils einer Sprache kommunizieren, zu erzählen, was sie am Tag zuvor gemacht haben. Diese Aufgabe soll in der künst-
lichen, experimentellen Umgebung eine Situation
simulieren, die einer alltäglichen, kommunikativen
Situation möglichst nahe kommt. Die Probanden
werden in drei Sprachen getestet. Nach aufwändiger statistischer Verarbeitung entstehen Bilder,
auf denen zu sehen ist, in welchen Abschnitten das
Gehirn beim Erzählen am meisten beansprucht
wird.

Das Forschungsprojekt versucht also, unterschiedliche Methoden zu verknüpfen: die Analyse
der individuellen Sprachbiografie und die Repräsentation mehrerer Sprachen im Gehirn.

Erste Resultate

Für die Repräsentation mehrerer Sprachen im
Gehirn scheinen nicht die unterschiedlichen Sprachen an sich wichtig zu sein: Hirnareale sind nicht
für spezifische Sprachen determiniert. Die einzelnen Sprachen sind nicht genetisch angelegt. Weder
haben Deutschschweizer ein Gen für Schweizerdeutsch, noch Japaner ein Gen für Japanisch.
Jedes gesunde Kind hat jedoch die angeborene
Fähigkeit, die Sprache(n) seiner Umgebung zu
erwerben.

Die Resultate aus der noch kein Jahrzehnt alten
Forschung zur Zweisprachigkeit im Gehirn mit PET
und fMRI weisen darauf hin, dass Faktoren wie der
Zeitpunkt des Erwerbs oder die erreichte Kompetenz eine wichtige Rolle für die Repräsentation und
die Organisation der Sprachen im Gehirn spielen.[4]
Zusätzlich legen Hinweise aus der Forschung an
Aphasikern (Patienten mit Verlust des Sprechver-
mögens) nahe, dass auch die Art und Weise, wie
eine Sprache erworben wurde, einen Einfluss darauf haben kann.

Das laufende Projekt konzentriert sich auf die
Untersuchung zweier Variablen: erstens den Zeitpunkt des Erwerbs und zweitens die Art des Erwerbs.

Der Zeitpunkt des Erwerbs

Probanden, welche mindestens drei Sprachen flies-
send beherrschen, wurden für die erste Frage-
stellung in zwei Gruppen eingeteilt: in ‹Frühe
Mehrsprachige› (die ‹Bilingues› der Umgangs-
sprachen), die vor dem Alter von 3 Jahren mit zwei
Sprachen aufgewachsen sind und nach dem Alter
von 9 Jahren eine dritte Sprache erworben haben,
und in ‹Späte Mehrsprachige›, die erst nach dem
Alter von 9 Jahren eine zweite und dritte Sprache
gelernt haben.

In Übereinstimmung mit anderen Studien[5] zeigen erste Resultate des Basler Forschungsprojekts,
dass es für das Sprachsystem im Gehirn von Bedeutung ist, ob eine zweite Sprache vor dem Alter
von 3 Jahren oder erst nach dem 9. Lebensjahr
erworben wird.[6] Im Broca-Areal zeigen Frühe
Mehrsprachige für ihre beiden früh erworbenen

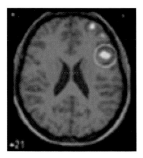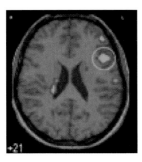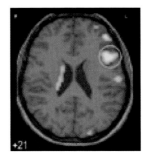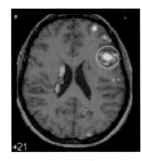

Hirnaktivität eines Früh-Mehrsprachigen, der zwei Sprachen vor dem 3. Lebensjahr erworben und eine dritte Sprache nach dem 10. Lebensjahr in der Schule gelernt hat. Die Aktivierung der 1. Sprache (rot), der 2. Sprache (blau) und der 3. Sprache (grün) ist einzeln gezeigt, sowie die Überlagerung aller drei Sprachen im Broca-Areal (Kreis).

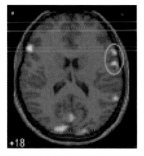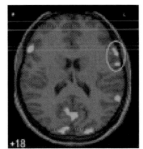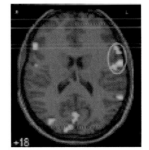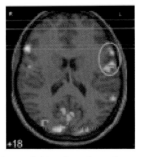

Hirnaktivität eines Probanden, der einsprachig aufgewachsen ist und erst in der Schule eine zweite und dritte Sprache gelernt hat. Die Aktivierung der 1. Sprache (rot), der 2. Sprache (blau) und der 3. Sprache (grün) ergibt bei der Überlagerung aller drei Aktivierungen, dass die einzelnen Sprachen getrennte Bezirke im Broca-Areal (Kreis) benutzen.

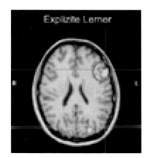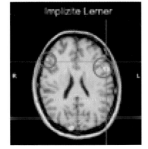

Aktivierungsmuster des Broca-Areals (durch roten Kreis markiert) in der Drittsprache, dargestellt in Horizontalschnitten durch das Gehirn. Bei expliziten Lernern ist die Aktivität nur links vorhanden (lateralisiert), bei impliziten Lernern findet sich auch Aktivierung im Broca-Analog der rechten Hirnhälfte (bilateral). Die Bilder zeigen die durchschnittliche Aktivierung von je sieben Probanden, ausgewertet mit Hilfe von Brain-Voyager. Die Signifikanzschwelle wurde bei P (korrigiert) <0,015 gesetzt. Die Abbildung stammt aus der bisher unveröffentlichten Dissertationsarbeit von E. Künzli.

Sprachen Aktivierungen, die sich weitgehend über-
lagern, während bei denjenigen, die nur mit einer
Sprache aufgewachsen sind, die später gelernte
Zweitsprache (zumindest partiell) voneinander getrennte Subregionen desselben Areals aktiviert.

Aus diesen Mustern kann geschlossen werden, dass
Frühe Mehrsprachige ein sprachverarbeitendes
neuronales Netzwerk aufbauen, das mehrere Sprachen integrieren kann, während Späte Mehrsprachige unabhängige neuronale Netzwerke für jede
Sprache aufbauen müssen. Auch für die dritte
Sprache gibt es Unterschiede: Bei den Frühen
Mehrsprachigen kann sich die dritte Sprache gewissermassen in das schon etablierte Netzwerk
setzen, welches von den ersten beiden Sprachen
aufgebaut worden ist. Dieses scheint flexibel genug,
um weitere Sprachen aufzunehmen. Bei den Späten
Mehrsprachigen baut die dritte Sprache, wie schon
für die Zweitsprache, ein neues Netzwerk auf.

Diese Resultate und die Ergebnisse weiterer
Untersuchungen[7] deuten darauf hin, dass sich je
nach frühkindlicher Exposition zu einer oder mehreren Sprachen ein unterschiedliches Sprachsystem
ausbildet, auf welchem später hinzukommende
Sprachen aufbauen. Tatsächlich haben Untersuchungen an frühen Zweisprachigen gezeigt, dass
sie leichter weitere Sprachen erwerben.[8]

Die Art des Erwerbs [9]
Ein wichtiger Unterschied beim Aufbau von Sprachfähigkeiten bezieht sich auf das explizite und das
implizite Lernen. Beim expliziten Lernen ist die
Aufmerksamkeit auf die Lerntätigkeit und auf das
zu lernende sprachliche Material sowie dessen
Regelwerk gerichtet. Das Lernen erfolgt gezielt, die
Lerner wissen, was sie lernen wollen. Implizites
Lernen ist ein unbeabsichtigtes Lernen; die Aufmerksamkeit gilt eher der kommunikativen Situation. Dass sich die Sprecher dabei auch sprachli-
ches Wissen aneignen, ist ein Nebeneffekt, und oft
ist ihnen beispielsweise nicht bewusst, wie die
Regel lauten würde.

Wir lernen alle sowohl auf die eine wie auf die
andere Art. Die sprachbiografischen Daten zeigen
jedoch, dass einige Lerner starke Präferenzen für

das explizite, andere hingegen für das implizite
Lernen entwickeln. Spiegeln sich diese unterschiedlichen Vorgehensweisen beim Erwerben einer
Sprache auch im Gehirn wider und hinterlassen sie
– ähnlich wie der Zeitpunkt des Erwerbs – bleibende Spuren in der Repräsentation der Sprachen im
Gehirn?

Anhand der aus den Sprachbiografien gewonnenen Lernerprofile wurden zwei Probanden-
gruppen mit einer ausgeprägten Präferenz für entweder explizites oder implizites Lernen gebildet.
Aus Gründen der Vergleichbarkeit konzentriert sich
diese Analyse auf die Drittsprache, die von allen
Probanden nach dem Alter von 10 Jahren und –
zumindest am Anfang – schulisch gelernt wurde.
Die Sprachkompetenz der Sprecher ist in beiden
Gruppen ähnlich.

Eine erste Analyse der fMRI-Daten zeigt, dass
explizite Lerner die klassischen Sprachareale in
der linken Hirnhälfte aktivieren; implizite Lerner
aktivieren zusätzlich das Broca analoge Areal in
der rechten Hirnhälfte, sie zeigen ein bilaterales
Aktivierungsmuster. Die ausgeprägte Laterali-
sierung[10] bei den expliziten Lernern könnte als
Hinweis darauf gedeutet werden, dass sich ihre
analytischeren Lernstrategien auch bei der Sprachverarbeitung im Gehirn widerspiegeln, während
die bilaterale Aktivierung auf einen globaleren Zugang zu Spracherwerb und Sprachverarbeitung der
impliziten Lerner hindeutet.

Lebenslanges Lernen

Wenn es auch so scheint, dass sich das cerebrale
Sprachsystem schon früh in Abhängigkeit davon,
ob man mit nur einer oder mit zwei Sprachen aufgewachsen ist, jeweils anders ausbildet und dieser
Sprachkontakt bleibende Spuren hinterlässt, so
bedeutet dies nicht, dass das Gehirn keine weiteren
Sprachen mehr aufnehmen kann, es geht lediglich
ungleich damit um. Auch ist die Entwicklung von
Lernpräferenzen ein langjähriger Prozess, der
durch wiederholte Lernerfahrung mit immer neuen
Sprachen moduliert wird. Die Lerner lernen, welche Strategien und Vorgehensweisen ihnen am
dienlichsten sind, was im Gehirn dazu führt, dass

bestimmte neuronale Strassen vermehrt begangen und gefestigt werden. Die Sprachen, die den Einzelnen umgeben, sowie seine Reaktionen darauf, schreiben sich im Gehirn ein und hinterlassen dort Spuren, die noch Jahre und Jahrzehnte später gelesen werden können.

Das transdisziplinäre Forschungsprojekt ‹Neurobiologische Korrelate der Mehrsprachigkeit in der Regio Basiliensis› fügt sich nicht nur in ein aktuelles Forschungsgebiet von internationalem Interesse ein, sondern leistet dabei auch Pionierarbeit: Die Studie weitet erstens die neurolinguistische Zweisprachigkeitsforschung auf die Mehrsprachigkeit aus und setzt zweitens experimentelle Daten mit sehr detaillierten, qualitativen Informationen darüber, wann, wie, mit wem, weshalb und so weiter eine Sprache erworben wurde, in Beziehung. Sie möchte Grundlagen liefern für einen Diskurs über Bedeutung und Chance früher Exposition und darauf hinwirken, dass die Mehrsprachigkeit mehr als Potenzial denn als Belastung wahrgenommen wird.

Anmerkungen

1 Siehe hierzu die Beiträge von Rita Franceschini, ‹Mehrsprachigkeit in der Stadt›, in: Basler Stadtbuch 1999, Basel 2000, S. 113–117, und Georges Lüdi, ‹Französischsprachige in Basel: Mehrsprachige Kommunikation in einer einsprachigen Stadt›, in: Basler Stadtbuch 1991, Basel 1992, S. 116–123.

2 Das ‹Broca-Areal› und das ‹Wernicke-Areal› sind als klassische Sprachzentren bekannt. Sie sind nach den Medizinern Paul Broca und Carl Wernicke benannt, die sie in der zweiten Hälfte des 19. Jahrhunderts als Erste beschrieben haben. Beide Areale befinden sich in der linken Hirnhälfte. Das Broca-Areal ist im Stirnlappen lokalisiert und gilt vor allem als verantwortlich für die Sprachproduktion und die syntaktische Verarbeitung. Das Wernicke-Areal befindet sich im Schläfenlappen. Es unterstützt das Sprachverständnis und das Wortschatzwissen.

3 Das Projekt wird durch den Erneuerungsfonds der Universität Basel finanziert. Mitglieder der Forschungsgruppe ‹Multilingual Brain› (www.unibas.ch/ multilingualbrain) sind (in alphabetischer Reihenfolge): R. Franceschini, A. Kaiser, E. Künzli, G. Lüdi, S. Marienberg, C. Nitsch, E.-W. Radü, E. Wattendorf, B. Westermann, D. Zappatore.

4 Vgl. Rita Franceschini/Daniela Zappatore/Cordula Nitsch, ‹Lexicon in the Brain: What Neurobiology Has to Say about Languages›, in: Jasone Cenoz/Britta Hufeisen/Ulrike Jessner (Hg.), The Multilingual Lexicon, Dordrecht 2003.

5 Zum Beispiel: Karl H. S. Kim/Norman R. Relkin/ Kyoung-Min Lee/Joy Hirsch, ‹Distinct cortical areas associated with native and second languages›, in: ‹Nature›, 388, 1997, S. 171–174. In dieser Studie wurden die Probanden jedoch nur in zwei Sprachen getestet.

6 UNI NOVA 89/2001, S. 20–21: ‹Bilder der Sprache›.

7 Siehe Elise Wattendorf/Birgit Westermann/Daniela Zappatore/Rita Franceschini/Georges Lüdi/Ernst-Wilhelm Radü/Cordula Nitsch, ‹First language processing differs between early and late multilinguals› (submitted).

8 C. Baker/S. Prys Jones, Encyclopaedia of Bilingualism and Bilingual Education, Clevedon Hall Multilingual Matters, 1998.

9 Artikel in Bearbeitung.

10 Zur Lateralisierungsdiskussion siehe Joseph B. Hellige, Hemispheric Asymmetry, Cambridge, Massachusetts 1993.

Widerstand gegen die Ökonomisierung der Bildung durch die Bologna-‹Reform›

Alexandra Greeff
Anelis Kaiser

Die Basler Universitätsleitung treibt zurzeit mit der so genannten ‹Boploga-Reform› die tief greifendste Umgestaltung der Studiengänge seit Jahrzehnten voran. Die ‹Aktionsgruppe Bologna› betrachtet diese als keine Reform im eigentlichen Sinne, sondern als eine *Gegen*reform, die auf die schleichende Privatisierung der Hochschulen abzielt. Immer mehr werden die Universitätsstrukturen von Rentabilitätskriterien bestimmt; Studierende, Assistierende und Dozierende haben das Nachsehen.

Das Bologna-Fieber greift um sich

Die Universität Basel ist zurzeit in einem grundlegenden Wandel begriffen; auch sie fällt dem ‹Bologna›-Fieber zum Opfer – wie alle Hochschulen europaweit. Die Studiengänge sollen nach angelsächsischem ‹Vorbild› in einen eher praxisnahen Bachelor und einen vornehmlich forschungs- und theorieorientierten Master umstrukturiert werden. Was die ‹Bologna›-Reform mit sich bringt und in welchem sozialgeschichtlichen Kontext sie steht, ist hingegen noch immer umstritten, davon erzählen die Basler Medien geradezu Bände. Propagieren ‹Bologna›-BefürworterInnen die gegenwärtigen Umstrukturierungen als Möglichkeit, Mobilität, Transparenz sowie Konkurrenzfähigkeit zu verbessern, bemängeln KritikerInnen die schleichende Ökonomisierung der Bildung, die ‹Privatisierung›

der Entscheide, der Kosten sowie der Verantwortung und die Übernahme privatwirtschaftlicher Organisationsmodelle.

Das Immunsystem schaltet sich ein …

Als kritische Gruppierung tat sich insbesondere die ‹Aktionsgruppe Bologna› hervor. Ihre Geburtsstunde war wohl die Medienorientierung vom 9. April 2002, in welcher die Universitätsleitung ihre Absicht, in äusserst eng gestecktem Zeitrahmen auf das ‹Bologna-Modell› umzusteigen, publik machte. Offensichtlich basierte dieses Vorhaben nicht auf demokratischen Entscheidungsfindungen, denn die zahlreichen Hilferufe, die als Reaktion auf die besagte Medienorientierung an die Öffentlichkeit gelangten, lassen vermuten, dass viele Universitätsangehörige bis dahin noch gar nichts von ihrem

‹Glück› gewusst hatten, geschweige denn es als solches ‹erkennen› konnten. In Universitätsgremien Eingebundene genossen zwar Einblick in die Pläne der Universitätsleitung, doch brach ihr Widerstand allmählich an finanziellen Drohungstaktiken.

Angesichts der Ausgrenzung aus dem Meinungsbildungs- und Entscheidungsfindungsprozess fanden sich schliesslich einige Studierende und Assistierende zu Diskussionsrunden zusammen, um sich eingehender mit ‹Bologna› auseinander zu setzen und sich in deren gesamtgesellschaftliche Zusammenhänge zu vertiefen. Aus dieser Diskussionsrunde entwickelte sich nach und nach eine Aktionsgruppe, die mit ihrem universitätspolitischen Engagement eine Diskussionsplattform eröffnete und den Diskurs um ‹Bologna› sichtlich mitbestimmte.[1]

… denn Abwehr tut Not …

Anfang Juni lancierte die Aktionsgruppe Bologna eine Petition an den Grossen Rat des Kantons Basel-Stadt, worin sie den sofortigen Ausstieg aus dem Bologna-Prozess fordert.

Denn ‹Bologna› findet nicht im luftleeren Raum statt, sondern muss vor dem Hintergrund der derzeitigen Liberalisierungs- und Privatisierungswelle gesehen werden.

Die Privatisierungen im Bildungssektor bereiteten sich über Jahrzehnte vor. Entwickelte sich in der Nachkriegszeit das Grundmotiv, allen BürgerInnen unabhängig von Herkunftskriterien eine gute Bildung zu ermöglichen, wurden seit dem Einbruch des Wirtschaftswachstums in den 1970er-Jahren rückwärts gewandte Gegenreformen in die Wege geleitet, welche die sozialpolitischen Errungenschaften sukzessive rückgängig machten. Denn die kontinuierlichen Steuersenkungen für die obersten Einkommensschichten, die einer Profitminderung von Grossunternehmen gegensteuern sollten, blieben nicht ohne Folgen für das Staatsbudget und somit für die Strukturen sowie die inhaltliche Ausrichtung öffentlicher Dienste. Die unternehmensfreundliche Steuerpolitik öffnet die staatlichen Einrichtungen immer mehr für Sponsoring Dritter und damit für die Interessen und Forderungen der Industrie.[2]

Die Bologna-Reform kommt den Bedürfnissen der Industrie in vieler Hinsicht entgegen – doch kritischer Auseinandersetzung mit dem Stoff und der Wahlfreiheit ist sie kaum zuträglich. Das Kreditpunktesystem verschult die Studiengänge und schränkt die freie Studiumsgestaltung der Studierenden ein, denn es begünstigt die Anpassung der Lehrinhalte an die kurzfristigen Bedürfnisse der Privatwirtschaft und die marktgerechte Produktion von Humankapital. Wofür die Studierenden wie viel Zeit aufwenden, hängt mehr und mehr von den Ansprüchen der Wirtschaft ab, eigene Interessen müssen zurückgestellt werden. Die anvisierte Standardisierung und Zerstückelung der Lehrinhalte und Studiengänge erleichtert zudem massgeblich deren Evaluation sowie Subventionierung durch Grossinvestoren nach Rentabilitätskriterien; Forschungs- und Lehrfreiheit können daher bald der Vergangenheit angehören.

Die geplante Zweiteilung des Studiums in einen praxisorientierten Bachelor und einen tiefer gehende Bildung vermittelnden Master dient wiederum als Mittel zur ‹Effizienz›- und Rentabilitätssteigerung. Die Definition des Bachelors als Zwischenabschluss ermöglicht nämlich Zulassungsbeschränkungen zum Master – seis durch Numerus Clausus, Stipendienstopp oder -reduktion, Erhebung zusätzlicher Gebühren und/oder anderes – und damit eine Produktion von qualifizierten Arbeitskräften in kürzerer Zeit und mit einem Minimum an aufzuwendenden Mitteln. Ein grosser Teil der Studierenden beendet das Studium mit dem Bachelor-Abschluss, eine schmale Elite fährt damit fort.

Weitere Selektionsfaktoren wie Straffung der Studienzeit[3], Vergabe von Darlehen anstelle von Stipendien, Erhöhung der Studiengebühren[4] und anderes mehr sind eine Frage der Zeit. Das neoliberale Denken betrachtet die Erhebung von Studierendengeldern als geeignetes Steuerungsmittel für das Bildungsverhalten, da diese zu einem Kosten-/ Renditekalkül animieren. Ausserdem ist das Bologna-Modell mit beträchtlichen Mehrkosten verbun-

den, da das Kreditpunktesystem und die Verschulung des Studiums zu einer Verstärkung der administrativen Belastung führen. Diese sollen durch immer mehr Einsparungen im Bildungsbereich wettgemacht werden: Sukzessive Gebührenerhöhungen, Streichungen struktureller Professuren in unrentablen Bereichen, Verweigerung des Teuerungsausgleichs und andere finanzpolitische Eingriffe werden, sind sie nicht schon zur harten Realität geworden, nicht lange auf sich warten lassen.

Die Petition der ‹Aktionsgruppe Bologna›

«Daher fordern wir den Ausstieg aus dem Bologna-Prozess und verlangen stattdessen eine grundlegende Reform, die von allen BürgerInnen in einem demokratischen Prozess gestaltet wird und dem grundsätzlichen Recht auf Bildung für alle Rechnung trägt» – so die PetentInnen der Aktionsgruppe in ihrer am 11. Dezember 2002 eingereichten, 2 034 Unterschriften starken Petition. Der Grosse Rat reagierte auf die Petition bis anhin mit einem Hearing, einer Anhörung von je zwei VertreterInnen der Aktionsgruppe Bologna und der Universitätsleitung, und wird nach seinem Ermessen politische Massnahmen in die Wege leiten. Die Durchführung eines weiteren Hearings wurde in Erwägung gezogen.

Die Universitätsleitung hingegen scheint die Anliegen der über 2 000 PetitionsunterzeichnerInnen weiterhin nicht ernst zu nehmen[5] und stellt den Bologna-Prozess als alternativlose Notwendigkeit der Moderne dar, aus dem es kein Zurück mehr gebe. Ungeachtet des wachsenden Vorbehaltes vieler, versucht sie ihr vorschwebende Ziele wie verbesserte Transparenz für Studierende und internationale Anerkennung der Abschlüsse voreilig und allein mittels Umstrukturierungen zu realisieren, wenngleich diese anderweitig erreicht werden könnten – ohne die Nachteile des neuen Systems.

Die ersten Krankheitssymptome zeigen sich

Zum Zeitpunkt der Abfassung dieses Beitrags (Oktober 2003) sind an der Universität Basel bereits alle naturwissenschaftlichen Fächer (exkl. Pharma-zie), die Psychologie, die Wirtschaft, die Geografie sowie Teilbereiche der medizinischen Fakultät nach dem neuen Modell organisiert; die Philosophisch-Historische, die Juristische und die Theologische Fakultät sehen eine Einführung bis zum Wintersemester 2004/5 vor.

Schon beginnen sich einige Befürchtungen der Aktionsgruppe Bologna zu bewahrheiten. So ist einem Bericht aus der Wirtschaftswissenschaftlichen Fakultät zu entnehmen, dass ‹Bologna› eine Verschulung der Studiengänge mit sich bringt und dass immer mehr «die Tendenz zu beobachten» ist, «das Studium strategisch zu konfigurieren und Veranstaltungen weniger nach Bedeutung oder inhaltlichem Interesse als nach dem Aufwand-/Ertrags-Verhältnis auszuwählen». Einer «engagierten und kritischen Auseinandersetzung mit einem Fachgebiet» sind die gegenwärtigen Entwicklungen im universitätspolitischen Bereich «nicht unbedingt förderlich». Schliesslich verführt das «sequenzielle Ablegen von Prüfungen zu einem additiven Verständnis von Lernen, so dass die individuelle Integration der Inhalte weniger gefordert und gefördert wird».[6] Stimmen aus der Psychologischen Fakultät bemängeln, dass die «Belastung des Mittelbaus», das heisst der Assistierenden, durch «Korrekturen und Prüfungen» angestiegen ist.[7] Ein Professor des Geographischen Instituts wiederum kritisiert den Verlust an «interessanten Nebenfachkombinationen aus dem Phil-I- und dem Phil-II-Bereich».[8] Neuste Sparkonzepte bringen kleine, unrentable Fächer in Gefahr. Auch verschärft sich die Selektion nach Herkunftskriterien zusehends: In einem weiteren undemokratischen Schritt entschied sich die Universitätsleitung am 19. Juni 2003 für eine Erhöhung der Studiengebühren um 17 Prozent auf rund 700 Franken.

Die Aktionsgruppe Bologna setzt sich weiterhin gegen die laufenden Umstrukturierungen ein. Sie verschliesst die Augen nicht vor der grundsätzlichen *Notwendigkeit* einer Reform – doch soll die Reform in einem demokratischen Prozess gestaltet werden und dem grundsätzlichen Recht auf Bildung für alle sowie dem Eigenwert der Bildung Rechnung tragen.

Anmerkungen

1 Siehe beispielsweise den Forumsartikel von Michael Gemperle, Alexandra Greeff und Fabian Grossenbacher in der Basler Zeitung vom 25./26.1.2003, Seite 61. Siehe auch die zahlreichen Artikel, Leserbriefe und Interviews in der Basler Zeitung, der Wochenzeitung, der Neuen Zürcher Zeitung und der StudentInnenzeitung ‹gezetera›, so z. B. in den BaZ-Ausgaben vom 5.2., 12.2., 13.2., 17.2., 3.3., 9.4. und 16.5.2003, in der WoZ vom 16.1.2003, in der NZZ vom 23.2.2003 und in der ‹gezetera› vom 23.6. und 13.12.2002 sowie vom 8.4., 29.4. und 15.7.2003.

2 Glasnost Berlin: Der Fall Bildung – Teil IV, Europapolitik und die Rolle des ERT. Berlin 7.9.2000. *http://www.glasnost.de/db/Europa/ert-bild4.html*

3 Mehr als 80% der Studierenden sind neben dem Studium erwerbstätig. Schärfere Studienzeitlimiten und eine finanzielle Mehrbelastung dürften schon jetzt bestehende Probleme bedeutend verstärken (vgl. Dieter Egli, Michael Gemperle, Stefan Philippi, Silvia Würmli (Hrsg.): Überleben an der Universität. Orientierungssuche, Selbstverwirklichung und Krisenmanagement. Untersuchung über den Umgang von Studierenden der Universität Basel mit ihrer sozialen Lage, Zürich/Chur 2003. Vgl. auch: Markus Diem: Soziale Lage der Studierenden. Eine Repräsentativuntersuchung bei Studentinnen und Studenten an Schweizer Hochschulen 1995, Bern 1997 (Bundesamt für Statistik).

4 Mehr zum Thema Studiengebühren im Forumsartikel von Alexandra Greeff und Dorothée Ludwig in der Basler Zeitung vom 17.11.2003, Seite 13.

5 Siehe beispielsweise die Stellungnahme von Rolf Soiron, des Präsidenten des Universitätsrates, in der Basler Zeitung vom 26.7.2002, Seite 41. Siehe ebenso diejenige des Vizerektors Ulrich Druwe in der Basler Zeitung vom 5.2.2003, Seite 36.

6 *http://www.zuv.unibas.ch/bologna/mueller*

7 *http://www.zuv.unibas.ch/bologna/psychologie*

8 Forumsartikel von Prof. Dr. Hartmut Leser in der Basler Zeitung vom 30.4.2003.

Weiterführende Literatur

Aktionsgruppe Bologna: *http://www.aktionsgruppe-bologna.ch*

International Pupil- and Studentactions: Education – not for sale! *http://int-protest-action.tripod.com*

Thomas Cottier u. a.: Liberalisation of Higher Education Services in Switzerland. The Impact of the General Agreement on Trade in Services (GATS). Gutachten im Auftrag der Rektorenkonferenz der Schweizer Universitäten CRUS, in: Bundesamt für Bildung und Wissenschaft BBW (Hrsg.): Die Auswirkungen des GATS auf das Bildungssystem der Schweiz, Bern 2003.

Mathias-Charles Krafft: Geltungsbereich der von der Schweiz im Rahmen des GATS eingegangenen Verpflichtungen und ihre Auswirkungen auf das schweizerische Bildungssystem. Gutachten im Auftrag des Bundesamtes für Bildung und Wissenschaft und der Schweizerischen Konferenz der kantonalen Erziehungsdirektoren EDK, in: Bundesamt für Bildung und Wissenschaft BBW (Hrsg.): Die Auswirkungen des GATS auf das Bildungssystem der Schweiz. Bern 2003.

Verband der Schweizer Studierendenschaften: Die Umsetzung der Bologna-Deklaration: eine Sackgasse für die Studierenden! *http://www.vssunes.ch/policy/bologna_02_d.html*

Verband der Schweizer Studierendenschaften: Positionspapier zum ‹General Agreement on Trade in Services› (GATS). *http://www.vss-unes.ch/policy/gats.rtf*

Wird die Universität ökonomisiert?
Die ‹Bologna-Reform›
an der Universität Basel *Ulrich Druwe*

Im Juni 1999 unterzeichneten 29 europäische Staaten – darunter auch die Schweiz – die so genannte ‹Bologna Deklaration›, um den europäischen Integrationsprozess im Bereich der tertiären Bildung zu verstärken.

‹Bologna› und ihre Ziele

Mit der ‹Bologna-Deklaration› sollen vor allem drei Ziele erreicht werden:

- Erhöhung der Qualität der akademischen Lehre,
- Abstimmung der Studiengänge auf die Bedürfnisse der Studierenden,
- Förderung der Mobilität von Studierenden und Dozierenden.

Um diese Ziele zu erreichen wurde vorgeschlagen:

- eine differenzierte Studienstruktur aufzubauen, in der man nach drei Jahren den Bachelor (BA), nach weiteren eineinhalb bis zwei Jahren den Master (MA), wiederum nach drei Jahren den Doktor sowie im Rahmen des lebenslangen Lernens verschiedene Master of Advanced Studies (MAS) erwerben kann;
- das Studium zu modularisieren, wobei sich die Module an den Studienzielen orientieren;
- und die Studienleistungen anhand des europaweit vereinbarten Kreditpunktesystems (European Credit Transfer System, ECTS) zu berechnen.

‹Bologna› an der Universität Basel

Die Universität Basel hatte bereits in ihrem ersten ‹Strategischen Plan› vom Oktober 1997 die «Modernisierung und Qualitätssicherung der Lehre» als oberste Priorität der nächsten Jahre festgelegt. Im Frühjahr 1999 lag dafür das Konzept vor, federführend vom damaligen Rector Designatus Prof. Dr. Ulrich Gäbler und dem Leiter des Ressorts Lehre, Dr. Olivier Binet, ausgearbeitet. Einzelne Fakultäten und Departemente planten bereits die konkrete Umsetzung der Reformen für das Wintersemester 1999/2000. Die Deklaration von Bologna führte dann dazu, dass an der Universität Basel die Reformen ausgesetzt wurden und das Rektorat stattdessen das Eintreten auf den Bologna-Prozess beschloss.

Um eine fundierte Debatte zu ermöglichen, wurde eine gesamtuniversitäre Arbeitsgruppe mit VertreterInnen aus allen Fakultäten und Gruppierungen eingesetzt. Ausserdem bemühten sich die Fakultäten um eine Absprache mit den anderen Schweizer Universitäten. Drei Studiengänge (Pflegewissenschaften, Psychologie und Sport) wurden zudem ab 2000 als Pilotprojekte in Anlehnung an die Bologna-Deklaration erarbeitet.

In den Fakultäten wurde das Thema ebenfalls zügig aufgegriffen. In der Philosophisch-Naturwissenschaftlichen Fakultät wurde schon im Herbst 2000 die in einzelnen Fächern begonnene Curricula-Entwicklung an den Empfehlungen von ‹Bologna› ausgerichtet, so dass 2001 ein gemeinsames BA-/MA-Grundmodell für die ganze Fakultät verabschiedet werden konnte. Die Philosophisch-Historische Fakultät entschied im Juni 2001, die laufende Reform der Lizenziatsstudiengänge im Sinne des Bologna-Prozesses weiter zu entwickeln. Die anderen Fakultäten zeigten grundsätzliches Interesse, ohne aber zunächst weitere Planungen zu beginnen.

Diese Entwicklungen führten dazu, dass der Universitätsrat im Oktober 2001 offiziell beschloss, alle Curricula an der Universität Basel mittelfristig an den Zielen der Bologna-Deklaration auszurichten.

Zur Unterstützung der Fakultäten bei der Studienreform im grundständigen Bereich (BA und MA) verabschiedete das Rektorat verschiedene Initiativen von Vizerektorin Prof. Dr. Annetrudi Kress. Hierzu gehören insbesondere:

- das von der Leiterin der Hochschuldidaktik, Gerhild Tesak, entwickelte Dozierendenprogramm;
- das unter Leitung von Dr. Gudrun Bachmann und Dr. Martina Dittler aufgebaute LearnTechNet, das effektive Hilfe bei der Planung und Umsetzung mediengestützter beziehungsweise webbasierter Lehrveranstaltungen bietet;
- das New Media Center unter der Leitung von Dr. Thomas Lehmann, das in Zusammenarbeit mit den Instituten und Fakultäten Konzepte zur Nutzung audiovisueller Medien in Lehre und Forschung entwickelt und umsetzt;
- das Sprachenzentrum unter Leitung von Dr. Petra Gekeler, das durch seine umfassende Mediathek für das selbst organisierte Sprachenlernen prädestiniert ist.

Um das Profil der Universität zu schärfen, wurde zudem ein transdisziplinäres Programm für den so genannten freien Kreditpunktebereich entwickelt. Es umfasst ein in sich abgestimmtes Angebot in den Bereichen:

- Mensch – Gesellschaft – Umwelt,
- Angewandte Ethik,
- Wissenschaftsforschung und
- Gender Studies.

Wie eingangs erläutert, betrifft der Bologna-Prozess auch die wissenschaftliche Weiterbildung. Diese ‹4. Säule› der universitären Ausbildung wird in Basel durch die ‹UniWeiterbildung› – unter Leitung von Prof. Dr. Margareta Neuburger-Zehnder – koordiniert; sie bietet an Bologna orientierte Master of Advanced Studies an.

Zum Stand der Reform in den Fakultäten

Die zum 1. April 2003 gegründete neue Fakultät für Psychologie bietet, 2001 als Pilotprojekt eingeführt, einen Bachelor und einen Master in Psychologie an. Dieser Studiengang ist immer noch einmalig in der Schweiz aufgrund seiner transfakultären Struktur. Die Erfahrungen sind insgesamt sehr positiv, wie das herausragende Resultat der Psychologie im ‹swiss-up-Ranking› von 2002 und 2003 sowie die steigenden Studierendenzahlen belegen.

Die Philosophisch-Naturwissenschaftliche Fakultät verfügt gegenwärtig über Bachelor of Science-Programme in Mathematik, Physik, Chemie, Geowissenschaften (mit drei Vertiefungsrichtungen), Nanowissenschaften, Biologie (mit drei Vertiefungsrichtungen), Informatik (mit drei Vertiefungen) sowie ein allgemeines naturwissenschaftliches Bachelor-Programm. Die entsprechenden Master-Studiengänge werden teilweise schon 2004 starten, hinzu kommen Master-Programme in Astronomie, Molekularbiologie, Zoologie, Pflanzenwissenschaften, Ökologie und Infektionsbiologie/Epidemiologie. Ausstehend sind in dieser Fakultät lediglich die Ur- und Frühgeschichte, die Versicherungswissenschaft und die Pharmazie; diese Programme sind für das Wintersemester 2004/05 geplant. Auch in dieser Fakultät sind die Erfahrungen durchwegs positiv; die Studierenden begrüssen insbesondere die Modularisierung, müssen sie sich doch nicht mehr so früh festlegen und können ihre Studienrichtung leichter wechseln.

Die Wirtschaftswissenschaftliche Fakultät startet im Wintersemester 2003/04 mit ihren neuen Curricula, einem Bachelor of Arts in Business and Economics (mit zwei Majors) und einem Master of Science in gegenwärtig sechs Vertiefungsrichtungen. Abgesehen vom ersten Studienjahr sind die Gestaltungs- und Wahlmöglichkeiten ausgesprochen grosszügig, so dass auch hier eine positive Resonanz seitens der Studierenden zu erwarten ist.

Die Rechtswissenschaftliche Fakultät hat ihre Reformüberlegungen im Herbst 2001 aufgenommen. Geplant sind ein Bachelor of Arts in Rechtswissenschaften und vier Masterprogramme, die sämtlich im Wintersemester 2004/05 starten sollen.

Die Philosophisch-Historische Fakultät hat bereits die Rahmenordnungen und die Bachelor- und die Master-Studiengänge verabschiedet. Auf dieser Basis entwickeln die Institute nun ihre Curricula-Konzepte. Auch hier ist die allgemeine Umsetzung

für das Wintersemester 2004/05 geplant. Dies hat die Fakultät aber nicht daran gehindert, bereits im Wintersemester 02/03 einen ersten Master-Studiengang einzuführen; es handelt sich um den interdisziplinären Master of African Studies, der sich aus Modulen der Ethnologie, Geschichte, Geografie, Biologie und Medizin (Tropeninstitut) zusammensetzt; Unterrichtssprache ist Englisch.

Die Theologische Fakultät hat im Februar 2003 eine Arbeitsgruppe für die Einführung von Bachelor- und Master-Studiengängen eingesetzt, für die sich die Fakultät einstimmig ausgesprochen hat. Der Start des Bachelor-Programms ist für 2004/05 geplant.

In der Medizinischen Fakultät existieren jeweils ein BA- und MA-Programm in den Bereichen Pflegewissenschaften und Sport (mit drei Vertiefungsrichtungen im BA und zwei Vertiefungsrichtungen im MA); der Erfolg ist auch hier nicht ausgeblieben – die Studierendenzahlen im Sport haben sich verdoppelt.

Ausser dem Medizinstudium werden vermutlich im Wintersemester 2004/05 alle Lehrangebote der Universität Basel auf ‹Bologna› umgestellt sein. Damit ist Basel die erste Volluniversität der Schweiz, die ihr Lehrangebot im grundständigen Bereich komplett modernisiert haben wird.

Bewertung der bisherigen Umsetzung

Noch ist es zu früh, ein abschliessendes Résumé über die Reformen der Lehre an der Universität Basel vorzulegen. Die Entwicklung bisher ist jedoch beeindruckend. Die Studierenden, die in reformierten Studienprogrammen studieren, reagieren weit überwiegend positiv. Sie realisieren die zahlreichen Vorteile, die Bologna mit sich bringt und die sich in dreizehn Punkten zusammenfassen lassen:

1. Bessere Transparenz und Planbarkeit des Studiums

Aufgrund der modularen Struktur des Studiums können die Studierenden ihr Studium effektiv planen und gut mit einer allfälligen Nebenerwerbstätigkeit kombinieren.

2. Kürzere Studiendauer

Mit ‹Bologna› besteht die Garantie, dass ein Bachelor-Abschluss innerhalb von drei Jahren, und ein Master-Abschluss innerhalb von weiteren einoinhalb oder zwei Jahren, erworben werden kann.

3. Erleichtertes Teilzeitstudium

Mit ‹Bologna› ist fast ausnahmslos (Ausnahmen: das Assessmentjahr in Wirtschaftswissenschaften, die Blockkurse im dritten Studienjahr Biologie) ein Teilzeitstudium in Basel möglich.

4. Verteilung der Prüfungen auf das Studium

Mit ‹Bologna› und der Einführung des Kreditpunktesystems werden die Prüfungen auf das gesamte Studium verteilt. Die Studierenden erhalten dadurch einen Überblick über den Stand ihres Wissens und ihrer Fähigkeiten und können ihr Lernverhalten entsprechend anpassen.

5. Bessere Prüfungen

Mit ‹Bologna› wird über das gesamte Studium verteilt eine Vielzahl unterschiedlicher Prüfungsverfahren angewendet (schriftliche Arbeiten, Vorträge, aktive Mitarbeit, Übungen, Labor, schriftliche oder mündliche Prüfungen).

6. Transparenz der erbrachten Studienleistungen

Mit ‹Bologna› werden die Studierenden zu jeder Zeit in ihrem Studium einen Auszug aller ihrer erbrachten Studienleistungen (Transcript) erhalten können, gleichgültig an welchem Institut diese Leistungen erbracht wurden.

7. Besserer rechtlicher Schutz der Studierenden

Mit ‹Bologna› werden an allen Universitäten rechtlich überprüfte Studienordnungen in Kraft gesetzt. Damit wird sichergestellt, dass die Studierenden während ihres Studiums die notwendige Rechtssicherheit geniessen.

8. Erleichterte Mobilität

Mit ‹Bologna› wird eine europaweite Harmonisierung und Quantifizierung erbrachter Studienleistungen erreicht, die es den Studierenden ermöglicht, sich vor einem Auslandsemester oder einem Studienortwechsel verlässlich über Angebot und Anrechnung zu informieren.

9. Erweiterung der Interdisziplinarität

Mit ‹Bologna› ist in allen Studiengängen ein Anteil von 5 bis 10 Prozent an Kreditpunkten in Modulen aus anderen Fächern beziehungsweise Fakultäten zu erwerben.

10. Erleichterung bei der Entscheidung für Spezialisierungen

Bisher studierte man an der Universität ein Fach. Mit ‹Bologna› steigen die Studierenden auf Bachelor-Stufe meist in relativ breit angelegte Bachelor-Studiengänge ein. Damit haben sie die Möglichkeit, in den ersten Semestern mehrere Bereiche kennen zu lernen und sich erst im Verlaufe ihres Bachelor-Studiums für den einen oder anderen Weg zu entscheiden. Im Rahmen der Master-Stufe kann man sich zusätzlich auf einen Bereich, der einen besonders interessiert, spezialisieren. Studierende können sich damit auf dem Arbeitsmarkt besser positionieren.

11. Neuartige und attraktive Studiengänge

Mit ‹Bologna› entstehen schneller neuartige und attraktive Studiengänge, welche Realitäten und neuste Entwicklungen ausserhalb der Universität beachten; Beispiel: Nanowissenschaften.

12. Erleichterung des Fachwechsels

Mit ‹Bologna› können Studierende leicht in benachbarte Fächer wechseln.

13. Internationale Anerkennung der Abschlüsse

Mit ‹Bologna› sind die Universitätsabschlüsse zumindest auf europäischer Ebene anerkannt. Dies erleichtert nicht nur den Wechsel des Studienortes, sondern auch den Einstieg in den europäischen Arbeitsmarkt.

Diesen Vorteilen stehen selbstverständlich auch Probleme gegenüber. Hier sind zunächst die höheren Kosten für die Lehre anzuführen. Nicht zu unterschätzen ist auch der administrative Mehraufwand. Die Individualisierung der Lehrprogramme erfordert entsprechenden Verwaltungsaufwand. Durch die Einführung des SAP-Campus-Managementsystems erhofft sich die Universität hier zumindest mittelfristig Entlastungen.

Trotz der überaus angespannten Finanzsituation der Basler Universität ist aber hier das Reformwerk gesichert, weil der Universitätsrat dem Bologna-Prozess die höchste Priorität zugewiesen hat.

Résumé

Die Universität Basel ist von den zahlreichen Vorteilen der Studienreform im Sinne der Ziele der Bologna-Deklaration überzeugt. Sie waren auch die entscheidenden Argumente, die den studentischen Vertretern in Basel eine aktive Mitarbeit an dem Reformprozess ermöglichten.

Eine Chance für die Weiterbildungsschule

Pierre Felder

Ab Schuljahr 2004/05 führt die Weiterbildungsschule (WBS) zwei Leistungszüge. Dadurch erhalten die Schülerinnen und Schüler bessere Berufs- und Bildungschancen. In den nächsten Jahren wird die gesamte Schullaufbahn überdacht.

Unglücklicher Start

Die Weiterbildungsschule sei eine «absolute Katastrophe».[1] Das vernichtende Urteil fällte ein Vater 1999 in einem viel zitierten Beitrag der Basler Zeitung bloss vier Monate, nachdem die junge Schule ihren ersten Jahrgang nach Abschluss des zweijährigen Bildungswegs und der obligatorischen Schulzeit entlassen hatte. In der Sonntagszeitung doppelte ein Basler Journalist nach, indem er die Weiterbildungsschule (WBS) «als eigentliche Desperado-Schule, als Schule der Gestrandeten und Desinteressierten»[2] bezeichnete. Die pauschale Verunglimpfung traf fast 2 000 Schülerinnen und Schüler, 62 Prozent der entsprechenden Jahrgänge: für die jungen Leute nicht gerade Ermunterung zum Lernen und schon gar keine Referenz auf dem Arbeitsmarkt.

Demgegenüber hatte das Bild, das die wissenschaftliche Evaluation von der Schule zeichnete, neben Schattenseiten auch Licht.[3] Die Klassen erbrächten hohe Integrationsleistungen. Insgesamt sei der Leistungsstand in Deutsch und Mathematik gleich geblieben. Die gegenüber dem alten System erhoffte Steigerung hätte sich jedoch nicht eingestellt, besonders gute Schülerinnen und Schüler würden zu wenig gefördert. Viel zu schaffen machten den Jugendlichen und ihren Lehrkräften der Schulwechsel im siebten Schuljahr und der Übergang zur Berufsbildung.

Darauf erklärte das Erziehungsdepartement die Verbesserung der Weiterbildungsschule zur zentralen Aufgabe. Der Unterricht in Deutsch und Mathematik wurde verstärkt, es wurden Förderzentren zur individuellen Betreuung eingerichtet und die Laufbahnvorbereitung reorganisiert. Der Rektor wurde durch ein zweiköpfiges Team ersetzt, und die Schulhausleitungen an den sechs Standorten erhielten ein neues Pflichtenheft und eine grössere Entlastung.

Bei Lehrkräften, Eltern und Abnehmern hatte die Schule vom ersten Tag an wenig Kredit. Ein Drittel der Lehrkräfte der WBS stand dem Schulkonzept von Anfang an skeptisch bis ablehnend gegenüber. Dieser Anteil stieg in den ersten beiden Jahren auf über 40 Prozent. Nach dem Schulabschluss ihrer Kinder erklärte ein Drittel der befragten Eltern, erneut vor die Entscheidung gestellt, würden sie ihr Kind entgegen der Empfehlung am Gymnasium anmelden. Lehrmeister, Gewerbevertreter und die Diplomschulen beklagten die unzureichende Vorbildung durch die WBS.

Trotz erfolgreichen Verbesserungen gelang es nicht, die WBS in der öffentlichen Meinung zu stabilisieren. Auch weiterhin galt die Schule nicht als attraktive Alternative zum Gymnasium, sie konnte ihre Rolle als Scharnier zwischen Allgemeinbildung und beruflicher Bildung nur unzureichend spielen. Auf Kosten der WBS stieg die Gymnasialquote von 29 Prozent 1997 auf über 40 Prozent 2003.

Die WBS blieb eine Schule für jene, die es nicht geschafft hatten, eine Restschule eben. Die Schulreformgegner von gestern forderten eine Rückkehr zum alten System und zur Frühselektion. Die alten Grabenkämpfe drohten wieder aufzubrechen.

Zwei Entwicklungsrichtungen

In dieser Situation schloss das Erziehungsdepartement tiefere Einschnitte im WBS-Gefüge nicht mehr aus. Zwei Ziele standen im Vordergrund. Zum einen brauchten leistungsstarke Schülerinnen und Schüler bessere Anreize und Perspektiven. Zum andern mussten der Klassenverband und die Führung durch die Lehrkräfte verstärkt werden. Die komplexe Organisation und die Aufteilung der Klassen in Niveau-, Stütz- und Wahlkurse überfordere die Schwächeren und bringe sie um den Halt durch Klassenlehrkraft und stabile Bezugsgruppe.

Im Sommer 2002 schickte das Departement zwei Entwicklungsmodelle für die WBS in eine Vernehmlassung. Das eine sah vor, die integrative Schulung zu stärken und die nötigen Differenzierungen *innerhalb* der Klassen vorzunehmen. Schülerinnen und Schüler einer Klasse sollten phasenweise in flexible Niveaugruppen getrennt oder von zwei Lehrkräften parallel unterrichtet werden. Das andere Modell bestand in der durchgehenden Trennung der Schülerinnen und Schüler in zwei Leistungszügen. Das erste Modell wirke stärker integrierend, allerdings seien die pädagogischen und didaktischen Anforderungen an die Lehrpersonen wegen der Heterogenität in den Klassen höher. Vom zweiten Modell würden vor allem die leistungsstarken Schülerinnen und Schüler profitieren. Der untere Zug könne sich allerdings zu einem Problemzug mit vielen Fremdsprachigen und Jugendlichen aus sozial schwächeren Familien entwickeln.

Die Befragten waren sich nur darin einig, dass die Probleme der WBS sofort anzugehen seien. Mehrheitlich wurde die Lösung mit zwei Leistungszügen vorgezogen, vor allem in Wirtschaft und bürgerlicher Politik. Die WBS-Lehrkräfte versprachen

sich von der äusseren Differenzierung grössere Erfolgschancen. Die politische Linke und viele engagierte Lehrkräfte – vor allem an der Orientierungsschule (OS) – wollten dem Kurs der Basler Schulpolitik treu bleiben mit dem Vorrang auf Förderung und innere Differenzierung. Der Zielkonflikt Leistung gegen Integration schien nicht lösbar.

Eine Lösung mit zwei Geschwindigkeiten

Die 1997 eröffnete WBS war nicht das Wunschkind der Schulreform von 1989, sie entsprang dem Kompromiss, den die Anhänger der Gesamtschule mit den Verfechtern des Langzeitgymnasiums eingingen. Während die Klassen der OS die gesamte Jahrgangskohorte vom fünften bis zum siebten Schuljahr umfassten, muss die anschliessende WBS ohne die leistungsstärksten Schülerinnen und Schüler auskommen, weil diese das Gymnasium vorziehen. Trotzdem wird von der WBS gefordert, dass sie die Jugendlichen wie eine Gesamtschule auf integrativem Weg fördert und auf Berufsausbildung und weiterführende Schulen vorbereitet, und das innerhalb von bloss zwei Jahren. Die Diskussion hat deutlich vor Augen geführt, dass das aktuelle Schulsystem im achten und neunten Schuljahr an einem Geburtsfehler leidet, den beide Modelle nicht zu heilen vermögen: Integration und Leistungsförderung sind schwer vereinbar. Wer das Problem an der Wurzel packen will, muss den Schulwechsel am Ende des siebten Schuljahrs zum Verschwinden bringen und die unfaire Konkurrenz zwischen WBS und Gymnasium beseitigen. Er muss die gesamte Schullaufbahn neu denken, und zwar ohne WBS. Eine neue Volksschullaufbahn böte die Gelegenheit, nicht nur das beschriebene Problem zu lösen, sondern auch Antworten zu finden auf die pädagogischen Herausforderungen der nächsten Jahre: die Verstärkung der Sprachförderung vom Kindergarten bis zum Schulabschluss, die Flexibilisierung der Schuleingangsphase, die auf die wachsenden Entwicklungsunterschiede beim Schuleintritt Rücksicht nimmt, die besondere Förderung in den Regelschulen und eine Harmonisierung mit den Schulen des Partnerkantons. Diese umfassende Lösungssuche geht nicht von heute auf morgen, solange kann es an der WBS nicht so weitergehen. In der Zwischenzeit braucht es eine rasch wirksame Stabilisierung der WBS.

Der Regierungsrat entschied sich für eine Doppellösung, bestehend aus einer rasch wirksamen Einführung von Leistungszügen an der WBS und einer langfristig angelegten Lösungssuche, welche alle Schulstufen umfasst und Antworten auf die zentralen pädagogischen Herausforderungen gibt.

Vertrauen in die Doppellösung

Im Juni 2003 entschied der Grosse Rat mit 81 gegen 13 Stimmen, an der WBS ab Schuljahr 2004/05 für die nächsten fünf Jahre zwei Leistungszüge zu führen. Nach Ablauf der Frist muss ein Entwurf für die neue Volksschullaufbahn vorliegen. An einer Urabstimmung lehnten es über 80 Prozent der Lehrerinnen und Lehrer ab, ein Referendum gegen die Änderung an der WBS zu

unterstützen. Mit der Doppellösung hat zum ersten Mal seit Jahrzehnten eine wichtige Schulvorlage eine breite Zustimmung von links bis rechts gefunden. Dieser Vertrauensbonus ist eine wichtige Voraussetzung für den Erfolg.

Die neue Weiterbildungsschule

Ab dem Schuljahr 2004/05 – dem frühest möglichen Zeitpunkt – werden die Schülerinnen und Schüler an der WBS nicht mehr in leistungsdurchmischten Klassen geschult, sondern in zwei getrennten Leistungszügen. Die Züge werden kooperativ geführt, das heisst, sie sind durchlässig, bleiben unter demselben Schuldach und werden von den gleichen Lehrkräften unterrichtet. Eine gemeinsame Schulhauskultur mit gemeinsamen Projekten soll die Aufstiegschancen verbessern und zur Integration der Migrantinnen und Migranten beitragen.

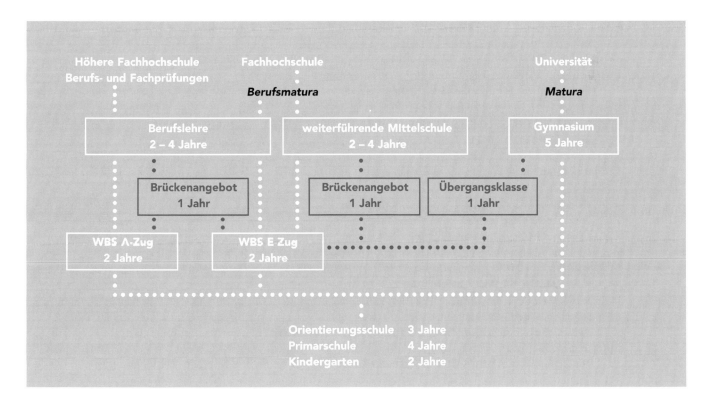

Der allgemeine Zug oder A-Zug nimmt schwächere und mittlere Schülerinnen und Schüler auf und bereitet auf Lehr- und Attestausbildung vor. Die Jugendlichen könnten intensiv gefördert werden, weil sie nur von wenigen Lehrkräften unterrichtet werden, weil die Klassen kleiner sind und weil es betreute Mittags- und Aufgabenstunden gibt. Die Sprachkompetenzen werden zusätzlich gefördert.

Der erweiterte Zug oder E-Zug nimmt leistungsstarke Schülerinnen und Schüler auf und bereitet auf anspruchsvolle Lehrstellen und auf weiterführende Schulen vor. Über Berufs- und Fachmatur öffnet er den Weg zur Fachhochschule.

Im Zweifel können die Eltern mitentscheiden
Mit der Neuausrichtung der WBS werden die Schülerinnen und Schüler nach Abschluss der OS in einen der zwei Leistungszüge der WBS oder ans Gymnasium eingeteilt. Wenn der A-Zug nicht zum Restzug verkommen soll, der wenig Chancen im Berufsleben bietet, muss er ein genügendes Leistungsspektrum und genügend Lernanreize bieten. Die optimale Verteilung der Schülerinnen und Schüler auf die drei Angebote ist nur möglich, wenn die Lehrkräfte den Zuteilungsentscheid fällen, wie es in anderen Kantonen üblich ist. Der völlige Entzug des Elternrechts hätte jedoch die Tradition der Zusammenarbeit zwischen Schule und Elternhaus gefährdet. Deswegen können die Eltern in Zweifelsfällen mitentscheiden: Kinder, die das Zuteilungskriterium für das gewünschte Angebot knapp verfehlen, können das Gymnasium respektive den E-Zug der WBS für ein Semester probeweise besuchen. Alle, die es sich zutrauen, können eine Aufnahmeprüfung fürs Gymnasium oder den E-Zug ablegen.

Koordination mit Basel-Landschaft
Seit Annahme des Bildungsgesetzes Basel-Landschaft und dank der Änderung an der WBS nähern sich die Schulsysteme der beiden Basel. Der A-Zug und der E-Zug der städtischen WBS entsprechen den Anforderungsniveaus A und E der Baselbieter Sekundarschule. Die Partnerkantone nutzen diese Chance zur Koordination der Stundentafel, der Lehrpläne und der Abschlüsse. Die Lehrbetriebe in der Region profitieren von verständlichen und vergleichbaren Zeugnissen und Abschlüssen.

Anmerkungen

1 Beda Gadola, ‹Basler Schulreform: Theorie und Praxis›, in: Basler Zeitung, 23.10.1999.

2 Iso Ambühl, ‹Schlechte Noten für die Basler Weiterbildungsschule›, in: Sonntagszeitung, Zürich, 13.2.2000.

3 Fritz Oser, Abschlussbericht der Evaluation WBS Basel-Stadt, Freiburg i.Ü. 2000.

Vor 350 Jahren:
Der Bauernkrieg 1653 *Niklaus Landolt*

Der Bauernkrieg von 1653 ist wohl der einzige frühneuzeitliche Konflikt zwischen städtischer Obrigkeit und ländlicher Untertanenschaft in der Schweiz, an den man sich heute noch in grösserem Rahmen erinnert. Der Aufstand erfasste die Gebiete von Bern, Luzern, Solothurn, Basel und des heutigen Kantons Aargau. Das Zusammengehen der Untertanen mehrerer Orte und die Intensität, welche die Auseinandersetzung zeitweise annahm, ist in der Schweizer Geschichte einmalig und auch im europäischen Vergleich aussergewöhnlich.

Hinrichtung der Baselbieter Anführer im Bauernkrieg am 14. Juli 1653.

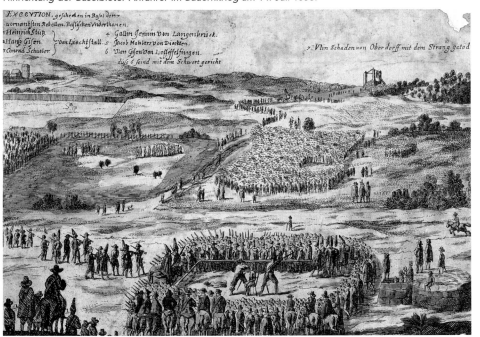

Der Aufstand

Ende 1652 werteten die Berner und Luzerner Obrigkeiten überraschend den Batzen, die Alltagswährung, ab. Für die Bevölkerung war die Abwertung ein Schock angesichts einer seit mehreren Jahren andauernden wirtschaftlichen Depression. Nach langer Unzufriedenheit über die herrschaftliche Wirtschafts- und Steuerpolitik regte sich auf der Luzerner und Berner Landschaft bald offener Widerstand. Als dieser ein bedrohliches Ausmass anzunehmen drohte, rief dies andere eidgenössische Orte und die Tagsatzung auf den Plan.

Auch die Basler Regierung schickte Mitte März 1653 200 Soldaten zur Unterstützung der bedrohten Obrigkeiten nach Aarau. Dadurch aber kamen nun auf der Basler Landschaft die Dinge ins Rollen. Soziale Spannungen, die anhaltende Wirtschaftsdepression, die obrigkeitliche Fiskalpolitik – insbesondere das 1627 eingeführte Soldatengeld, eine Vermögenssteuer, mit welcher Basel seine Stadtgarnison während des Dreissigjährigen Kriegs mitfinanzierte –, die Beschränkung von politischen und wirtschaftlichen Handlungsfreiheiten sowie die willkürliche Bussenpraxis der Landvögte hatten seit langem auch im Baselbiet für Unzufriedenheit gesorgt, die sich nun – provoziert durch den Truppendurchzug – Luft verschaffte.

Aus den Baselbieter Ämtern Waldenburg, Homburg, Farnsburg, Ramstein und Liestal kamen die Leute in der Folge mehrere Male zu grossen Versammlungen zusammen und richteten Bittschriften an die Stadtbasler Obrigkeit, in denen sie vor allem Steuererleichterungen und Besserung bei der Rechtssprechung und der Bussenpraxis forderten. Die Baselbieter nahmen Kontakt zu den Solothurner Bauern auf, beteiligten sich mit Delegationen an den grossen Landsgemeinden in Sumiswald und Huttwil und traten dem Bauernbund bei. Dieser Bund, dessen treibende Kräfte die Bauern aus dem Entlebuch und dem Emmental waren, zu dem aber auch die Solothurner Untertanen gestossen waren, war für die damalige Zeit aussergewöhnlich. Zum ersten Mal in der Schweizer Geschichte hatten sich Untertanen verschiedener Orte gemeinsam organisiert. Während in der Folge dieser Bund vor allem die beiden zentralen Bauernkriegsregionen von Bern und Luzern stärkte, blieb sein Einfluss auf das Baselbiet weitaus geringer. Im Bern- und Luzernbiet kam es denn auch zu einem grossen Aufstand mit blutigen Auseinandersetzungen und sogar zu Belagerungen der beiden Orte Bern und Luzern durch Bauernheere. Im Baselbiet revoltierten die Untertanen hingegen nicht mit dieser Vehemenz, wobei es auch hier nach Verhandlungen von Regierung und Vertretern der Untertanen zu prekären Situationen kam. So, als die Stadt im April Truppen nach Liestal schickte, nachdem auf der Landschaft obrigkeitstreue Dorfbeamte von den eigenen Dorfbewohnern bedroht worden waren. In solchen Situationen waren die Landschäftler rasch mobilisiert. Sie zogen mit einem grossen Aufgebot vor Liestal und zwangen die städtischen Truppen zum Abzug. Weiter gingen sie indessen nicht.

Das Ende der Auseinandersetzung auf der Basler Landschaft war dann allerdings wieder durch externe Faktoren bestimmt. Als nämlich im Mai 1653 das grosse Heer der Tagsatzung die bäuerlichen Truppen im Bern- und im Luzernbiet blutig niedergeschlagen hatte, bedeutete dies auch das Ende der Initiative der Baselbieter. Entmutigt durch die Niederlage der übrigen Untertanen, gaben die Baselbieter ihren Widerstand auf. Was allerorts folgte, war obrigkeitliche Repression.

Konfliktformen, Forderungen und herrschaftliche Strafjustiz

Deutliche Zusammenhänge der Ereignisse auf der Basler Landschaft mit jenen im Emmental und Entlebuch sind nicht von der Hand zu weisen. Ohne die Impulse aus diesen Gebieten wäre es auf der Basler Landschaft kaum zu einem Konflikt dieses Ausmasses gekommen. Und auch das Ende der Auseinandersetzung war bestimmt durch die Niederlage der Bauern in Luzern und Bern. Bei genauerem Hinsehen bemerkt man jedoch, dass die konkreten Verbindungen vergleichsweise schwach blieben und markante Unterschiede in der Vorgehensweise der Untertanen in den verschiedenen Gebieten bestanden.

Am deutlichsten zeigen sich die Unterschiede bei den Konfliktformen. Während sich die Landbewohner von Luzern und Bern militärisch organisierten, ihre Hauptorte belagerten, und es schliesslich zu bewaffneten Auseinandersetzungen kam, beschränkten sich die Baselbieter auf herkömmliche Widerstandsformen, das heisst auf konspirative Treffen, Drohungen, öffentliche Eidschwörung, Gehorsamsverweigerung und Abfassung von Beschwerdebriefen. Wenn sie zu den Waffen griffen, so geschah dies in Reaktion auf obrigkeitliche Massnahmen, wie dies die Ereignisse bei der Besetzung von Liestal zeigten.

Deutliche Unterschiede zeigen auch Forderungen und Legitimation des Widerstands. Finden sich in den Bittschriften der Entlebucher und Emmentaler – gestützt auf den Bauernbund – politische Forderungen, welche die bestehenden Herrschaftsverhältnisse tangierten, so sucht man in den Bittschriften der Basler Landschaft vergebens nach solchen Elementen. Den Baselbietern ging es durchwegs um die Beseitigung konkreter Miss-stände, um Steuern, Salzmonopol und landvögt-liche Willkür. Analog dazu beriefen sie sich auf altes Recht und Herkommen, während die Entle-bucher und Emmentaler zusätzlich eidgenössische Freiheiten anführten und sich als Teil des eid-genössischen Bundes verstanden. Dies war für die damalige Zeit schon fast revolutionär.

Angesichts dieser Unterschiede erstaunt hin-gegen die in Basel überaus harte herrschaftliche Strafjustiz im Anschluss an die Auseinandersetzung. Sieben Untertanen wurden hingerichtet, weitere sieben zu langjährigen Galeerenstrafen verurteilt, sowie Gefängnisstrafen und hohe Bussen verhängt. Mit Vermögenskonfiskationen entschädigte sich die Obrigkeit für den erlittenen finanziellen Schaden, und mit dem Entzug politischer Privilegien setzte sie alten Autonomiebestimmungen der Landschaft ein Ende. Damit übertraf sie die Strafjustiz der übrigen Orte, ausgenommen Bern, wo insgesamt 23 Hinrichtungen vollstreckt wurden.

Regionale Unterschiede – weshalb ?

Wichtige Faktoren für die diversen Unterschiede waren die periphere geografische, die wirtschaftli-che und die politische Lage Basels in der Eidgenos-senschaft. Dadurch dass die zentralen Bauern-kriegsregionen weit entfernt und schwierig zu erreichen waren, konnten die Untertanen keine engen und kontinuierlichen Verbindungen auf-bauen bzw. auf alltägliche Kontakte zurückgreifen, wie sie beispielsweise zwischen dem Emmental und dem Entlebuch bestanden. Die Kontakte be-schränkten sich im Bauernkrieg auf kleine Delega-tionen, welche die grossen Landsgemeinden im Emmental besuchten. Das hatte zur Folge, dass die Ideen des Bauernbundes, welcher weitergehende politische Rechte für die Landbevölkerungen rekla-mierte und implizit die bestehenden politischen und gesellschaftlichen Strukturen in Frage stellte, auf der Basler Landschaft kaum zum Tragen kamen. Auch zu den eidgenössischen Zentralorten, deren Geschichte und politische Strukturen den Entle-buchern und Emmentalern als Vorbilder dienten, hatten die Baselbieter keine unmittelbare Bezie-hung. Dementsprechend fehlten sie ihnen als Be-zugspunkte.

Wesentlich waren auch strukturelle Unter-schiede. So handelte es sich beim Entlebuch und beim Emmental um Viehzucht- und Milchwirt-schaftsgebiete, die enge Handelsbeziehungen zum Ausland unterhielten. Das Baselbiet, karg und noch weitgehend in traditionellen Agrarstrukturen ver-haftet, war hingegen kaum ‹kommerzialisiert›. Eine Wirtschaftsdepression traf deshalb die voralpinen Regionen weitaus stärker und machte sie empfind-licher gegenüber nachteiligen herrschaftlichen Massnahmen. Dies dürfte mit ein Grund für die Intensität des Protests gewesen sein. Gleichzeitig hatte die Wirtschaftsstruktur im Entlebuch und im Emmental eine Reihe wohlhabender Bauern her-vorgebracht. Deren Selbstbewusstsein verband sich mit einer vergleichsweise hohen regionalen politi-schen Autonomie. So hatte die Verbindung von wirtschaftlicher Potenz und politischer Selbstver-waltung das Auftreten von Leaderfiguren ermög-licht, die für die Organisation des überregionalen und dauerhaften Widerstands unabdingbar waren. Darüber hinaus erleichterte das Vorhandensein starker regionaler politischer Einheiten die gross-räumige Organisation des Widerstands. All dies sucht man im kleinräumigen und kargen Baselbiet vergebens.

Wenn die Basler Obrigkeit bei den obrigkeit-lichen Strafmassnahmen im Anschluss an den Aufstand besondere Strenge walten liess, spielte ebenfalls die geografische und politische Randlage eine wichtige Rolle. Nachdem nämlich Basel im April 1653 versucht hatte, die bedrohten Regierun-gen von Bern und Luzern mit Truppen für den Ein-satz im Entlebuch und im Emmental zu unterstüt-zen, dieses Vorhaben jedoch am Widerstand der eigenen Untertanen gescheitert war, musste die Regierung auf weitere militärische Hilfeleistungen verzichten. Die Stadt konnte sich in der Folge aus-schliesslich mit den eigenen Untertanen beschäfti-gen. Während die eidgenössischen Truppen unter Zürcher und Berner Kommando im Mai und Juni 1653 den Aufstand fern von der Basler Landschaft niederschlugen, gestaltete Basel die Konfliktbewältigung weitgehend selbstständig. Durch diese Autonomie fehlte jeglicher mässigende Einfluss von eidgenössischen Instanzen, wie er etwa in Luzern zu beobachten ist, wo die katholischen Stände für eine zurückhaltende Bestrafung eintraten.

Diese Konstellation trug dazu bei, dass die baselstädtische Regierung um Bürgermeister Johann Rudolf Wettstein mit der tatkräftigen ideellen Unterstützung von Kirche und Wissenschaft ihr hartes Strafgericht entfalten konnte. Sie verschaffte einer absolutistischen Herrschaftsauffassung Geltung und räumte mit ungeliebten ländlichen Privilegien auf, insbesondere mit den politischen Rechten des Städtchens Liestal, das die obrigkeitliche Repression besonders stark zu spüren bekam. In Basel bedeutete das Jahr 1653 denn auch einen Meilenstein in der Durchsetzung des städtischen Herrschaftsanspruchs.

Langfristig gelang es allerdings keiner der im Bauernkrieg involvierten Obrigkeiten, ein absolutistisches Regime nach französischem Vorbild durchzusetzen. So erfüllte die Basler Regierung nach einigen Jahren stillschweigend wichtige Forderungen der Untertanen. Und keine städtische Obrigkeit konnte bis zum Ende des Ancien Régime ihr Steuersystem modernisieren und direkte Steuern nach französischem Vorbild einführen. Der vehemente Protest der Untertanen 1653 dürfte – nebst einer Reihe weiterer Faktoren – mit dazu beigetragen haben, dass sich in den Untertanengebieten der eidgenössischen Städte der Absolutismus nur in abgeschwächter Form durchsetzen konnte.

‹bauern begehren auf baselbieter gedenken 1653ff.› – die Ausstellung in Liestal

Das Gedenken an die regionalen Ereignisse des ‹Bauernkriegs› vor 350 Jahren fand seine Form 2003 weder in einer Denkmalerrichtung (1903/04) noch in einem Erinnerungsfest mit folkloristischem Umzug, Ansprachen und Musik (1953), sondern in einer Ausstellung im Dichter- und Stadtmuseum Liestal (3.6. bis 12.10.2003).

Tonbildschauen, Objekte, Texte und eine Tonstation mit Verhörauszügen führten in die ferne Welt um 1650 ein, machten politische und wirtschaftliche Lebensumstände begreifbar, beleuchteten Ziele und Ablauf des Aufstandes im Gesamtzusammenhang. Dabei wurde der Bauernkrieg als das erinnert, was er für das Baselbiet war: ein Aufstand von älteren, angesehenen Untertanen – viele davon nur als Selbstversorger landwirtschaftlich tätig –, die mit ausgefeilten Bittschriften für fiskalische und wirtschaftliche Erleichterungen kämpften – ‹kriegerisch› wurden die Auseinandersetzungen nur am Rande. Erst im Bund mit den anderen aufständischen Untertanen in der Eidgenossenschaft kamen politische Forderungen hinzu. Dafür wurden die Baselbieter von der Obrigkeit hart bestraft. Die Spitze der Basler Urteile bildeten sieben Hinrichtungen.

Diese Opfer standen später im Zentrum der Erinnerung. Das Liestaler Denkmal stilisierte die Hingerichteten 1903/04 – nachdem die einstigen Untertanen ihre Bürgerrechte errungen und die politische Unabhängigkeit von Basel erstritten hatten – zu frühen Freiheitshelden gegenüber der städtischen Herrschaft. Die Ausstellung von 2003 begriff dieses historische Gedenken als Denk-Mal seiner Zeit und regte dazu an, über den Ort des Bauernkriegs in der heutigen Erinnerungslandschaft nachzudenken.
Sabine Kronenberg

Archäologie und Denkmalpflege

Themen

- Augusta Raurica war einst Schauplatz der ersten wissenschaftlichen Ausgrabungen in Mitteleuropa. Heute wird das römische Theater mit grossem Aufwand nicht nur saniert, sondern zum Teil rekonstruiert: eine Baustellenbesichtigung von Thomas Hufschmid.
- Immer wieder stösst die Archäologie auf Überreste vor Jahrhunderten bestatteter Menschen. Was die Funde an Erkenntnissen, aber auch an Schwierigkeiten bringen, zeigt die Freilegung des jüdischen Friedhofs im Kollegiengebäude der Universität: ein Grabungsbericht von Christoph Philipp Matt.

Damit wir «in ervahrung bringen mechten, was ess doch fir ‹ein seltzam werck› gwesen ist»

Thomas Hufschmid

Baudokumentation und Restaurierung am Römischen Theater von Augst

Die 1996 in Angriff genommenen Sanierungsarbeiten am Römischen Theater von Augusta Raurica dienen zwar primär der Erhaltung des Monumentes, liefern aber, dank der begleitenden wissenschaftlichen Bauaufnahme, auch eine Palette von neuen archäologischen Erkenntnissen. Um die Attraktivität als moderner Veranstaltungsort für Freilichtaufführungen zu erhöhen, wurde ein Teil der Sitzstufen des Theaters rekonstruiert. Nicht zuletzt werden damit auch die architektonischen Qualitäten des Bauwerks wieder klarer lesbar.

Ergänzter Grundrissplan mit den drei Theaterphasen und den zum Teil umfangreichen Reparaturen am jüngeren szenischen Theater. Stand 2002.

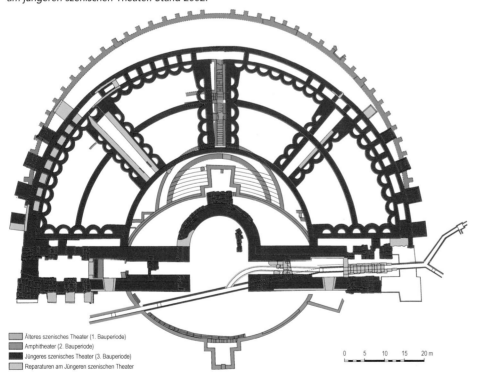

- ☐ Älteres szenisches Theater (1. Bauperiode)
- ☐ Amphitheater (2. Bauperiode)
- ■ Jüngeres szenisches Theater (3. Bauperiode)
- ☐ Reparaturen am Jüngeren szenischen Theater

0   5   10   15   20 m

Im Blickfeld der Humanisten

Die wissenschaftliche Erforschung des Römischen Theaters von Augst reicht bis in die Spätrenaissance zurück. Auf Anregung des Basler Rats kam es bereits 1582 bis 1585 durch Andreas Ryff zu ersten Ausgrabungen auf dem Gelände der Theaterruine.[1] Bemerkenswert ist, dass die 1 200 Gulden teure, von der Stadt Basel mitgetragene Unternehmung primär aus wissenschaftlicher Motivation oder, wie sich Ryff ausdrückt «[…] allein umb wunders willen» erfolgte. Es waren aber vor allem die anschliessenden Arbeiten von Basilius Amerbach und Hans Bock d. Ä., die massgeblich zum Verständnis des Bauwerks beitrugen. Zwischen 1588 und 1590 vermassen und beschrieben der Kunstmaler Bock und der Jurist und Humanist Amerbach die Ruine genauestens, so dass Amerbach bereits im März 1589 den Schluss zog: «putarem theatrum esse aut amphitheatrum» («Ich denke, dass es ein Theater oder Amphitheater sein muss»).[2] Dieser Kenntnisstand erweiterte sich im Verlauf der folgenden 300 Jahre kaum. Erst 1903 kam wieder Bewegung in die Forschung, als der Basler Lateinlehrer und Antikenfreund Theophil Burckhardt-Biedermann in Zusammenhang mit der vollständigen Freilegung des Monumentes feststellte, dass in Augst die Überreste dreier übereinander errichteter antiker Theaterbauten vorliegen, die sich zeitlich abgelöst haben.[3]

Der Zahn der Zeit

Gekoppelt mit den Ausgrabungsarbeiten war leider nicht nur die wissenschaftliche Erkenntnis, sondern auch der beginnende Zerfall des exponierten Kalksteinmauerwerks. Erste umfassende Restaurierungsmassnahmen wurden daher bereits zu Beginn des 20. Jahrhunderts, unmittelbar nach der Freilegung grosser Teile des Monumentes nötig. Bis Ende der 1930er-Jahre wurde die Grabungstätig-

keit fortgeführt, dann folgten intensive Sicherungs- und Restaurierungsarbeiten, die bis in die späten 1940er-Jahre andauerten. Im Anschluss wurden nur noch kleinere Reparaturarbeiten im Sinne eines rudimentären Bauunterhalts durchgeführt. Als Folge von Pflanzenwachstum und Witterungseinflüssen hat sich im Laufe der Jahre der Zustand der Ruine derart verschlechtert, dass 1988 Teile des Theaters für das Publikum geschlossen werden mussten. Von 1992 bis 1994 wurden statische Abklärungen vorgenommen und erste Restaurierungserfahrungen gesammelt; gleichzeitig wurde auch der Zustand des antiken Bauwerks genauer untersucht. Diese Vorarbeiten dienten als Grundlage für die Ausarbeitung eines Gesamtsanierungsprojekts mit Kosten in der Höhe von 16,35 Millionen Franken, das im Frühling 1996 vom Baselbieter Landrat

Das Theater im Sommer 2003 aus der Vogelschau. Der grösste Teil der Sitzstufenrekonstruktion ist bereits fertiggestellt. Aus der Entfernung tritt die Korbkonstruktion deutlich in den Hintergrund; die Geometrie und die Architektur des Bauwerks werden wieder klarer lesbar.

gutgeheissen wurde.[4] Unter der Federführung des Hochbauamtes des Kantons Basel-Landschaft und in enger Zusammenarbeit mit der Römerstadt Augusta Raurica ist seither ein Team von zwischen 15 und 20 Personen mit der Sicherung und Dokumentation des fast 2000 Jahre alten Gemäuers beschäftigt.

Ein Kampf gegen Wasser und Frost

Nebst natürlichen Faktoren wie Pflanzenbewuchs und Erosion haben im Verlauf der Zeit auch die früheren Restaurierungen zum heutigen Schadensbild beigetragen. Zu Beginn des 20. Jahrhunderts wurden die antiken Bruchsteinmauern mit Portlandzement neu verfugt und abgedeckt. Im Verlauf der Jahrzehnte sind diese Zementabdeckungen rissig geworden, so dass nun Regen- und Schmelzwasser in die Mauerkerne eindringen kann. Im Gegensatz zum antiken Kalkmörtel, durch den Feuchtigkeit an der Maueroberfläche verdunsten kann, verunmöglichen die dichten und harten Zementfugen ein Austreten des im Kern angesammelten Wassers. In der Eindringzone des Frostes entstehen so Risse in den Mauerquäderchen und Löcher im Mauerwerk. Ohne Interventionen führt dies mittelfristig zu ausbauchenden oder abstürzenden Mauerschalen und im Endeffekt zu einer kompletten statischen Destabilisierung des Bauwerks.[5] Dieser komplexen Problematik versuchte man im Rahmen der früheren Restaurierungen beizukommen, indem die schadhaften Mauer*schalen* kurzerhand abgebrochen und durch neue Vormauerungen ersetzt wurden. Da damals aus finanziellen Gründen bei solchen Rekonstruktionen antike Mauerquader zur Anwendung kamen, die in vielen Fällen bereits Haarrisse aufwiesen, ist heute das Steinmaterial dieser Mauerpartien in desolatem Zustand und muss ersetzt werden. Ein beachtlicher Teil der aktuellen Sanierungsarbeiten besteht deshalb in der Erneuerung und Konsolidierung früherer Restaurierungen.

Das oberste Ziel bildet jedoch in jedem Fall die Erhaltung des heute noch vorhandenen antiken Originalbestands. Der Entscheid, den jüngsten der drei von Burckhardt-Biedermann erkannten Thea-

terbauten wieder deutlicher zu zeigen, ermöglichte verschiedene Massnahmen, die der Erhaltung antiker Bausubstanz entgegenkommen. Verschiedenenorts wurden ältere, offen gelassene Sondiergrabungen im Fundamentbereich des jüngsten Theaters zum Schutz der Originalsubstanz wieder zugeschüttet. Ausserdem wurden die bei den Ausgrabungen zu Beginn des 20. Jahrhunderts entfernten Sedimente im Peripheriebereich des Theaters wieder auf das der antiken Zeit entsprechende Niveau aufgehöht. Dadurch lassen sich die noch originalen Mauerschalen der Sockelzone langfristig schützen und konservieren. In den sichtbaren Bereichen muss die marode antike Mauerschale jedoch in teilweise aufwändiger Feinarbeit restauriert werden. Wo möglich, werden die antiken Schalenquader mit Spezialmörtel wieder zusammengeklebt und anschliessend das Mauerwerk mit einem diffusionsfähigen Restauriermörtel auf Kalkbasis neu verfugt.

In statisch stark gefährdeten Zonen wurden die Kalksteinmauern zusätzlich mittels 8 bis 10 Meter langer, im dahinter liegenden Erdreich fixierter, rostfreier Stahlanker gegen mögliche Abstürze gesichert.

Die Rekonstruktion der Sitzstufen

Bereits seit 1938 wird das Augster Theater regelmässig als Veranstaltungsort für Theaterspiele und Freilichtkonzerte genutzt.[6] Eine Bespielung des Monuments soll auch nach Beendigung der laufenden Sanierungsarbeiten wieder möglich sein. In diesem Zusammenhang bildet die Teilrekonstruktion der Sitzstufenränge des jüngsten Theaterbaus ein wichtiges Element des 1996 beschlossenen Sanierungskonzepts. Die Rekonstruktion der Sitzstufen im untersten Rang, der so genannten ‹prima cavea›, dient allerdings nicht nur einer Verbesserung der Nutzungsmöglichkeiten. Da sie die zum Teil sehr fragilen Überreste der älteren Theaterbauphasen überdeckt, leistet sie auch einen wichtigen Beitrag zum langfristigen Schutz der in dieser Zone noch erhaltenen originalen Bausubstanz. In Zusammenarbeit mit Architekten und Konsulenten der Eidgenössischen Kommission für Denkmalpflege wurde für die Gestaltung des Sitzstufenrangs ein Konzept erarbeitet, das sich zwar stark an der antiken Situation orientiert, aber dennoch klar als moderne Baukonstruktion erkennbar bleibt.

Ausgangspunkt für die Rekonstruktion bildeten die wenigen heute noch erhaltenen originalen Sitzstufenquader aus Degerfelder Buntsandstein. Die zum Teil bis 1,8 Tonnen schweren Steinblöcke weisen eine Vielzahl von Behauspuren auf, die Aufschluss über das Erscheinungsbild und die Masse der Stufen geben. Auf der Basis dieser Indizien liessen sich die modernen Sitzstufen mit einer Höhe von 35,5 Zentimeter und einer Tiefe von 65,5 Zentimeter rekonstruieren.[7] Um den Aufbau unmissverständlich als moderne Konstruktion lesbar zu machen, fiel der Entscheid, mit Drahtgitterkörben, wie sie aus dem Garten- und Landschaftsbau bekannt sind, zu arbeiten. Für die Korbfüllungen wurden Brocken aus Buntsandstein verwendet, eine Abdeckung aus Sandsteinplatten verbessert die Benützung. Was sich aus der Nähe als moderne, kleinteilige Konstruktion präsentiert, entfaltet vom gegenüberliegenden Schönbühlhugel aus eine unerwartete Fernwirkung: Von diesem Standort aus treten die Gitterkörbe fast vollständig in den Hintergrund und die farbliche Einheit der Stufen lässt die Geometrie der «cavea» mit den radial angeordneten Treppen und dem horizontal verlaufenden Umgang am Übergang zum zweiten Sitzstufenrang klar hervortreten. Die so entstandene Architektur macht letztlich die ehemalige Form der jüngsten Theaterphase wieder deutlicher lesbar und vermittelt einen Eindruck des vom römischen Baumeister angestrebten Farbenspiels zwischen rotem Sandstein und beigegrauem Jurakalkstein.

Mächtige Hallen …

Im Rahmen des laufenden Projekts erfolgt auch erstmals eine systematische, sich auf sämtliche Mauerzüge erstreckende Dokumentation der heute noch erhaltenen antiken Originalsubstanz. Mit zeichnerischen Handaufnahmen im Massstab 1 : 20 und einer ergänzenden detaillierten Fotodokumentation wird der aktuelle Baubestand festgehalten. Die Aufnahmen dienen als Grundlage für eine wei-

terführende archäologische Bauauswertung, welche neue, bemerkenswerte Erkenntnisse zur Architektur, zum Bauablauf sowie zur Bedeutung der Augster Theater liefert.

So lassen sich etwa im Norden und im Süden des jüngsten Theaters monumentale Eingangshallen nachweisen, wo heute lediglich noch Reste der massiven Quaderfundamente vorhanden sind.[8] Im Zug der zeichnerischen Aufnahme festgestellte Risslinien erwiesen sich im Laufe der Untersuchung als der auf den Fundamenten eingeritzte Grundriss einer überwölbten, auf so genannten Gurtpfeilern abgestützten Hallenkonstruktion.[9] Im Verlauf von Sondiergrabungen konnten weitere Bauteile dieser Halle, darunter ein fast zwei Tonnen schwerer Keilstein eines Eingangsbogens, geborgen werden, so dass sich die Architektur in vielen Details re-

Isometrischer Rekonstruktionsversuch der südlichen Eingangshalle, Schnitt in der Längsachse. Eine Reihe von so genannten Gurtpfeilern (1) stützt die Gewölbearchitektur (2) der Halle. Zwischen den Pfeilern führt ein beidseits von Nischen (3) gerahmter Durchgang (4) in ein Treppenhaus, das die Halle mit dem Umgang des ersten Sitzstufenrangs verbindet.

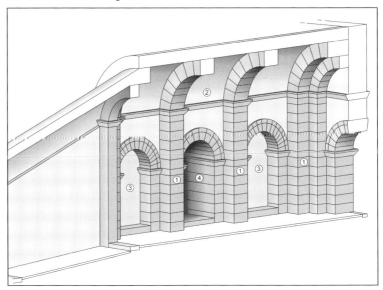

konstruieren lässt: Durch drei überwölbte, von Strebepfeilern voneinander abgesetzte Eingänge in der Fassadenmauer gelangte man in die von einem Tonnengewölbe überdeckte Eingangshalle. Im Inneren der Halle wiederholte sich das Schema der drei nebeneinander gesetzten, von Pfeilern abgetrennten Bögen. Allerdings bildete hier lediglich der mittlere einen echten Durchgang, der zu einem dahinter liegenden Treppenhaus führte, während die beiden seitlichen als Nischen ausgestaltet waren, in denen vermutlich Statuen von Gottheiten oder Angehörigen des Kaiserhauses standen.[10]

... und dunkle Kloaken

Im Rahmen des Sanierungsprojekts konnte erstmals auch der grosse Abwasserkanal, welcher unter der Fassadenmauer des jüngsten Theaterbaus hindurch das ganze Theatergelände quert, eingehend untersucht und dokumentiert werden. Wie sich gezeigt hat, geht der Kanal in seiner Anlage vermutlich auf die zweite Theaterbauphase zurück, wo er zur Entwässerung der Arena des Amphitheaters diente.

Die mehrphasige Bauweise zeichnet sich vor allem im Deckengewölbe ab, dessen ursprüngliche Bauphase aus radial gestellten, mit Kalkmörtel gebundenen Buntsandsteinplatten besteht. Zu einem späteren Zeitpunkt, vermutlich mit dem Bau des jüngeren szenischen Theaters, wurde das Gewölbe gegen Süden verlängert.[11] Dieser erweiterte Abschnitt besitzt ein so genanntes Gussgewölbe, eine Bauweise, bei der reichlich Kalk-

Isometrischer Rekonstruktionsversuch der nördlichen Eingangshalle, Aussenfassade aus der Vogelschau.
Zwischen flachen Strebepfeilern führen mächtige Gewölbebögen aus Sandstein in das Halleninnere.

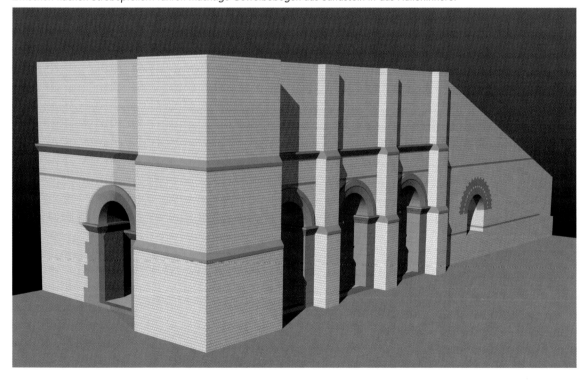

mörtel vermischt mit Kalksteinbrocken auf eine Holzschalung aufgebracht wurde. Die Negativabdrücke dieser Schalungsbretter haben sich bis heute deutlich im Gewölbemörtel erhalten. Zur Gewährleistung des Unterhalts und der Reinigung des antiken Kanalsystems führten in regelmässigen Abständen Wartungsschächte von oben durch das Gewölbe. Einer dieser Schächte im Süden des Kanalsystems war mit einer aus Sandsteinplatten gebauten Kammer gekoppelt, in der mehrere kleinere Abwasserkanäle zu einem Hauptstrang zusammenflossen. In ihrer Lage am Fuss der Augster Oberstadt diente die Kammer vermutlich als Ausgleichsbecken für die zum Teil steil abfallenden Zuflusskanäle aus dem zentralen Teil des Stadtgebiets.[12]

Anmerkungen

1 Andreas Heusler-Ryhiner, ‹Andreas Ryff. Die Ausgrabung des Theaters zu Augst›, in: Beiträge zur vaterländischen Geschichte, Bd. 9, Basel 1870, S. 166–169. Das als Titel verwendete Zitat von Andreas Ryff aus dem Jahr 1597 ist auf S. 167 wiedergegeben.

2 Brief vom 19. März 1589 an J. J. Rüger. Vgl. dazu auch Theophil Burckhardt-Biedermann, Das römische Theater zu Augusta Raurica, Basel 1882, S. 6 ff.

3 Theophil Burckhardt-Biedermann, ‹Grössere Ausgrabungen am Theater›, in: Basler Zeitschrift für Geschichte und Altertumskunde, Bd. 2, Basel 1903, S. 92–105.

4 Ludwig Berger (mit einem Beitrag von Thomas Hufschmid), Führer durch Augusta Raurica, 6. Auflage, Basel 1998, S. 66 ff.

5 Markus Horisberger/Ines Horisberger (mit Beiträgen von Alex R. Furger und Philippe Rentzel), ‹Das römische Theater von Augst: Sanierungs- und Forschungsarbeiten 1992›, in: Jahresberichte aus Augst und Kaiseraugst, Bd. 14, Augst 1993, S. 55–82.

6 Karl Gotthilf Kachler, Maskenspiele aus Basler Tradition, 1936–1974, Basel 1986.

7 Thomas Hufschmid/Georg Matter, ‹Das römische Theater von Augst: Sanierungs- und Forschungsarbeiten 2001›, in: Jahresberichte aus Augst und Kaiseraugst, Bd. 23, Augst 2002, S. 99–125.

8 Alex R. Furger, ‹Die Grabungen von 1986/1987 an der Nordwestecke des Augster Theaters›, in: Jahresberichte aus Augst und Kaiseraugst, Bd. 9, Augst 1988, S. 47–154.

9 Ludwig Berger (mit einem Beitrag von Thomas Hufschmid), Führer durch Augusta Raurica, 6. Auflage, Basel 1998, S. 74 ff.

10 Thomas Hufschmid (mit einem Beitrag von Ines Horisberger-Matter), ‹Das römische Theater von Augst: Sanierungs- und Forschungsarbeiten 2002›, in: Jahresberichte aus Augst und Kaiseraugst, Bd. 24, Augst 2003, S. 131–157.

11 Thomas Hufschmid/Georg Matter/Markus Horisberger, ‹Das römische Theater von Augst: Sanierungs- und Forschungsarbeiten 2000›, in: Jahresberichte aus Augst und Kaiseraugst, Bd. 22, Augst 2001, S. 135–154.

12 Thomas Hufschmid (mit einem Beitrag von Ines Horisberger-Matter), ‹Das römische Theater von Augst: Sanierungs- und Forschungsarbeiten 2002›, in: Jahresberichte aus Augst und Kaiseraugst, Bd. 24, Augst 2003, S. 131–157.

Der mittelalterliche Judenfriedhof unter dem Kollegienhaus

Christoph Philipp Matt

Ein Zeuge der jüdischen Gemeinde von Basel

In der mittelalterlichen Stadt Basel gab es während wenigstens 200 Jahren eine jüdische Gemeinde. Die Standorte ihrer Synagogen, Häuser und Friedhöfe sind einigermassen gut bekannt. Trotzdem kam bei Umbauten im Dezember 2002 der alte Friedhof etwas überraschend unter dem Kollegienhaus der Universität zum Vorschein. In der Folge wurden etwa 60 Bestattungen geborgen. Sie geben Aufschluss über Leben und Sterben der Basler Juden. In der Zwischenzeit sind die Gebeine auf dem Israelitischen Friedhof an der Theodor Herzl-Strasse wiederbestattet worden.

Das Kollegienhaus der Universität Basel wurde in den Jahren 1937 bis 1939 erbaut. Von 2001 bis 2003 haben Universitätsverwaltung und Hochbauamt umfassende Renovationen ausführen lassen. Dabei wurde im Trakt am Petersplatz ein neuer Keller abgetieft. Anfang Dezember 2002 hat das Bauunternehmen mit dem Aushub begonnen und stiess dabei schon nach wenigen Stunden auf menschliche Skelettreste. Die Arbeiten wurden sofort gestoppt und die Archäologische Bodenforschung beigezogen, die für die wissenschaftlichen Untersuchungen archäologischer Funde verantwortliche Behörde.

Problematisch war die Entdeckung insofern, weil es sich um Bestattungen aus dem jüdischen Friedhof handelt, und die jüdische Religion Störung der Totenruhe verbietet, auch wenn die Gräber schon vor Hunderten von Jahren angelegt wurden. Andrerseits lagen sie im Bereich eines für das Funktionieren des Universitätsgebäudes unumgänglichen Kellers, und der Amtsauftrag an die Archäologische Bodenforschung verlangt, dass sie in solchen Fällen die archäologischen Zeugen der Stadtgeschichte vor der Zerstörung berge und dokumentiere. Immerhin konnte dank Umprojektierungen ein weiterer Kellereinbau vermieden werden. Dies war ebenso im Sinne der jüdischen Glaubensvorschriften wie im Interesse der Archäologischen Bodenforschung, welche den ungestörten Verbleib archäologischer Kulturgüter im Boden einer langwierigen Ausgrabung vorzieht.

Die Fundlage hat die Beteiligten überrascht, weil der aus dem 13. und 14. Jahrhundert überlieferte Friedhof etwas weiter westlich erwartet worden war, etwa im Bereich der Aula am Spalengraben.

Die entdeckten Gräber mussten in einer Notgrabung geborgen werden. Dies geschah in enger Zusammenarbeit mit Bauleitung, Universitätsverwaltung, Baugeschäft und mit Vertretern der Israelitischen Gemeinde Basel, die umgehend orientiert worden war. Archäologische Zeugnisse sind generell wichtig für die Stadtgeschichte, und insbesondere mit menschlichen Skelettresten ist zudem pietätvoll umzugehen, aus welcher Epoche, Kultur und Religion sie auch immer stammen. Es war für alle Beteiligten selbstverständlich, dass die Bergung sorgfältig durchzuführen war. Auch wurde vereinbart, dass man die Gebeine zwar anthropologisch untersucht, auf Eingriffe jedoch verzichtet, und dass die Gebeine baldmöglichst der Israelitischen Gemeinde zur Wiederbestattung auf dem heutigen jüdischen Friedhof an der Theodor Herzl-Strasse übergeben werden. Die Wiederbestattung geschah in mehreren Etappen zwischen April und Anfang Juni 2003 im Rahmen von nach jüdischem Ritus zelebrierten Beerdigungsfeiern.

Die Gräber

Bereits beim Bau des Kollegiengebäudes im Jahre 1937 wurden um die 150 Bestattungen gefunden, doch gibt es über deren Lage keine Informationen. Auch diese Funde wurden damals wiederbestattet (auf dem jüdischen Friedhof erinnert ein Denkmal an dieses Ereignis). – Die Fläche des neuen Kellers beträgt rund 6,5 auf 25 Meter. Am nördlichen und südlichen Rand war das Areal durch die Fundamente des Baus von 1937 allerdings stark angeböscht. Die Gräber lagen jeweils ähnlich wie auf einem heutigen Friedhof in Reihen. Sie waren West–Ost-orientiert mit Blick nach Osten: nach Jerusalem, wie dies der jüdische Ritus verlangt.

Wie die Gräber an der Oberfläche gestaltet waren und wie der Friedhof ehemals ausgesehen hat, bleibt unbekannt, denn der originale Friedhofboden ist nicht mehr erhalten. Zwar gibt es verschiedene Grabsteine aus dem Friedhof, doch auf den Ausgrabungen wurde lediglich ein kleines Bruchstück mit nur zwei hebräischen Buchstaben gefunden – zu wenig, um daraus etwas abzulesen. Die Grabstellen (zumindest der Erwachsenen) überschneiden sich nie, sie müssen sich oberirdisch somit klar abgezeichnet haben. Die Gräber waren ziemlich tief, wenigstens 1,8 Meter weit, in den Boden eingegraben. Die steil und eng angelegten Grabgruben zeichneten sich im hellen Kies der Umgebung deutlich ab. Etwa die Hälfte der Erwachsenengräber liess Holzsärge erkennen – oder zumindest erahnen, denn das Holz war natürlich bis auf winzige Splitter völlig vergangen. Sargnägel gaben jedoch oft klare Hinweise. Das Haupt der Toten war meist, mit Blick nach Osten, gesenkt, manchmal seitlich abgekippt. Die Arme lagen seitlich am Körper, eine Hand ruhte jedoch häufig auf Becken/Oberschenkel.

Ein auffälliges Merkmal waren die ‹Erdkissen› der Erwachsenen. Die Köpfe waren darauf gebettet beziehungsweise oft regelrecht in diese Erde einge-

Eine der dreissig Erwachsenen-Bestattungen.

senkt, deren klare Aussenbegrenzung ihrerseits oft die Sargform wiedergab. Im hellen Kies des umgebenden Materials haben sich diese dunklen ‹Kissen› überaus deutlich abgezeichnet. Die Deutung scheint zunächst klar: Der jüdische Ritus verlangt, dass den ausserhalb Israels im Exil verstorbenen Juden und Jüdinnen etwas Erde vom ‹Gelobten Land› ins Grab mitgegeben wird. Dies wurde hier offenbar bei den erwachsenen Toten praktiziert, doch die Gräber der Jugendlichen, Kinder und Kleinkinder enthielten diese Kissen nicht oder vielleicht bloss in geringstem Ausmass, so dass sie bei der Ausgrabung nicht zu erkennen waren. Irritierend war auch die Menge: jeweils einige Liter Material. Dies scheint im Vergleich zur heute auf dem Basler Judenfriedhof beigegebenen symbolischen Menge sehr viel; zudem kamen in einigen Fällen kleine Tonscherben zum Vorschein, die eindeutig von Produkten Baslerischer Hafner stammen. – Ob man die symbolische Palästina-Erde mit einheimi-

Ein Grabstein vom Basler Judenfriedhof, 1349 als Abdeckung der Gegenmauer am St. Alban-Graben verwendet, 1984 bei Tiefbauarbeiten entdeckt und durch die Archäologische Bodenforschung dokumentiert.

scher gewissermassen gestreckt hat, damit es beim Einsargen besser aussah? – Kleine und kleinste Fragmente von mittelalterlichen Gefässen und Tierknochen wurden gefunden. Es handelt sich dabei jedoch schlichtweg um Objekte, wie sie damals vor den Toren der Stadt überall herumlagen und beim Aufgraben des Bodens aufgewühlt und in die Grabgruben gelangen konnten. Eigentliche Beigaben sind jedenfalls unüblich. Erhaltungsfähige Trachtbestandteile (z.B. Gürtelschnallen) wurden auch nicht gefunden, wurden und werden doch die jüdischen Toten in einem einfachen weissen Leinengewand bestattet.

Die Leichen jugendlicher Verstorbener waren ebenso leicht an ihrer geringeren Körpergrösse zu erkennen wie an ihren Grabgruben: Sie waren in rund 1,3 Meter Tiefe, also um die 50 Zentimeter weniger tief begraben worden als die Erwachsenen. Holzsärge liessen sich jeweils nicht erkennen; man wird sich also mit einem Leichentuch begnügt haben. Diese Bestattungen lagen meist in den Erdstegen zwischen den Erwachsenen; Grabsteine waren für Kinder und Jugendliche wohl nicht üblich. Und nochmals höher lagen die feinen Gebeine der Säuglinge und bei der Geburt Verstorbenen. Da kam das eine oder andere Skelettchen auch mal über eine bereits bestehende Grabgrube zu liegen.

Die aufgefundenen Gräber verraten natürlich nicht alles über die jüdischen Grabsitten. So lässt sich zum Beispiel nicht ablesen, dass jeweils eine Beerdigungsbruderschaft, die Chewra Kadischa, die Beerdigung übernahm, oder dass die Kohanim, die männlichen Nachkommen des ersten Hohepriesters Aaron, jeweils am Rande des Gräberfeldes bestattet werden. Bei aller Tradition über die Zeiten und Länder hinweg wird es jedoch örtliche Eigenheiten bei der Grablegung gegeben haben, die mangels historischer und archäologischer Quellen unbekannt bleiben.

Die Juden im mittelalterlichen Basel
Beginn, Grösse und Bedeutung der Basler Judengemeinde sind wegen der dürftigen Quellenlage schwierig zu beschreiben. Ältestes sicheres Zeug-

nis ist der von eben diesem Friedhof überlieferte Grabstein einer Frau Hanna aus dem Jahre 1222 (genauer: dem Jahre 4982 nach jüdischer Zeitrechnung). Etwa in die gleiche Zeit fallen die Erwähnungen jüdischer Darlehen, so dass man den Beginn der so genannten ersten jüdischen Gemeinde meist in der Zeit ‹um 1200› ansetzt. Und im Jahre 1264 wird der Friedhof beziehungsweise die ihn umgebende Mauer explizit erwähnt. Doch nicht alle Gräber auf dem Friedhof unter dem Kollegienhaus müssen zwingend auf die Basler Judengemeinde zurückgehen – auswärtige Juden mochten hier ebenfalls begraben worden sein. Auch aus den in einer alten Quelle überlieferten 570 Grabsteinen lässt sich die Grösse der damaligen Gemeinde nicht hochrechnen, da wegen der Auswärtigen und der ohne Grabstein beerdigten Kinder und Jugendlichen die Totalzahl der Bestatteten ungewiss bleibt. Im 13./14. Jahrhundert werden zu verschiedenen Zeiten über zwei Dutzend Häuser genannt, in denen insgesamt einige Dutzend Juden und Jüdinnen, vielleicht auch mehr, gewohnt haben mochten, doch sehr viel mehr als 100 Leute wird die Gemeinde, deren Synagoge an der Gerbergasse stand, nicht umfasst haben.

Das Ende dieser Gemeinde war schrecklich. Nach Christian Wurstisens ‹Baßler Chronick› aus dem Jahre 1580 war *«Der Pöfel [Pöbel] ... uber die Juden also ergrimmet / das sie den Rath zwungen die Juden zue verbrennen ... Also wurden sie nach Wienachten / des 1348 jars / in ein Ow [Aue] des Rheins in ein hölzin Häuslin zusamen gestossen / unnd jämerlich im Rauch verschicket ... Ihre Begrebnussen zwüschen Gnadenthal und S. Peters Platz ... wurden zerstöret / die auffgerichten Grabstein ... nachmalen zermetzet / und die Maur des inneren Stattgrabens damit bedeckt.»* – der Wahn der Brunnenvergiftung und die Möglichkeit, sich durch die Entledigung der Geldverleiher auch von Schulden zu befreien, haben Anfang 1349 zum Ende der ersten jüdischen Gemeinde geführt. Die damals Ermordeten liegen nicht auf dem ausgegrabenen Friedhof.

Wohl gab es nach 1362 wieder eine gewisse Zuwanderung, sogar eine Synagoge und einen Fried-

hof, bis sich um 1400 auch die so genannte zweite jüdische Gemeinde auflöste.

Vom Friedhof zum Kollegienhaus

Nach Ermordung und Vertreibung der Basler Judengemeinde im Jahre 1348/49 wurde auch der Friedhof verwüstet; das Gebiet wird danach einige Zeit brachgelegen haben. 1438 wurde hier das städtische Korn- und Zeughaus errichtet. Vom Zeughaus selber wurden bei den Ausgrabungen nur einige Mauerzüge gefunden, dazu an manchen Stellen Teile des Bodens. Das seit 1914 nicht mehr als solches genutzte Zeughaus wurde 1936 abgebrochen und durch das heutige Kollegienhaus ersetzt, das, wie die Ausgrabungen des Winters 2002/03 gezeigt haben, über Resten des mittelalterlichen Judenfriedhofes liegt. – Es bleibt zu hoffen, dass die Totenruhe künftig durch keine weiteren Tiefbauten gestört wird.

Wiederbestattung der mittelalterlichen Skelette auf dem Jüdischen Friedhof.

Was Knochen und Zähne verraten

Menschliche Skelettreste geben Auskunft über Leben und Sterben einzelner Individuen oder einer Gruppe. Verschiedene Kriterien ermöglichen der Anthropologin, Sterbealter und Geschlecht zu bestimmen; Rückschlüsse auf die demografische Struktur einer Bevölkerungsgruppe werden möglich. Veränderungen an den Knochen und Zähnen weisen auf Erkrankungen, Verletzungen und Mangelerscheinungen hin. Die Kombination dieser Daten erlaubt, zusammen mit Archäologie und Geschichte ein lebendiges Bild einer betroffenen Gruppe zu erstellen.

Insgesamt konnten rund 60 Bestattungen geborgen werden: 32 Kinder und 30 Erwachsene. Unter den Kindern sind 15 Neugeborene, 11 Kinder sind unter sechs, 6 im Alter über sechs Jahren verstorben. Nur knapp jedes zweite Neugeborene erreichte das erste Lebensjahr. Die Kinder- und insbesondere die Neugeborenen-Sterblichkeit war im Mittelalter allgemein sehr hoch. Infektionen, schlechte Hygiene und Mangelernährung sind die Ursachen. Die medizinische Versorgung hatte längst nicht unser Niveau. Wer jedoch das erste Lebensjahr überstand, besass gute Chancen, erwachsen zu werden.

Mangelerkrankungen wurden bei einigen Kindern festgestellt. An den Knochen liess sich zum Beispiel eine siebartige Struktur am Augenhöhlen- und am Schädeldach nachweisen, was auf eine Eisenmangel-Anämie zurückgeführt werden kann. Häufig waren auch bänderartige oder punktförmige Defekte im Zahnschmelz, Hinweise auf Eiweissmangelernährung oder auf Störungen im Stoffwechsel. Der allgemeine Gebisszustand sehr kleiner Kinder des Friedhofs am Petersplatz war eher schlecht.

Karies war keine Seltenheit. Bei einem 3 bis 4-jährigen Kind wurde eine schwere Parodontose, eine Erkrankung des Zahnhalteapparates, nachgewiesen.

Unter den Erwachsenen konnten 10 Frauen und 17 Männer bestimmt werden; 3 mussten unbestimmt bleiben. Bei den Männern verstarb ein grosser Teil unter 40 Jahren, nur wenige erreichten ein Alter über 50, oder gar 60 Jahre. Auch bei den Frauen verstarben die meisten vor dem Erreichen des 50. Lebensjahres. Sowohl die höhere Anzahl an Männergräbern wie auch die Verteilung der Altersgruppen scheint allerdings an einem nicht repräsentativen Ausschnitt des Friedhofs und der relativ kleinen Anzahl der Bestattungen zu liegen.

Auch der Gebisszustand der Erwachsenen war schlecht. Die Ernährung dieser Bevölkerungsgruppe scheint also keineswegs ausgeglichen gewesen zu sein, und die Zahnhygiene war – wie auch Stichproben christlicher Friedhöfe zeigen – im Mittelalter mehr oder weniger unbekannt.

Hingegen wiesen die Bestatteten eher selten Zeichen so genannter degenerativer Erkrankungen wie Arthrosen an den grossen Gelenken oder Spondylosen an den Wirbeln auf. Auch Spuren von Verletzungen konnten mit einer Ausnahme nicht nachgewiesen werden. Ob der geringe Anteil an Verschleisserscheinungen und Verletzungen ein Hinweis auf weniger physisch belastende Arbeiten sein könnte, muss noch geprüft werden. Immerhin liesse sich diese These durch die bescheidene Ausbildung von Muskelansätzen bestätigen. Historische Abklärungen könnten hier ebenfalls weiterhelfen.

Cornelia Alder/Liselotte Meyer

Literatur

Nadia Guth, Synagoge und Juden in Basel. Israelitische Gemeinde Basel, Basel 1988.

Heiko Haumann u.a., Juden in Basel und Umgebung. Zur Geschichte einer Minderheit. Darstellung und Quellen für den Gebrauch an Schulen, Basel 1999.

Architektur und Städtebau

Themen

- Ulrike Jehle-Schulte Strathaus stellt die neuesten architektonischen Würfe in der Region Basel vor: den Messeturm, die Bahnhofs-Passerelle, das neue Geographische Institut, das Klinikum I des Kantons- spitals sowie das Schaulager.
- Das grösste Logistikzentrum Basels, das Dreispitz- areal, soll aufgewertet werden. Ivan Rosenbusch beschreibt die städtebauliche Vision der Architekten Herzog & de Meuron.

Architektur
für die Öffentlichkeit

Ulrike Jehle-Schulte Strathaus

Der Messeturm, die Bahnhof-Passerelle,
das Geographische Institut, das ‹Frauenspital›, das Schaulager

Eingeladen, einen architektonischen Spaziergang durch die jüngsten Bauten Basels
zu machen, habe ich fünf markante Beispiele ausgewählt, die öffentlichen Charakter
haben, wenn auch in sehr unterschiedlicher Weise. Ich habe mich auf Bauten
beschränkt, die man aufsuchen, um sie herum gehen, sie durchqueren, die Räume
spüren, die Materialien anfassen und riechen kann. Architektur muss am Ort,
will live erlebt werden.

Der Messeturm – das höchste Haus der Schweiz

Mit dem Bau des Messeturms ist ein unüberseh-bares Zeichen entstanden. Im Glaubenskrieg um Hochhäuser haben die Befürworter zurzeit wieder Oberhand. Für die Gegner bedeuten die Wolken-kratzer Sinnbild überheblichen, technologischen Gigantismus' jenseits jeden menschlichen Mass-stabs, während die positiven Stimmen in ihnen Zeichen von wirtschaftlicher Prosperität, techno-logischem Fortschritt und Urbanität feiern. Für Basel setzt der Messeturm ein eindeutiges Signal.

Die Messe, die in den 90er-Jahren Expansions-pläne ausserhalb der Stadt geschmiedet hatte, do-kumentiert mit dem Turm nun deutlich und un-übersehbar ihre Präsenz in der Stadt. 1998 führte dieser Entscheid zu einem Wettbewerb, den nach einigen Überarbeitungen die Architekten Morger & Degelo und Daniele Marques gewannen. Zusam-men mit dem Ingenieur Tivadar Puskas errichteten sie in nur 20 Monaten einen gläsernen Turm, der mit seinen 105 Metern Höhe als höchstes Haus der Schweiz gefeiert wird. Im europäischen Vergleich, erst recht im interkontinentalen, ist die Höhe die-ses Hauses allerdings bescheiden.

Die wenigen hohen Häuser der 50er- und 60er-Jahre stehen am Rand der Stadt. Der Messeturm steht citynah und ist nicht zu übersehen. Auf der Achse Mittlere Brücke – Badischer Bahnhof belegt er den Mittelpunkt eines virtuellen Kreises, dessen Viertelsegment der Rhein in Basel begrenzt und das die Topografie dieser Stadt einmalig charakte-risiert.

Der Turm, als Stahlkonstruktion mit einem Betonkern, ist mit grünlichem Glas verkleidet. Er

Der Messeturm erlaubt einen atemberaubenden Blick auf die Stadt und ihr Umland.

beherbergt in den einzelnen Geschossen die Verwaltung der Messe selbst, ein Hotel, Restaurant und weitere, noch nicht belegte Räume. Er steht einerseits für die Messe und andrerseits für eine derzeitige Auslegung des Typus Hochhaus in Basel. Die massive Auskragung zwischen drittem und fünftem Obergeschoss gilt dem Versuch, das Haus mit der Traufhöhe der Nachbarbauten in die bestehende Struktur einzubinden und gleichzeitig einen Abschluss des neuen Platzes zu definieren. Es ist eine glückliche Fügung, dass der Turm in den verschiedenen Entwicklungsetappen von 90 auf 105 Meter erhöht werden konnte. Er könnte für mich entschieden höher sein. Das ist keineswegs als Vorwurf an die entwerfenden Architekten zu verstehen.

Das neue Wahrzeichen Basels ist aus allen Himmelsrichtungen gut sichtbar.

Die Bahnhof-Passerelle – eine gedeckte Brücke über den Gleisen

Ähnlich wie der Messeturm polarisiert auch die neue Passerelle am Bahnhof SBB die öffentliche Meinung. Sie ist ebenfalls Ergebnis eines Wettbewerbs, gewonnen von den spanischen Architekten Cruz & Ortiz aus Sevilla zusammen mit Giraudi & Wettstein 1996. In unzähligen Leserbriefen werden die Anfangsschwierigkeiten der Zugänglichkeiten beklagt – und darüber vergessen, was dieser Bau eigentlich bedeutet. Er verbindet die City mit dem Gundeldinger-Quartier und wertet dieses auf. Er bricht die streng symmetrische Anlage des historischen Bahnhofs, der sich entlang der Gleise entwickelte, senkrecht auf, zu Gunsten einer diese Gleise überspannenden Fussgängerpassage, die gleichzei-

Das Brückengebäude überquert das Gleisfeld und wird zur zentralen städtebaulichen Verbindung der Innenstadt mit dem Gundeldinger-quartier. Die prägnante Silhouette des gefalteten Daches erinnert an ein topografisches Profil und prägt das zeitgemässe Erscheinungsbild des Bahnhofs SBB.

tig den unterirdischen Zugang zu den Perrons ersetzt.

Die grosse, wellenförmig geknickte, silbern metallen schimmernde Dachsilhouette endet in einer emporschiessenden Geste an der Güterstrasse, im Volksmund ‹Talstation Bruderholz›. Das südliche Ende der Passage, die im Inneren leicht und transparent wirkt, macht in der Güterstrasse eine unverständlich imposante Geste, die durch die – vermutlich nicht endgültige – Nutzung durch einen Elektronikmarkt nicht eingelöst wird. Die im Wettbewerb ‹Südpark› vorgeschlagene Bebauung von Herzog & de Meuron wird diese Situation in jedem Fall entschärfen.

Eine Brücke mit Geschäften ist eine in der städtebaulichen Tradition nicht unbekannte Typologie, es sei nur an den Ponte Vecchio in Florenz oder an die Rialtobrücke in Venedig erinnert. Von diesen historischen Vorbildern lebt der Grundgedanke dieses Bauwerks, der sich mit der neuen Philosophie der Bahnhöfe als Dienstleistungszentren deckt.

Die lichtdurchflutete Passage ist ein wesentlicher Beitrag zum öffentlichen Raum der Stadt Basel. Die Dynamik des Reisens wird mit einer differenzierten Raumfolge umgesetzt, welche die denkmalgeschützte Schalterhalle mit dem neuen südlichen Bahnhofplatz verbindet.

Das Geographische Institut – Öffnung zum Hof

Für die Universität sind zwei höchst unterschiedliche Bauten entstanden, nicht nur was das Volumen betrifft. In direkter Nähe zum neuen Frauenspital liegt das Geographische Institut der Architekten Alioth Langlotz Stalder Buol an der Klingelbergstasse.

Eine hermetisch geschlossene, horizontal gegliederte Glasfassade schützt gegen die Immissionen des Cityrings. Die zurückhaltende äussere Haut verrät zunächst nichts von dem, was im Inneren passiert. In der zweibündigen Anlage mit einem inneren Gang liegen die Büros der Dozenten und Assistenten, im Dachgeschoss eine Aula und ein

kleinerer Seminarraum. Dort findet sich zudem ein Aufenthaltsraum, der in die hofseitige Terrasse mündet. Es ist eine strategische Entscheidung der Architekten, das Haus an diesem mit Verkehrsimmissionen belasteten Ort mit äusserster Zurückhaltung zu behandeln, zur Strasse zu schliessen und es eindeutig auf den Hof hin zu orientieren. Spannende Details entdeckt man beim genaueren Hinschauen, zum Beispiel die Schränke für die hohen Rollen der Landkarten oder die hinter Türen verborgenen Garderoben und Lavabos. Da gibt es keine grossen Gesten wie bei der Bahnhof-Passerelle, aber grosse Qualität im Kleinen.

Im Geographischen Institut verbirgt sich hinter der Glasfassade diskrete Qualität.

Das gläserne Frauenspital

Mit dem Bau des neuen Frauenspitals, korrekt ‹Erweiterungsbau des Klinikums 1 West›, haben die Architekten Silvia Gmür und Livio Vacchini bewiesen, dass auch unter erschwerten Bedingungen scheinbar einfachste Lösungen zu einem grossartigen Ganzen werden können.

Der Neubau schliesst an das bestehende Gebäude des ehemaligen Bürgerspitals an und führt dessen Dimensionen, Geschosshöhen und Hoflösungen fort. Der grosse Kubus auf dem Gelände der ehemaligen Spitalapotheke hat über seine drei sichtbaren Etagen grosse gläserne Fassaden, die im Wechselspiel von Tageszeit und Wetter verschiedene Tönungen annehmen. Mehrschichtig ist diese gläserne Haut, die alle technischen Anforderungen an die Regulierung von Wärme und Licht erfüllen muss. Dahinter ahnt man von aussen den dichten Stützenraster aus weissem Beton, der das einfallende Licht in einen ständig wechselnden Schattenrhythmus bringt. Die Fassade erlaubt den Ausblick aus dem Inneren, nicht aber Einblick von aussen.

In den drei Stockwerken sind das Ambulatorium, darüber die Operationszone, zuoberst die Gebärabteilung untergebracht. Die Anordnung der Räume erfolgte in den einzelnen Geschossen nicht linear, wie man sie meistens in Spitälern antrifft,

Zum umsichtig renovierten Altbau des Klinikums 1 ist ein architektonisches Juwel hinzugekommen.

sondern konzentrisch. Entlang der inneren Fassaden bleibt den Menschen Raum zum Zirkulieren. Zuoberst sind die Gebärzimmer auf einen innen liegenden Hof orientiert, der als bepflanzter, nicht zugänglicher Aussenraum den gebärenden Frauen einen ruhigen, fast meditativen Ausblick gewährt. Von diesem Hof wird das Licht in einer Laterne nach unten geführt, so dass auch in den unteren Geschossen das Tageslicht gegenwärtig bleibt. Die intensiven, reflektierenden, die Räume dominierenden Farben Gelb und Grün schaffen zusammen mit dem Blau der Möblierung eine lichte, freundliche Stimmung, die nichts von einer bedrückenden Spitalatmosphäre aufkommen lässt.

Es ist den Architekten gelungen, dem hochtechnologischen, sich ständig wandelnden Apparat, den ein zeitgenössisches Krankenhaus auszeichnet, gerecht zu werden und gleichzeitig die private Sphäre der Patientinnen so weit wie möglich zu schützen. Sie bedienen sich der primären architektonischen Mittel wie Raum und Form, Licht und Schatten, Material, Farbe und Oberfläche mit einer unvergleichlichen Stringenz.

Die Lichtführung und ein sensibles Farbkonzept zeigen, dass funktionelle Architektur auch poetisch sein kann.

Das Schaulager – eine neue Typologie

Mit dem Schaulager in Münchenstein haben die Architekten Herzog & de Meuron einen Gebäudetyp errichtet, den es bisher noch nicht gab. Für die Kunstwerke der Emanuel Hoffmann-Stiftung, die eine der bedeutendsten Kollektionen zeitgenössischer Kunst besitzt, hat die Präsidentin der Stiftung ein Haus gewollt, das sowohl ‹Lager› wie auch gleichermassen An-‹schau›-Raum ist. Es geht also nicht um ein traditionelles Depot und auch nicht um ein Museum. Es geht vor allem auch um ein

Forschungslabor, in dem einerseits konservatorische Bedingungen und Möglichkeiten der zeitgenössischen Werke untersucht und erprobt werden und das andererseits wissenschaftlich Interessierten zur Verfügung steht.

Der Standort zwischen den anderen Lagerhäusern der Umgebung kommt diesem Anspruch entgegen. Doch anders als diese behauptet sich das Schaulager als Solitär, der ohne die ortsüblichen Beschriftungen auskommt. Das riesige Gebäude hat eine erdige raue Betonfassade, die aus dem Aushub

Im Eingangsbereich wird das Schaulager zum überdimensionierten Schaufenster.

an Ort gegossen und aufgekratzt ist. Die Schwere und Massigkeit der langen Wände, die drei Seiten eines Rechtecks bilden, wird an der vierten Seite polygonal aufgebrochen. Dort ist der grosse, helle konkav geknickte Eingangsbereich. Ein kleines Haus, wie aus einer Kinderzeichnung übernommen, mit der erdigen Haut über Dach und Wänden, macht den Massstabssprung zwischen Gross und Klein deutlich, der diese Situation auszeichnet. Man könnte sich dort auch einen Künstler in Residenz denken oder darin einfach eine Antwort auf die Wohnhäuser der Umgebung sehen.

Im Inneren dominiert die grosse, über alle Stockwerke reichende Halle, die von Zeit zu Zeit für wechselnde Ausstellungen genutzt wird. Die Grösse ist überwältigend, unter anderem auch des-wegen, weil die engen Reihungen der Neonröhren die räumliche Tiefe zunächst verunklären. In den fünf Geschossen werden in langen Reihen von ‹Zimmern› die Kunstwerke untergebracht, nicht verpackt, sondern in der originalen Präsentations-form.

Neben dem krustigen Beton und der weissen Eingangssituation finden sich wellenförmige plastische Fensterschlitze wie vergrösserte Gänge von Regenwürmern im Erdreich und übereinander gereihte Metallgeflechte, die changierend flimmern wie Moiré.

Das Schaulager ist nur bedingt öffentlich. Das wird den Reiz an dieser faszinierenden Grossform erhöhen, mit der die Architekten einmal mehr Neuland entdeckt und erobert haben.

Die erdige, rauhe Betonfassade wurde aus dem Aushub vor Ort gegossen und aufgekratzt.
Die Fensterschlitze erinnern an vergrösserte Gänge von Regenwürmern im Erdreich.

Architektur und Städtebau

‹Vision Dreispitz› *Ivan Rosenbusch*

Vom öffentlichen Materiallagerplatz zum Stadtteil des 21. Jahrhunderts

Dem Dreispitz, dem ehemals von Christoph Merian landwirtschaftlich genutzten Land auf der Grenze von Basel und Münchenstein, ab 1901 für öffentliche Material-lagerplätze erschlossen, seither gewandelt in ein Gewerbe- und Industrieareal mit 50 Hektaren, steht heute ein grundlegender Nutzungswandel bevor: Gemäss der städtebaulichen ‹Vision Dreispitz› wollen die beteiligten Kantone und Gemeinden zusammen mit den Grundeigentümern das Areal aus der bestehenden Struktur herausführen und zu einem eigenständigen Stadtteil formen.

Strukturwandel und Planung

Fünfzig Jahre nach der ersten Erschliessung der Dreispitzfelder durch Strassen und Gleise blickte der Basler Regierungsrat Alfred Schaller 1951 auf die Entstehung zurück und formulierte das Motiv zur Gründung des Dreispitz als Umschlag-, Lager- und Gewerbe-areal folgendermassen: «Die Trennung von Wohn- und Ar-beitsstätten bildet eine der wich-tigsten Forderungen, die die moderne Städteplanung für die Weiterentwicklung unserer Städte erhebt. […] Schon vor 50 Jahren haben unsere Vorfahren die Wichtigkeit dieser Forderung erkannt. In jahrelangen Kämpfen haben sie sich für die Erstellung eines grosszügigen Basler Lager- und Industriebahnhofs einge-setzt.»[1] Nach einem weiteren halben Jahrhundert und einem grundlegenden wirtschaftlichen Wandel haben sich die Anforde-rungen an die räumlichen Struk-turen verändert: Nicht die Un-verträglichkeit von Nutzungen fordert heute die Raumplanung heraus, sondern die fehlende Nachhaltigkeit baulicher Ent-wicklungen, wachsende Mobili-tätsbedürfnisse und der Verlust

Südliches Dreispitzareal und Neumünchenstein, um 1950.

von räumlicher Identität. Als reines Industrie- und Gewerbegebiet entspricht der Dreispitz einerseits seiner Lage in der gewachsenen Agglomeration nicht mehr, andererseits droht das laufende ungesteuerte Wachstum die benachbarten Quartiere mit Verkehr und Lärm übermässig zu belasten und das Areal seiner Qualitäten und nicht zuletzt seines Charmes zu berauben. Daher postulieren die aktuellen Planungen eine Steuerung der baulichen Massnahmen, um negative Auswirkungen zu begrenzen. Das traditionell ansässige Gewerbe soll vermehrt mit neueren, an Bedeutung gewinnenden Dienstleistungsnutzungen durchmischt und das Areal für bisher nicht zugelassene Wohnungen, Bildungs- und Kulturinstitutionen geöffnet werden. Damit kann es zusätzlich belebt und in die Agglomerationsstruktur integriert werden.

Geschichte der Arealentwicklung
Eine lange Planungsphase, die bald nach der Fertigstellung des ersten Centralbahnhofs 1860 begann, ist der Entstehung des Dreispitzareals in der heutigen Form vorausgegangen. In der Diskussion um Erweiterungspläne wurden die ‹Dreispitzfelder› 1870 bis 1873 in einem Gutachten zuhanden des Basler Regierungsrats erstmals als möglicher Standort für einen Umschlagbahnhof genannt. Dem grossen Interesse der Kantonsregierung zur Bereitstellung von Lagerplätzen für den Güterumschlag zu günstigen Konditionen stand die geringe Investitionsfreude der Schweizerischen Centralbahn (eine Vorgängerin der SBB) gegenüber, so dass Verhandlungen erst dreissig Jahre später nach einer Intervention des Bundesrats abgeschlossen wurden. Im Gegenzug zur Erstellung der Zufahrt und der taxfreien Überfuhr der Güterwagen durch die Centralbahn übernahm der Kanton die Kosten für die Anlage der Lagerplätze als Ersatz eines Provisoriums auf dem Wolfareal. Der Bedarf dafür war so gross, dass eine erste Etappe nach Abschluss der Verhandlungen innerhalb von weniger als einem Jahr beschlossen und gebaut wurde. Im Verlauf von weiteren zwanzig Jahren wurden die Lagerplätze kontinuierlich von 7 auf 43 Hektaren vergrössert.

In der Folge wurde das rasante Wachstum durch die Wirtschaftskrise der Dreissigerjahre und den Zweiten Weltkrieg gelähmt, während später der Konflikt grossflächiger Erweiterungspläne mit der Urbanisierung Neumünchensteins die Ausdehnung des Areals Mitte der Fünfzigerjahre auf die heutige Grösse von 50 Hektaren begrenzte. Daraufhin setzte eine Nutzungsintensivierung ein, die der Regierungsrat mit dem Erlass einer Bau- und Nutzungsverordnung sowie dem Ersatz der bisherigen Miet- durch Baurechtsverträge ermöglichte. Seit der letzten Änderung der Verordnung 1990 wurde das davor stagnierende Wachstum mit der Zulassung von Dienstleistungs- und Einzelhandelsnutzungen wiederum stark angekurbelt. Die Nutzungsdifferenzierung geht heute mit einer baulichen Verdichtung einher.

Containerlager inmitten des heutigen Dreispitzareals.

Besondere Eigentumsverhältnisse als Auslöser und Chance der Entwicklung

Während sich die Nutzungen laufend veränderten, blieben die Eigentumsverhältnisse des Areals konstant: Christoph Merian hatte das Land 1840 gekauft und nach seinem Tod der nach ihm benannten Stiftung hinterlassen. Diese bot es der Stadt für den Bau der Lagerplätze zur Pacht an, ein Verkauf hätte dem Wunsch des Stifters nicht entsprochen. Die Stadt setzte eine eigene (Dreispitz-)Verwaltung für das Gebiet ein, die einzelne Lagerplätze an Private weitervermietete. Dies beschränkte die baulichen Investitionen der Nutzer auf die früher typischen Holzschuppen. Die Intensivierung der Nutzung erforderte die Absicherung mit Bau- und Unterbaurechtsverträgen; sie wurden zuerst für das Zollfreilager und 1955 für das gesamte Areal abgeschlossen und machten Stadt und Unterbaurechtnehmer zu Eigentümern auf Zeit.

Die Verträge bilden heute eine wesentliche Einnahmequelle der Stiftung und sichern den Nutzern weiterhin Investitionssicherheit als Grundlage einer Transformation – solange sie weit vor ihrem Auslaufen verlängert werden. Die im Baurechtsvertrag zwischen der Christoph Merian Stiftung und der Stadt Basel bis 2005 vorgesehenen Verhandlungen für eine Vertragsverlängerung waren der Auslöser für den heute laufenden partnerschaftlichen Planungsprozess.

Partnerschaftliche Planung überwindet Grenzen

Den einst schwierigen Verhandlungen zwischen Kanton und Centralbahn sowie den Konflikten zwischen der Stadt Basel als Arealentwicklerin und Münchenstein als Standortgemeinde während der Erweiterungsperiode steht heute eine aussergewöhnliche Partnerschaft in der Planung gegenüber. Die Arbeit an der städtebaulichen Studie, für wel-

Vision für die Nordspitze und die S-Bahn-Station Dreispitz.

che das Architekturbüro Herzog & de Meuron den
Auftrag erhielt, wurde von fünf Planungspartnern
gemeinsam begleitet: von der öffentlichen Hand,
vertreten durch das Baudepartement Basel-Stadt,
der Bau- und Umweltschutzdirektion Basel-Landschaft und der Gemeinde Münchenstein, sowie den
Eigentümern, vertreten durch die Christoph Merian
Stiftung und die Dreispitzverwaltung als Baurecht-
nehmerin (dem Finanzdepartement Basel-Stadt angegliedert).

Idee und Umsetzung der Transformation

Herzog & de Meuron haben eine städtebauliche
Vision[2] erarbeitet, die einerseits die bestehende
Grundstruktur mit über hundert Unterbaurechts-
parzellen und einer intensiven Gleis- und Strassen-
erschliessung aufnimmt und weiterentwickelt,
andererseits die in letzter Zeit entstandene Nut-
zungsdurchmischung und -verdichtung intensi-
vieren will. Gemäss den bestehenden Typologien
formuliert die Studie für drei Bereiche unterschiedliche Entwicklungsziele und definiert die Schlüssel-
projekte, welche eine Transformation einleiten
sollen. Als nächster Planungsschritt hat eine Entwicklungskonzeption des Planungsbüros Ernst
Basler + Partner[3] die Machbarkeit der Vision erwiesen, jedoch auch die Grenzen des Wachstums
im Hinblick auf die Nachhaltigkeit und die Wirt-
schaftlichkeit aufgezeigt.

Die Erkenntnisse und Lösungsansätze der Konzeption sind bis im Frühjahr 2004 in der Vernehmlassung. Unter der Voraussetzung, dass diese keine
wesentlichen neuen Erkenntnisse oder Berichti-
gungen zutage fördert, können folgende weitere
Planungsschritte eingeleitet werden: Der Abschluss
eines städtebaulichen Vertrags zwischen den fünf
Planungspartnern soll zum Ersten die Zusammenarbeit in einer gemeinsamen Trägerschaft konsti-
tuieren und die Ziele der Transformation definieren,
die von einer Entwicklungsgesellschaft umgesetzt
werden könnten. Zum Zweiten sind die Ziele sowohl in Basel und Münchenstein planungsrecht-
lich zu sichern. Und zum Dritten sollen eine neue
S-Bahn-Station, die Integration eines neuen Hoch-
schulstandorts (‹Campus des Bildes›) sowie die

Öffnung und Umnutzung im Zentrum des Areals
(‹Broadway›) die Umsetzung der Vision mit einer
vermehrten Nutzungsmischung und einer Integra-
tion als Stadtteil in der Agglomeration anstossen.
Die Perspektive der ersten Planungsschritte um-
fasst den Zeitraum der nächsten vier Jahre, die
Umsetzung der Vision dagegen wird sich auf einen
Horizont von rund 30 Jahren erstrecken.

Anmerkungen:

1   In: Joseph Fahm, 50 Jahre Dreispitz. Kleine Gedenk-
    schrift zum Anlass des 50jährigen Bestehens der
    öffentlichen Material-Lagerplätze Basel-Dreispitz und
    der kantonalen Industriegleise Basel-St. Johann,
    hg. von der Verwaltung der öffentlichen Lagerplätze
    Basel-Dreispitz, Basel 1951.

2   Herzog & de Meuron, Vision Dreispitz. Eine städte-
    bauliche Studie, hg. vom Baudepartement Basel-Stadt
    u.a., Basel 2003.

3   Ernst Basler + Partner AG, Entwicklungskonzeption
    Dreispitz, Zürich 2003 (unveröffentlicht).

Literatur

Wendelin Briner, Das Dreispitzareal. Eine aktualgeogra-
    phische Bestandesanalyse, Basler Feldbuch, Bd. 3,
    Basel 1988.

Kirche und Religion

Was geschieht mit den Kirchenbauten?

Auf die schwindenden Mitgliederzahlen haben die beiden grossen Kirchen bisher mit dem Zusammenlegen von Kirchgemeinden resp. von Pfarreien reagiert. Doch was geschieht mittelfristig mit den unternutzten Kirchenbauten? Werden sie zu sakralen Denkmälern? Oder gibt es vermehrt Umnutzungen von kirchlichen Gebäuden – wie das Beispiel des Kirchgemeindesaales St. Matthäus zeigt, der jetzt als Begegnungszentrum dient (vgl. den Beitrag von Felix Christ in diesem Band)? Dürfen Gotteshäuser überhaupt profanisiert werden?

Alexander Schlatter beleuchtet die denkmalpflegerischen Aspekte der Restauration der Matthäuskirche; Peter Fierz befasst sich mit Umgestaltungen und -nutzungen von Kirchenbauten.

Weitere Themen

- Franz Osswald porträtiert die beiden Kleinbasler Seelsorger André Duplain und Francisco Gmür, die sich von ihren Gemeinden verabschiedet haben.
- Jetzt können alle Register an der neuen Orgel gezogen werden. Das Basler Münster hat eine neue Orgel; Andreas C. Albrecht stellt sie vor.

Die Restaurierung der Matthäuskirche

Alexander Schlatter

Denkmalpflegerische Aspekte

In vielen Kirchen der Jahrhundertwende (19./20. Jh.) ist die historistische Innen-
ausstattung Renovationen und Modernisierungen zum Opfer gefallen.
Nicht so in der Matthäuskirche, die bis heute fast unverändert erhalten geblieben ist.
Nach der in den Jahren 1999/2000 durchgeführten Aussenrestaurierung konnte
jetzt die sorgfältige Restaurierung des Kirchenraums abgeschlossen werden. Es galt
dabei, den Bedürfnissen der Denkmalpflege wie der Kirchgemeinde Rechnung
zu tragen.

Die Bedeutung des Innenraums

Die Matthäuskirche wurde 1892/96 in einer Zeit errichtet, als sich die Stadt in rasanter Entwicklung befand. Wie die wenig später erbaute Pauluskirche zeugt sie mit ihrer überaus grosszügigen Anlage auf einem im neu entstehenden Stadtquartier eigens dafür ausgesparten, öffentlichen Platz und mit dem hohen Turmbau (dem höchsten Kirchturm Basels) von der geradezu euphorischen Aufbruchstimmung jener Epoche. Das Projekt war aus einem international ausgeschriebenen Architekturwettbewerb hervorgegangen. Von 42 eingegangenen Arbeiten wurde jene von Felix Henry (1857–1920) aus Breslau preisgekrönt, und unter dessen Oberaufsicht führten sie die bekannten Basler Architekten Gustav und Julius Kelterborn aus.

Das Grundkonzept folgte dem damals für protestantische Kirchenbauten modernen, für die Wiesbadener Ringkirche von 1891/93 entwickelten ‹Programm›. Dabei wird von einem Grundriss in der Form eines lateinischen Kreuzes der obere Arm als Chorkapelle durch eine Kanzelwand abgeschnitten, während die Querarme grosse Emporen aufnehmen und entlang des Hauptraumes im Längsarm Seitengänge mit diversen Zugängen einer raschen Erschliessung der für eine grosse Besucherzahl gedachten Kirche dienen. Die Kanzel steht damit im Zentrum eines grossen Auditoriums und versinnbildlicht die zentrale Bedeutung des Gotteswortes im protestantischen Gottesdienst.

Als Formensprache wurde frühe Gotik deutscher Prägung gewählt, die allerdings in dieser Zeit des späten Historismus nicht mehr so vorbildgetreu war wie die Neugotik der Basler Elisabethenkirche von 1857/64. Vielmehr unterwirft sich hier die einheitlich eingesetzte, gotische Detaillierung dem modernen Raumprogramm, wodurch etwas durchaus Neues entstanden ist.

Die Bauweise war äusserst solide, sodass das Gebäude im Verlauf von hundert Jahren nur geringe Schäden aufweisen sollte. Recht aufwändig gestaltete sich auch der Innenausbau. Die schmuckreichen Schreinerarbeiten der Emporenbrüstungen, des Gestühls etc. gipfeln in der prunkvollen Kanzel, während sich die Steinbildhauerarbeiten im Innern auf die zahlreichen Säulenkapitelle beschränken. Eine fröhliche Buntheit umfasste den Raum an den kunstvoll ornamentierten Bleiverglasungen der Fenster und den hellgrün gestrichenen Wänden sowie der hellgelben Decke, die von aufschablonierten Blumenranken eingefasst sind. Als Gipfel dieser Pracht ist die als grosse Nische ausgebildete zentrale Kanzelwand wie ein Orientteppich gänzlich von kräftig farbigem

Ornament überzogen. Zu den qualitätvollen Schmiedearbeiten gehörten die leider grösstenteils abgegangenen Gaslampen, die den Raum als Wandausleger und Kandelaber auf den Emporenbrüstungen zierten. Der zentrale Leuchter ist dagegen eine Zutat der Elektrifizierung in den 1920er Jahren.

Abgesehen von der Grösse dieses Baus und dem dabei vom Staat als damalige Bauherrschaft betriebenen Aufwand ragt dieses Baudenkmal unter Seinesgleichen insbesondere auch dadurch hervor, dass es bis heute fast unverändert erhalten geblieben ist. In der Zeit nach dem Ersten Weltkrieg bis in die 80er Jahre des 20. Jahrhunderts hinein genoss der Historismus nämlich wenig Wertschätzung, und es sind deshalb in der Schweiz (im Ausland kommen die Kriegsverluste hinzu) nur sehr wenige Innenausstattungen dieser Epoche unverändert auf uns gekommen. Auch für die Matthäuskirche wurden mehrfach radikale Veränderungen geplant bis hin zur Diskussion um Abbruch und Neubau. Durch glückliche Umstände und verdienstvolle, frühe Stimmen, die sich für ihre Erhaltung einsetzten, ist sie aber davon verschont geblieben.

Die Restaurierung

Diesem aussergewöhnlichen Erbe war die jetzige Restaurierung verpflichtet. Allerdings war dabei auch dem Bedürfnis der Kirchgemeinde Rechnung zu tragen, die – ganz im Gegensatz zur ursprünglich bis auf den letzten Quadratmeter mit Sitzplätzen vollgepferchten Kirche – einen intimeren Bereich für die heutigen Ansprüche des Gottesdienstes wünschte. Dementsprechend war auch vorgesehen, Teilbereiche der Kirche zum neuen Kirchgemeindezentrum im Keller des Baus zu schlagen. Beides konnte unter Wahrung des Grundkonzepts der Architektur und ihrer Ausstattung verwirklicht werden. Die reduzierte Bankfläche blieb auf den Vierungsbereich konzentriert, wo sie nach wie vor ihr Zentrum um die Kanzel respektive den vorgelagerten Abendmahlstisch findet – ergänzt durch ein neues, im Stil der Umgebung gehaltenes Rednerpult.

Die neuen Räume für die Kirchgemeinde wurden in den Querhäusern angeordnet, wo die weit

Das in allen Details ergänzte Kircheninnere konzentriert sich ganz auf die wiederhergestellte alte Kanzel.

heruntergezogenen Emporen seit jeher eigene, wie Seitenkapellen wirkende Raumzonen ausschieden. Sie sind mit ganzflächig wegschiebbaren Glaswänden abgetrennt, sodass der Raumeindruck der Kirche damit kaum verändert ist. Ebenso selbstverständlich fügen sich die Abgänge ins neu ausgebaute Untergeschoss unter die alten Emporentreppen und sogar für den Lift konnte ein Standort gefunden werden, der die historische Anlage in keiner Weise beeinträchtigt.

Im Übrigen wurde der Innenraum aufs Sorgfältigste in seiner Originalsubstanz bewahrt sowie in vielen Einzelheiten ergänzt. So wurden beispielsweise die ursprünglichen Lampen wiederhergestellt, wobei insbesondere die originellen Kandelaber auf den Emporenbrüstungen einen wichtigen Akzent im Kirchenraum setzen. Ebenso wurde die zwischenzeitlich veränderte Kanzel mit dem flankierenden Frontgestühl in den detailreichen Urzustand zurückversetzt.

Eine Hauptaufgabe bestand in der Reinigung der zwar erhaltenen, im Verlauf von über hundert Jahren aber enorm verschmutzten Bemalung der Wände und Decken. Da die Deckenbemalung aus wasserlöslicher Leimfarbe besteht, deren Bindemittel sich überdies völlig abgebaut hatte, und die in Ölfarbe gefassten Wände den durch die einstige Gasbeleuchtung und die Warmluftheizung aufgewirbelten Russ und Dreck förmlich aufgesogen hatten, war dies eine nur mit neuesten restaurativen Methoden überhaupt mögliche Massnahme (noch vor wenigen Jahren hätte man sich wohl dazu gezwungen gesehen, solche Malereien neu anzufertigen!). An der Decke bestand die Reinigungsmethode im sanften Bestrahlen mit Gummischrot, während an den Wänden der Verschmutzung mit aufgetragenen Kompressen zu Leibe gerückt wurde. Danach galt es zahlreiche, durch einstige Dachwassereinbrüche entstandene Schäden einzuretouchieren und die Deckenbemalung mit Leim entsprechend dem ursprünglichen Zustand wieder zu festigen. Für den fertig restaurierten Raum bedeutet diese Wiederherstellung der vormals unter der Dreckschicht völlig verdunkelten Wände und Decken in ihrer freundlich hellen Bunt-

heit und mit den originalen, phantasievollen Ornamenten den Hauptgewinn.

In der durch die Kanzelwand abgetrennten Chorkapelle war die Raumhülle im Unterschied zum Hauptraum der Kirche vielfach mit deckenden Anstrichen erneuert worden. Die Untersuchung durch die Restauratoren ergab indessen, dass auch hier ursprünglich eine reiche Dekorationsmalerei bestanden hatte, die eine dunklere Sockelzone mit Flächenornament und eine bunte Scheinarchitektur um die Fenster sowie eine blau gefasste, von Ornamenten umrandete Decke zeigte. Zum Schluss der Restaurierung wurde daher entschieden, diese unter den späteren Anstrichen zwar noch vorhandene, jedoch kaum freilegbare Malerei in ihrer vollen Pracht zu rekonstruieren. Damit ist dieser vorher ausdruckslose Raum wieder zur stimmungsvollen Ergänzung der Kirche geworden und lädt als besonders intimer Raum zur Andacht in kleinem Rahmen ein.

Nicht zu vergessen ist die noch bevorstehende Auffrischung der ebenfalls im ursprünglichen Zustand erhaltenen und damit zu einer ausserordentlichen Rarität gewordenen, pneumatischen Orgel der bekannten Orgelbaufirma Walcker u. Cie. in Ludwigsburg, die insbesondere die Wiedergabe der Kirchenmusik jener für die Musikgeschichte hochbedeutenden Epoche auf einem damals üblichen Originalinstrument erlaubt.

Die Restaurierung des Kirchenraums ergänzt die in den Jahren 1999/2000 durchgeführte Aussenrestaurierung, die mit ihrer aufwändigen Konservierung und Ergänzung der Hausteinpartien, des sandfarbenen Naturputzes und der in ornamentaler Zweifarbigkeit erneuerten Schieferdeckung die Matthäuskirche bereits erheblich aufwerten half. Wenn gelegentlich auch die etwas verwahrloste Platzanlage um die Kirche verbessert werden kann, ist in Kleinbasel mit der restaurierten Matthäuskirche, auf der grosszügigen Platzanlage, die von grösstenteils zur Kirche zeitgenössischen, hübschen Häusern umgeben ist, ein überaus stimmungsvoller städtebaulicher Hauptakzent wieder voll zur Geltung gebracht.

Was geschieht mit den Kirchenbauten?

Sakralbauten in Basel *Peter Fierz*

Bauliche Eingriffe und Umnutzungen

Die heutige ‹Kirche› erfüllt Aufgaben, welche vordem die Familie oder der Staat im Pflichtenheft hatten. Die Gewichtsverlagerung von Gottesdienst- und Abendmahlsfeier zu soziokulturellen Aufgaben ist offensichtlich. Für heutige Besucherzahlen sind die Gotteshäuser zu gross, die Pfarrei- oder Kirchgemeindebauten oft ungenügend genutzt. Was tun?

Gelegentlich erscheinen in Zeitschriften illustrierte Berichte über Kirchenräume, welche zur Autowerkstatt, zum Tanzsaal oder zum schicken Esslokal umfunktioniert worden sind. Die Verwunderung ist oft gross, die Empörung jedoch hält sich in Grenzen, weil diese Sakralbauten meist im Ausland stehen und bei uns so was nicht denkbar wäre [1] Dabei wird übersehen, dass wir in Basel auch ‹Umwidmungen› kennen, welche den ursprünglichen, sakralen Innenraum kaum mehr wahrnehmen lassen.

Die hochgotische Barfüsserkirche – einst Bettelordenskirche der Franziskaner – wurde im frühen 19. Jahrhundert zum Salzlager, später dann zum Warenlager des städtischen Kaufhauses und dient seit 1894 als Museum. Das ‹Grosse Klingental› mit ehemaliger Klosterkirche der Dominikanerinnen übernahm 1804 der Kanton. Er nutzte das Kloster als Kaserne und die Kirche bis zum Bau der neuen Kaserne 1860 bis 1863 als Pferdestallungen. Nach dem Auszug der Armee wurden 1966 durch Einziehen von Decken und Wänden in der Kirche Ateliers

Gemeindehaus Oekolampad. Einbau von Raumteilern für Schriften und Exponate unter der Empore, im Rahmen der Neugestaltung des Kirchenraumes 2001 durch Architekt Peter Hanhart, Bau- und Vermögensverwaltung der ERK.

und Ausstellungsräume eingerichtet. Diese baulichen Eingriffe sind schon eine Weile her, so dass das ‹Sakrileg› relativiert oder verdrängt werden kann.

Im Übrigen weisen auch Bauten, welche ohne Unterbruch als Gotteshaus gedient haben, wie das Basler Münster, die Clarakirche oder die Leonhardskirche, Transformationen und Schichtungen auf. Mit heutigen Methoden von Bauforschung und Architekturtheorie können die verschiedenen Phasen wissenschaftlich untersucht und gedeutet werden. Es gibt aber keinen ‹richtigen› ursprünglichen Zustand, welcher zweifelsfrei festgelegt oder gar rekonstruiert werden könnte.

St. Clarakirche. Einbau von Windfang und Besprechungszimmer unter der Empore im Rahmen der Renovation und Umgestaltung von 1974/75 durch das Architektenteam Hans Peter Baur/Thedy Doppler.

Grundriss und Liturgie

Die Gotteshäuser der katholischen Kirche waren in zwei Zonen eingeteilt. Ein Bereich, das ‹fanum›, mit Altar, Tabernakel und weiteren liturgischen Ausstattungen, war reserviert für Priester und Altardiener, der andere Bereich, das ‹profanum›, für die Gläubigen. Kirchengrundriss mit Schiff und Chor, das Tragsystem der Wände, Stützen, Gewölbe und Decken waren als Gestalt kongruent mit den Ruhe- und Bewegungsräumen der Gläubigen und mit den Handlungen der Liturgie.

Mit der Reformation sollte der Raum als Ganzes bereinigt und neutralisiert werden. Luther postulierte, dass ein Raum an sich nicht heilig sein könne, sondern erst durch die Anwesenheit der Gläubigen und die gemeinsame Feier zum Hause Gottes werde. Wenn ein Gotteshaus ein Raum ist wie jeder andere und seine Weihe in dem Augenblick erlischt, wo die Predigt zu Ende und die letzte Strophe des Kirchenliedes verklungen ist, kann dieser Raum durchaus einer anderen Nutzung zugeführt werden.[2]

Trotz vieler Neuerungen in Ritus und baulicher Hülle schloss sich die katholische Kirche dieser Sichtweise nie an. Zu stark begründet ist die jahrhundertealte Vorstellung des sakralen Raumes und der darin fest verankerten heiligen Orte und Kultgegenstände. Wenn ein Gotteshaus als heiliger Raum betrachtet wird und darin gar besondere Bereiche und Objekte ausgezeichnet sind, muss dies bei einer Umnutzung berücksichtigt werden.[3]

Jede Religionsgemeinschaft wählt ihren Ritus selbst und bestimmt die für sie geltenden Regeln. Das verbriefte Recht auf Vornahme der zu einer Religion gehörenden kultischen Handlungen ist die notwendige Ergänzung zur Glaubensfreiheit. Zu diesem Recht gehört auch die Wahl der Anordnung und Ausstattung der baulichen Hülle.[4]

Arten und Grenzen der Eingriffe

Gebäude altern und brauchen Pflege.[5] Zudem gibt es bauliche Anpassungen an veränderte liturgische Formen und pastorale Bedürfnisse. Solche Massnahmen werden veranlasst durch die zuständige Amtskirche, ausgelöst meist aber durch Absichten der jeweiligen Pfarreileitung aufgrund des eigenen Gestaltungswillens. Die substanzielle Tragweite auch kleinerer Eingriffe wird oft unterschätzt. Darum gilt es, architektonische Qualität zu sichern, auch wenn es sich nicht um einen so genannten ‹geschützten Bau› handelt.

Die Frage der Umnutzung ganzer Kirchenräume könnte angesichts der spärlichen Belegung bei hohen Unterhaltskosten auch an Bedeutung gewinnen. Falls das Gotteshaus für pastorale oder administrative Zwecke der Kirche selbst teilweise oder ganz umgebaut werden soll, entsteht zunächst kein ideologischer Konflikt, da die angestrebte Massnahme die Lösung eines internen Problemes verspricht. Auf den zweiten Blick stellen sich dann aber trotzdem einige Fragen:

Wie wird der Raum unterteilt – waagrecht oder senkrecht? Wie steht es um innere Kohärenz und Gestalt des verbleibenden Kirchenraumes? Ist der Raum für die kleine Andacht wirklich einladend; kann der festliche Gottesdienst mit vielen Gläubigen noch würdig gefeiert werden? Wie steht es mit der erhaltenswerten Bausubstanz, mit architektonischen Details, mit Bildwerken?

Es gilt also, Ideen und Vorstellungen auf ihre Dringlichkeit und Angemessenheit hin in einem grösseren Zusammenhang zu bedenken.

Freie Sicht aufs Ganze

Die Pfarreien sind über den ganzen Stadtraum verteilt; aus personellen und wirtschaftlichen Gründen können und müssen die einzelnen nicht mehr das ganze seelsorgerische Spektrum anbieten, sondern je nach ihren ideellen und fachlichen Ressourcen und den Bedürfnissen der Gläubigen ihr Angebot definieren. Die ‹Kundschaft› einer Kirchgemeinde oder Pfarrei wird zwar mehrheitlich, aber nicht ausschliesslich, aus dem Quartier oder der unmittelbaren Umgebung sein. Je nach Art der seelsorgerischen Schwerpunkte, der Gestaltung der Gottesdienste, der Predigten, der Musik, aber auch der Architektur, werden sich bestimmte Menschen besonders angezogen fühlen. Daher muss nicht nur die pastorale, sondern auch die bauliche Planung über die einzelne Pfarrei hinaus auf der Verwal-

tungsebene von Römisch-Katholischer und Evangelisch-reformierter Kirche erfolgen.[6]

Basis für jede Entscheidfindung ist eine seriöse Bestandesaufnahme, welche eben auch qualitative Aspekte wie den Sinn stiftenden Wert der Architektur beinhaltet. Doch darf der Sakralraum nicht isoliert betrachtet werden; auch der Zustand der Pfarr-, Sigristen- und Vereinshäuser soll aktualisiert werden. In Zukunft wird eine digital gespeicherte und nachgeführte Übersicht der vorhandenen Räume und Flächen ein notwendiges Arbeitsinstrument der kirchlichen Verwaltung sein: für Zwecke der Auskunftserteilung, der Vermietung und für kurzfristige Entscheide.

Heute dienen auch virtuelle 3D-Bilder der Verständigung. Umgestaltete Christuskirche in Heidelberg (Ausschnitt Seitenempore); Diplomarbeit SS 01 von Johannes Niestroj am Lehrstuhl Prof. Peter Fierz, Fakultät für Architektur, Universität Karlsruhe.

Nach Vorliegen der Inventarisation sollte mit den gleichen Datensätzen, Legenden und Darstellungsmitteln eine – ebenfalls flächendeckende – Konzeptstudie verfasst und der Investitionsbedarf vorerst aufgrund der gegenwärtigen Zahl der Mitglieder, der Planstellen und der pastoralen Leistungen der Pfarrgemeinde festgelegt werden. Es soll versucht werden, das Notwendige und das Wünschbare zu unterscheiden und dies unter Berücksichtigung möglicher Schwerpunkte als räumliche Dispositionen in Varianten darzustellen. Die Resultate dienen als Grundlage für Gespräche und Verhandlungen mit Pfarreien, Behörden und weiteren Interessierten.[7]

Erstaunliche Resultate

Je nach Pfarrei verbleiben bei optimaler Gestaltung von Erschliessung und Grundrissen für den wirklichen Bedarf beachtliche Restflächen zur Disposition. Diese können ebenfalls instand gestellt und dann an Dritte weitervermietet werden. Die so erzielten Erträge helfen mit, die kirchlichen Bauten zu unterhalten. Diese ‹Reserve› wäre innovativ auszuschöpfen, bevor wir unsere Sakralbauten fallen lassen. Falls für den einen oder anderen Sakralraum der Einbau anderer Nutzungen erwünscht oder notwendig wird, muss aber die architektonische Qualität professionell studiert, visualisiert und nachgewiesen werden.

Inventar und Konzept bieten die Grundlagen für zielgerichtete Entscheide und klare Aufträge. Auf die jeweiligen Bedürfnisse der Pfarrei abgestimmt, können danach durch verschiedene qualifizierte Architekten Vorprojekte erstellt werden. Da die grundsätzlichen Optionen und wichtigen Randbedingungen geklärt sind, ist es dem Architekten möglich, voll aus seinen Kernkompetenzen zu schöpfen, und die Baukommission kann ihre Begleit- und Aufsichtsfunktion ergebnisorientiert erfüllen. Auf diese Weise können die akuten Probleme rund um die Kirchenbauten in aktuelle innovative Lösungen übergeführt werden.

Anmerkungen

1   Gerhard Matzig, Kirchen in Not. Über den profanen Umgang mit sakralen Denkmälern, Schriftenreihe des Deutschen Nationalkomitees für Denkmalschutz, Band 56, Bonn 1997.

2   Bernard Reymond, L'architecture religieuse des protestants. Histoire – caractéristiques – problèmes actuels, Genève 1996.

3   Fabrizio Brentini, Bauen für die Kirche. Katholischer Kirchenbau des 20. Jahrhunderts in der Schweiz, Edition SSL, Luzern 1994.

4   Kunst und Kirche, Ökumenische Zeitschrift für Architektur und Kunst, Heft 3, 2002. Diese Ausgabe mit dem Titel ‹Sakralität› enthält einige ausgezeichnete Aufsätze mit unterschiedlichen Auffassungen zu diesem Thema.

5   Oskar Spital-Frenking, Architektur und Denkmal; Entwicklungen, Positionen, Projekte, Leinfelden-Echterdingen 2000.

6   Manfred Bruhn/Albrecht Grözinger (Hg.), Kirche und Marktorientierung, Freiburg/Schweiz 2000.

7   Peter Fierz, ‹Akutes und Aktuelles im Kirchenbau›, in: Matthias Zeindler (Hg.), Der Raum der Kirche, Perspektiven aus Theologie, Architektur und Gemeinde, Luzern 2002.

Unterwegs zu den Menschen *Franz Osswald*

Die Seelsorger André Duplain und Francisco Gmür

Die beiden Kleinbasler Pfarreien St. Clara und St. Joseph nehmen Abschied von ihren Seelsorgern André Duplain und Francisco Gmür. Beide suchten und suchen die Begegnung mit Menschen. André Duplain legt viel Wert auf das Wort der Verkündigung, Francisco Gmür gilt als Mann der Tat. Zwei Persönlichkeiten und zwei Wege, den Menschen zu begegnen und das Christentum zu leben.

André Duplain.

André Duplain – ein Wanderer auf der Suche nach Begegnungen

«Ich bleibe jeweils ungefähr zehn Jahre an einem Ort, dann ziehe ich weiter.» Der dies sagt, ist André Duplain, Pfarrer der Pfarrei St. Clara im Kleinbasel. Er bezeichnet sich selbst als «Wanderer», der die christliche Botschaft im Gepäck hat. Vor elf Jahren führte ihn der Weg zurück an seine Wurzeln, in die Stadt Basel. Hier war er 1950 im Breite-Quartier geboren worden, wo er auch seine Jugend- und Schulzeit verbrachte.

«Eine Rückkehr nach Basel habe ich mir immer gewünscht, einmal in meiner Heimatstadt arbeiten zu können», erzählt Duplain. Doch die Pfarrei Don Bosco war für ihn tabu. «Ich wollte neue Leute kennen lernen, neue Begegnungen erleben. In der Breite hätte ich bereits zu viele Leute gekannt.» Mit St. Clara hat der Wanderer Duplain jene Pfarrei übernommen, die seinem Wunsch am besten entsprach. Die Kirche steht zentral in der Stadt und wird von Leuten aus allen Schichten besucht. «Die Clarakirche ist praktisch nie leer», stellt Duplain fest. Wie die Geschäfte am Claraplatz profitiert sie sozusagen von der Laufkundschaft.

Reichtum an Begegnungen ...
Als André Duplain 1992 sein Amt antrat, gab er sich keinen Leitspruch für die kommende Zeit. «Für mich sind Begegnungen das Wichtigste bei meiner Arbeit. Ich lasse die Menschen und Ereignisse auf mich zukommen.» So lautet sein Motto denn eher: «Schauen, wer kommt.» Mit denen, die sein Angebot annehmen, möchte André Duplain einfach ein Stück des Lebenswegs teilen.

«In den Menschen, denen ich begegne, liegt der Reichtum meines Berufes», umschreibt Duplain die Motivation, als Priester zu wirken. «Jeder trägt einen Schatz in sich, den es zu entdecken gilt. Und gleichzeitig befähigen mich die Gespräche mit den Menschen auch dazu, meinen eigenen Schatz zu finden.» Wenn André Duplain auf die vergangenen elf Jahre zurückblickt, dann hofft er, dass er jenen, denen er begegnet ist, das Vertrauen in die eigenen Fähigkeiten stärken und ihre Eigenverantwortung fördern konnte.

Höhepunkte sind für André Duplain auch die Gottesdienste. «Ich habe immer versucht, die Liturgie lebensnah zu gestalten.» Dass dabei nicht immer alles ‹perfekt› ablief, nimmt Duplain gerne in Kauf. Weil ihm vorab die Verkündigung der christlichen Botschaft am Herzen liege, habe er auch in den Wochentags-Gottesdiensten gelegentlich Kurzpredigten gehalten.

Unter den Gottesdiensten am Werktag sticht einer besonders hervor: jener vom Samstagmorgen um 9.30 Uhr. Nicht selten besuchten an die hundert Gläubige die Messe, meist ältere Menschen, zuweilen aber auch Jugendliche. Eine Zahl, die in vielen Pfarreien nicht einmal am Sonntag erreicht wird. Am Samstag verbinden viele Leute den Einkauf mit dem anschliessenden Vorabendgottesdienst.

... und ein weites Arbeitsfeld
‹Accueil› nennt sich ein Angebot, bei dem Seelsorger in der Kirche zu einem Gespräch zur Verfügung stehen. In diesem Zusammenhang erwähnt Duplain auch die Öffnungszeiten der Kirche: «Von morgens 8 Uhr bis abends um 18 Uhr steht die Kirche allen offen – ein Zeichen der Gastfreundschaft.» In all den Jahren sei es zu keinen nennenswerten Vorfällen gekommen, betont er.

Die Leute, die in die Gottesdienste kommen, sind in St. Clara nicht die gleichen wie die, welche das Pfarreiheim am Lindenberg frequentieren. «Die Pfarrei St. Clara ist eigentlich zweigeteilt. Die Gottesdienste werden von vielen ‹Fremden› besucht, die nicht an unseren Pfarreianlässen im Pfarreiheim teilnehmen», erklärt Duplain die spezielle Situation. Kirche und Pfarreiheim mit Pfarrhaus befinden sich nämlich an verschiedenen Orten – die Kirche am Claraplatz, das Pfarreiheim mit Pfarrhaus am Lindenberg.

Im Zeichen der Vereinigung steht dagegen die Neudefinition der Pfarrei St. Clara mit St. Michael. Für Duplain ist dieser Schritt kein Problem. «Die Kirche muss mit ihren Kräften sparsam umgehen und sie dort einsetzen, wo sie wirklich gebraucht werden». Die schwierige Situation in der Kirche führe auch dazu, dass die Laienarbeit wieder zum Tragen komme. Duplain ist zufrieden, dass so viele Menschen in St. Clara das Pfarreileben mittragen. Er habe eine grosse Offenheit erlebt, auch gegenüber neuen Formen in der Liturgie.

Im Zusammenhang mit Neuem fällt auch das Stichwort ‹Gehkirche›. Duplain versteht seine Wanderschaft auch darin, die Menschen an ihren Orten aufzusuchen; dort, wo sie sich in ihrer Freizeit aufhalten, zum Beispiel am Rhein oder auf dem Kasernenareal. Bei der Seelsorge hat er erlebt, dass viele Lebensbiografien weit weg führen von der offiziellen Kirche. Duplain: «Religiosität übersteigt den Rahmen der Kirche. Gemeinschaft leben ist kein ausschliesslich kirchliches Feld.» Seine Arbeit mit den Menschen beschreibt er eindrücklich: «Ich möchte in den Menschen etwas zur Entfaltung bringen, das bereits gegenwärtig ist. Wir müssen es nicht schaffen, denn Gott hat den Samen bereits gesät.»

Zu seinen Tätigkeiten zählen auch Taufen und Beerdigungen, Anfang und Ende eines christlichen Weges. «Ich mache beides gerne. Es sind emotionale Momente im Leben der Angehörigen, in denen sie empfänglich sind und ich ihnen etwas mitgeben kann.» Bei der Verkündigung achtet Duplain auf die Wortwahl. «Verkündigung ist Sprache. Ich habe mich manchmal gefragt, ob ich einfach und verständlich genug rede ...» Was das Reden anbelangt, ist André Duplain besonders hellhörig. Wenn undifferenzierte Aussagen gemacht oder Behauptungen ohne Grundlagen in den Raum gestellt werden, dann ist dies für ihn ein Ärgernis – das einzige, das er erwähnt.

Loslassen – Platz für Neues schaffen
André Duplain ist mit sich und seiner Zeit in Basel zufrieden. Jedoch: «Ein Seelsorger kann nie alle Menschen ansprechen. Deshalb ist es wichtig, dass es von Zeit zu Zeit einen Wechsel gibt.» Er habe seinen Teil getan, nun gelte es ‹loszulassen›. «Man muss gehen, bevor man zum Denkmal wird – im Positiven oder Negativen.»

Sein Weg führt ihn nach den Stationen Thun, Brugg, Biel und Basel nach Celerina, ins Engadin – von der Stadt aufs Land. Duplain freut sich auf den Landschaftswechsel. «Ich möchte wieder einmal die Jahreszeiten ganz intensiv erleben, den natürlichen Rhythmus spüren.» Berg und Tal sollen wieder Gegenstand seines Hobbys werden: der Malerei. Und auch die Altflöte will er vermehrt aus der Schublade herausholen.

Bestimmt mit dabei ist sein Fahrrad, auf dem er in Basel so oft unterwegs war. Dann gilt es indessen nicht nur den Lindenberg zu bewältigen.

Francisco Gmür – «Ich bin nur Teil eines Ganzen»
Ohne Wissen über jene Zeit, die Francisco Gmür in Südamerika gearbeitet hat, ist sein Wirken in Basel nicht zu verstehen. So beginnt denn seine Geschichte hoch in den Anden von Peru, wo sein theologisches Verständnis und Gewissen ihre Prägung erhielten.

Im Jahre 1973 verliess der Stadtluzerner Francisco Gmür seine damalige Pfarrei im luzernischen Malters, um in Südamerika eine neue Herausforderung anzunehmen. Motivation zu diesem Schritt war das Engagement von ‹Fastenopfer› und ‹Brot

für alle› in jener Region. Er wollte seinen Teil im kirchlichen Dienst beitragen – als Seelsorger der Pfarrei Putina, einer Gemeinde mit 25 000 Christen und Christinnen. Die Pfarreiangehörigen trafen sich als Basisgemeinden jeden Monat. Was ihnen seit längerer Zeit fehlte, war ein Pfarrer, der mit ihnen Gottesdienst und Eucharistie feierte.

Christentum als Teil des Gesellschaftslebens
Die Menschen lasen die Bibel und schöpften daraus die Kraft, das von Gewalt bestimmte Leben bewältigen zu können. «Das christliche Leben war ein Teil der Gesellschaft», sagt Francisco Gmür. Sein Ziel sei es gewesen, dieses christliche Leben weiter zu entwickeln, bis die Gemeinde durch einen Priester aus den eigenen Reihen übernommen werden konnte.

Francisco Gmür.

1985 trat ein Theologiestudent bei Francisco Gmür ein Praktikum an. Ihn wollte er zu seinem Nachfolger machen. Bald sah er, dass sein Ziel in drei bis vier Jahren erreicht sein werde. 1989 konnte er seine Pfarrei diesem neuen Seelsorger abtreten – seine Aufgabe war erfüllt. Francisco Gmür entschied sich damals, in die Schweiz zurückzukehren – nach Basel. «Für mich kam nur Basel in Frage. Dort arbeitete ich als Vikar in der Pfarrei Don Bosco und verlebte eine schöne Zeit.» Der Wunsch ging in Erfüllung, sein neuer Arbeitsort sollte die Pfarrei St. Joseph im unteren Kleinbasel werden. Bei seinem Abschied in Peru versprach Gmür, dass er das Thema der Ökumenischen Versammlung ‹Frieden in Gerechtigkeit› in seine neue Gemeinde in der Schweiz einbringen werde.

Francisco Gmür übernahm jene Basler Pfarrei, die von der sozialen Zusammensetzung her genau auf sein theologisches Verständnis zugeschnitten war. «Ich selbst war mir nicht bewusst, dass es sich um das Basler Arbeiter- und Ausländerquartier schlechthin handelte. Das habe ich erst gemerkt, als ich bereits hier war.»

Den Glauben vorgelebt
Den Wechsel aus den Anden in die bescheidenere ‹Bergwelt› von Basel fiel Francisco Gmür nicht schwer. «Ich spürte damals eine Aufbruchstimmung, die offene Kirche, die Ökumenische Versammlung – all dies stimmte mich zuversichtlich.» Was er in Südamerika erlebt hatte, dass sich die Pfarreien als Teil eines Ganzen verstanden, wollte er auch hier erreichen. So wurde es zu seinem Ziel, St. Joseph als Teil in die Stadtkirche einzubetten und darüber hinaus den Gedanken von Friede und Gerechtigkeit zu fördern.

Konkret wollte er vorleben, was er darunter verstand. Das alte Pfarrhaus verfügte über zwanzig Zimmer, wovon Gmür für den Pfarrbetrieb nur sieben benötigte; dreizehn Räume standen leer. Nach und nach füllten sich die Zimmer mit Menschen, die vorübergehend eine Unterkunft brauchten; unkompliziert, nach dem Grundsatz der christlichen Gastfreundschaft. Dass viele von ihnen aus Lateinamerika stammten, war kein Zufall. Das Zu-

sammenleben habe zwar Probleme ergeben, die meisten hätten aber gelöst werden können, sagt Francisco Gmür, «nur selten musste ich jemandem die Türe weisen.»

Die offenen Türen führten dazu, dass auch Menschen anklopften, die keine gültigen Papiere besassen – Sans-Papiers. So nahm das Engagement Francisco Gmürs für diese Leute seinen Anfang. Er lebte und lebt im Pfarrhaus mit einer Frau und zwei Kindern zusammen, die nicht über die nötigen Papiere verfügen, was ihm ein Gerichtsverfahren und eine Busse eintrug. An seiner Grundüberzeugung änderte dies aber nichts.

Stets Klartext gesprochen
Francisco Gmürs Predigten in den Gottesdiensten waren Klartext: «Ich versuchte anhand des Bibeltextes aufzuzeigen, was gelebtes Christentum heisst und wie man es im Alltag umsetzen kann», umschreibt er die Absicht seiner Verkündigung. «Ich habe mit Kritik nicht gespart und auch viel Kritik abbekommen», was ihn aber nicht aus der Ruhe zu bringen vermochte.

Legendär sind auch seine Artikel im Pfarrblatt, die ohne Umschweif soziale Missstände beim Namen nannten. Dies trug Gmür den ‹Titel› ‹Soziales Gewissen von Basel› ein, was er mit einer gewissen Genugtuung zur Kenntnis nimmt. Auf die Frage aber, ob er sein Ziel in Basel erreicht habe, antwortet er mit einem klaren «Nein».

Sein Ziel, das ‹Wir› in der Pfarrei zu stärken, sei ihm nicht gelungen, der Individualismus überwiege, das ‹Ich› sei stärker als das ‹Wir›. Im gleichen Atemzug wird ihm aber auch bewusst, dass er in dieser Frage selbst ambivalent ist. Bei der Zusammenlegung der Pfarreien im Kleinbasel bildet St. Joseph nur mit Christophorus eine Einheit – nicht aber mit St. Clara. Gmür: «Wenn wir mit St. Clara zusammengelegt worden wären, hätte diese Pfarrei dominiert, was der Vielfalt abträglich gewesen wäre.»

Uniformität statt Vielfalt
Beim Stichwort Vielfalt schwenkt das Gespräch zur Gesamtkirche. Francisco Gmür ärgert sich darüber,

dass die christliche Kirche von ‹Vielfalt› spreche, aber nur jene Diversität akzeptiere, die dem kirchlichen Anspruch und Verständnis von Einheit (Gmür nennt es ‹Uniformität›) entspreche – eigentlich ein Paradoxon. «Wort und Tat stimmen nicht überein; etwas, das in meiner Pfarrei in Südamerika nicht denkbar gewesen wäre.»

Südamerika. Immer wieder kommt Francisco Gmür auf Peru und seine Zeit in den Anden zurück. Wenn er seine Pfarrei Ende 2003 altershalber verlässt, wird er aber in Basel bleiben – zusammen mit der Familie, die bei ihm wohnt. Sollte sie indessen keine Aufenthaltsbewilligung erhalten, so könnte er sich auch eine Rückkehr nach Südamerika, genauer Ecuador, vorstellen. Dorthin, wo er wieder «einer unter andern» ist.

Die neue Orgel im Basler Münster

Andreas C. Albrecht

An Pfingsten 2003 konnte im Basler Münster eine neue Orgel eingeweiht werden. Gebaut wurde sie vom Orgelbauer Hermann Mathis aus Näfels; die äussere Gestaltung stammt vom Zürcher Architekten Peter Märkli.

Die Geschichte der neuen Münsterorgel beginnt mit dem Umbau des Münsters nach 1850: Durch diesen Umbau hatten sich die Proportionen des Innenraums wesentlich verändert; die damalige Schwalbennest-Orgel passte nicht mehr in den neuen Raum. Der zur Westempore versetzte Lettner war der logische Ort für die neue Orgel von Friedrich Haas (1855). Aus Rücksicht auf die Sichtbarkeit des Westfensters wurde diese Orgel akustisch ungünstig aufgestellt. Als die Haas-Orgel nach 1950 ersetzt werden musste, wollte man die alten Fehler nicht wiederholen. Die Orgelbauerfirma Th. Kuhn AG errichtete deshalb eine neue Orgel auf dem Lettner zentral unter fast vollständiger Verdeckung des Westfensters, was bald von allen Seiten bedauert wurde. Auch die äussere Gestaltung des Prospek-

tes fand nie Anerkennung. Dazu waren erhebliche technische und klangliche Mängel zu beklagen.

Ersetzen statt revidieren

Als die Kuhn-Orgel in der ersten Hälfte der 1990er-Jahre revisionsbedürftig wurde, war gleichzeitig die Innenrestauration des Münsters in Planung. Es zeigte sich, dass die Revision der Orgel, unter Einbezug der im Hinblick auf die Innenrestaurationsarbeiten erforderlichen Schutzmassnahmen, gegen 700 000 Franken kosten würde. Bald bildete sich um den Münsterpfarrer Dr. Franz Christ, den Münsterorganisten Felix Pachlatko und den Münsterbaumeister Peter Burckhardt ein Kreis von Personen, die über den Bau einer neuen Orgel nachdachten. Erste Gutachten von Experten rieten davon ab, viel Geld in das bestehende Instrument zu

investieren, und ermutigten zu einem Neubau.

Der Kirchenrat der Evangelisch-reformierten Kirche Basel-Stadt setzte im Dezember 1995 eine Kommission ein mit dem Auftrag, Möglichkeiten für den Bau einer neuen Orgel im Münster aufzuzeigen. Es war diese Kommission, die unter dem Präsidium von Prof. Dr. Christian Brückner – einem Advokaten mit Organistendiplom – den Neubau des Instruments von der Planung bis zur Einweihung begleitete.

Zuerst lud die Kommission eine grosse Zahl von in- und ausländischen Orgelbauern zur Offertstellung ein. Verschiedene Varianten, wie eine neue Orgel positioniert werden könnte und welche musikalischen Eigenschaften sie haben sollte, wurden gegeneinander abgewogen. Experten wurden angehört und Offerten miteinander verglichen. Schliesslich beschloss die Kommission, mit dem Orgelbauer Hermann Mathis aus Näfels zusammenzuarbeiten.

Die neue Mathis-Orgel

Das von der Orgelbaufirma Mathis vorgeschlagene Projekt

entsprach in Bezug auf die Disposition der Orgel und die vorgesehene technische Ausführung den Vorgaben der Kommission. In gestalterischer Hinsicht zeigte ein Vorprojekt des kirchlichen Bauverwalters Peter Hanhart, dass die Mathis-Orgel so angeordnet werden konnte, dass sich das Instrument befriedigend in den Innenraum des Münsters einfügt. Insbesondere wurde verlangt, dass die Orgel in der Mitte den Blick auf das Westfenster des Münsters frei lässt; zudem sollte sie von den Seitenwänden des Kirchenschiffs weggerückt stehen, damit die Raumdimensionen nicht verdeckt werden.

Nun mussten die erforderlichen Finanzmittel bereitgestellt werden; gerechnet wurde mit Kosten von 2,7 Millionen Franken. In einer ersten Runde wurden zunächst ausgewählte Personen, Firmen und Institutionen angesprochen. Sie sicherten Beiträge von mehr als einer Million Franken zu. Bestärkt durch diese ermutigenden Zusagen führte die Kommission anschliessend eine gross angelegte öffentliche Geldsammlung durch, in deren Rahmen erhebliche weitere Mittel zusammenkamen. Insgesamt brachten die über 1 000 Spenderinnen und Spender schliesslich gegen zwei Millionen Franken private Mittel bei. Anschliessend gaben auch die Kirchgemeindeversammlung der Münstergemeinde und die Synode der Evangelisch-reformierten Kirche Basel-Stadt ihre Zustimmung und bewilligten kirchliche Finanzbeiträge von rund 620 000 Franken. Damit war die Finanzierung des Bauprojekts im Wesentlichen gesichert, und die Orgelbaukommission konnte von der Planung zur Realisierung übergehen.

Vordringlich waren nun die Weiterentwicklung und definitive Festlegung der äusseren Gestaltung der neuen Orgel. Von Anfang an war klar, dass für diese Aufgabe eine weitere externe Person beigezogen werden musste. Die Kommission entschied sich dazu, einen gestalterischen Wettbewerb durchzuführen. Als Präsident der Jury konnte der Basler Architekt Pierre de Meuron gewonnen werden. Zur Teilnahme am Wettbewerb wurden vier Architekten oder Gestalter eingeladen. Im Januar 2001 prämierte die Jury das Projekt des Zürcher Architekten Peter Märkli und empfahl, dieses zu realisieren.

Klar und kräftig erfüllt sie den Raum

An Pfingsten 2003, nach einer langen Bau- und einer mehrmonatigen Intonationsphase, konnte das neue Instrument im Rahmen des Pfingstgottesdienstes in Gebrauch genommen und mit einem

Die neue Orgel gibt den Blick auf das Westfenster wieder frei.

abendlichen Konzert der Öffentlichkeit vorgestellt werden. Nicht nur die Stühle und Bänke des Münsters waren bis auf die Empore hinauf restlos besetzt, auch auf den Treppenstufen, an den Säulen und auf dem Boden sassen die Leute dicht gedrängt, als Münsterorganist Felix Pachlatko das Konzert eröffnete. Ihm steht mit der neuen Mathis-Orgel ein Instrument zur Verfügung, das mit seiner Vielfalt an Klängen die Interpretation eines breiten Spektrums an Orgelmusik ermöglicht und dank der besseren architektonischen Integration seinen Klang im Raum entfalten kann.

Die alte Orgel zieht gen Osten

Neben dem Bau der neuen Orgel beschäftigte sich die Orgelbaukommission jedoch auch mit dem Schicksal der alten, inzwischen aus dem Münster ausgebauten Orgel. Durch persönliche Kontakte ergab sich die Möglichkeit, das Vorgängerinstrument einer katholischen Gemeinde in Moskau zu überlassen, wo die Kuhn-Orgel nun wieder aufgebaut wird.

Technische Daten der Mathis-Orgel

Gehäuse	Breite: 8,40 m, Tiefe: 6,65 m, Höhe: 8,75 m
Spielanlage	4 Manualklaviaturen C-a''', je 58 Tasten 1 Pedalklaviatur C-f', 30 Tasten
System	Mechanische Spiel- und Registertraktur (Doppeltraktur mit elektronischer Setzeranlage, 4 000 Kombinationen)
Registerzahl	78 Register (66 Labial-, 16 Zungenregister)
Spielhilfen	12 Koppeln (jeweils als Zug und Tritt) 2 Balanciertritte für Positiv und Schwellwerk
Pfeifenzahl	5 701 Pfeifen (5 301 Pfeifen aus Zinn/Blei, 400 Pfeifen aus Holz) Längste Pfeife: Ton C Principalbass 32': 9,28 m klingende Länge (mit Fuss 9,66 m) Kleinste Pfeife: Ton a''' Larigo 1 1/3': 7,4 mm klingende Länge (mit Fuss 18,74 cm)
Temperatur	proportional-gleichstufig

Seit Pfingsten erfreut die neue Orgel Kirchgänger und Musikliebhaber.

Sport

Themen

- Niederschwellig, zielgruppenorientiert und sozial-
  pädagogisch will das neue Basler ‹Fanprojekt› Gewalt
  bei Sportanlässen verhindern: Carlo Fabian, Marcus
  Meier und Anastasia Planta berichten von ihrer
  Arbeit.
- Weltklasse made in Basel: René Stauffer erzählt
  die Erfolgsgeschichte von Tennisstar Roger Federer
  und Roger Brennwalds Swiss Indoors.
- Nach 40 Jahren spielt der EHC Basel wieder in der
  obersten Liga. Max Pusterla lässt die wechselvolle
  Geschichte des Basler Eishockey Revue passieren.

Das ‹Fanprojekt Basel›

Sozialpädagogische Arbeit zur Vermeidung von Ausschreitungen und Gewalt bei Sportanlässen

Carlo Fabian
Marcus Meier
Anastasia Planta

Von Sportveranstaltungen wie Fussball- oder Eishockeymatches erwartet der Zuschauer nicht nur Unterhaltung: Er sucht Spannung, Emotionen. Die Fan-Aktivitäten rund um den FCB und den EHC nehmen immense Dimensionen an und können manchmal überborden. In Basel existiert seit 2003 ein ‹Fanprojekt›, welches sich mit zielgruppenorientierter Arbeit für eine positive Fankultur und gegen Gewalt einsetzt.

Sportanlässe sind Erlebniswelten
Mannschaftsspiele wie Fussball oder Eishockey – insbesondere wenn der FCB oder der EHC spielen – versprechen neben Unterhaltung, Spass und Freizeitvergnügen vor allem Emotionen. Die Matches bieten den Rahmen, die Emotionen werden von den Fans geliefert. Das Fanwesen nimmt zuweilen fantastische Dimensionen an – nicht nur im wirtschaftlichen Sinne –, das Fanverhalten ist aber nicht immer positiv. Aggressionen und Gewalt an Personen oder Sachen kommen immer wieder vor. Um den negativen Nebenerscheinungen zu begegnen, initiierte die ‹Abteilung Jugend, Familie und Prävention› (AJFP) des Justizdepartementes Basel-Stadt das ‹Fanprojekt Basel›, welches im Januar 2003 lanciert wurde.

Fanprojekte sind in den 80er-Jahren in Deutschland (Bremen, Hamburg, Hannover u. a.) entstanden als Antwort auf die zunehmende Gewaltbereitschaft vor allem jugendlicher Fussballbesucher.[1] In der Zwischenzeit sind solche Projekte in mehreren europäischen Ländern eingerichtet worden. Sie werden von der UEFA unterstützt und in der ‹Europäischen Konvention über Zuschauergewalt und -fehlverhalten bei Sportveranstaltungen›[2] empfohlen.

Was will ein Fanprojekt?
Zwei eng verknüpfte Hauptziele werden verfolgt. Die positive Fankultur soll aktiv gefördert und unterstützt, Gewalt – aber auch Rassismus und Rechtsextremismus – im Umfeld der Spiele und Stadien mittel- und längerfristig eingedämmt und möglichst verhindert werden.

Das Fanprojekt bedient sich sozialarbeiterischer und sozialpädagogischer Arbeitsinstrumente. Im Zentrum steht eine offene, niederschwellige Jugendarbeit, unter anderem mit aufsuchendem Charakter, das heisst, die Fans werden in den Stadien angesprochen. Die Arbeitsmethoden setzen an der Teilnahme an der Lebenswelt der Fussballfans an und beinhalten individuelle und Gruppenarbeit mit den Fans, wie Beratung in verschiedenen Fan-spezifischen oder auch persönlichen Fragen, und die Vermittlung zwischen Fans, Vereinen oder Behörden. Zusätzlich zur Präsenz an den Sportanlässen werden Freizeitaktivitäten angeboten. Bei allem steht die Partizipation der Fans im Mittelpunkt. Partizipation heisst, die Fans an Entwicklungs-, Entscheidungs- und Gestaltungsprozessen teilhaben zu lassen und sie gleichzeitig in die Mitverantwortung für Projekte und Verhalten zu nehmen.

Sensibilisierungs- und Öffentlichkeitsarbeit sowie die Vernetzung und Zusammenarbeit mit den Sportvereinen, den Fangruppierungen und den kantonalen Behörden gehören mit zu den Aufgaben des Fanprojekts. Es arbeitet somit personen- und strukturorientiert, ein Ansatz, der in der Prävention von zentraler Bedeutung ist. Nicht Teil des Fanprojektes Basel ist die kontrollierende und repressive Arbeit.

Die Zielgruppen

Das Fanprojekt, das grundsätzlich für alle Fans offen ist, unterscheidet drei Gruppen: A-, B- und C-Fans.

Die zahlenmässig grösste Gruppe bilden die A-Fans. Es sind diejenigen treuen Vereinsanhänger, welche zwar mit Begeisterung dem Sportgeschehen folgen, deren Verhalten jedoch nicht zu Problemen führt. Sie sind nicht unmittelbar in die Projektarbeit einbezogen.

Die Hauptzielgruppe des Fanprojekts sind die B-Fans: Sie sind mit Herz und Seele bei den Spielen, engagieren sich für den Verein und für die Akteure auf dem Spielfeld und beteiligen sich an der Organisation diverser Aktivitäten, zum Beispiel dem Entwerfen von Choreografien. Diese Fans suchen das intensive Erlebnis im Stadion, leben ganz für ‹ihren› Sport und ‹ihre› Mannschaft. Sie sind grösstenteils in jugendlichem Alter und zeigen zum Teil eine situative Gewaltbereitschaft. Zu Gewalt kann es unter anderem kommen, wenn sich die Fans provoziert, unverstanden oder in ihren Aktionen und Handlungsmöglichkeiten von Vereinen oder Behörden stark eingeschränkt sehen. Diese Fans sind beeinflussbar; sie orientieren sich

Traumfans! FCB-Anhänger in Manchester.

unter Umständen an älteren und ‹mächtigeren› Vorbildern und eifern diesen nach. Zudem suchen sie Grenzerfahrungen und möchten den ‹Reiz des Verbotenen kosten›. Aus einer präventiven Perspektive gesehen ist es deshalb zentral, mit diesen Jugendlichen frühzeitig und kontinuierlich zu arbeiten.

Die dritte Gruppe umfasst die eher gewaltbereiten C-Fans. Auch sie werden in die Arbeit des Fanprojektes einbezogen. Ausstiegswilligen Hooligans wird unter anderem Unterstützung und Beratung angeboten.

Das Basler Projekt

Das ‹Fanprojekt Basel›, das wie erwähnt auf eine Initiative der ‹Abteilung Jugend, Familie und Prävention› im Justizdepartement des Kantons Basel-Stadt zurückgeht, ist als Pilotprojekt für drei Jahre eingerichtet. Es orientiert sich an den deutschen Fanprojekten, stellt aber die hiesigen Verhältnisse in den Vordergrund. Es ist als Verein organisiert, wird von den beiden Halbkantonen Basel-Stadt und Baselland sowie dem FCB und dem EHC getragen und von einer fachlichen, interdisziplinären Begleitgruppe beraten.[3] Ein Projektleiter und eine Projektmitarbeiterin teilen sich insgesamt 120 Stellenprozente. Das Fanprojekt ist, obwohl von FCB und EHC mitgetragen, ein unabhängiges Projekt, welches mit den Sportvereinen, Behörden und den Fans zusammenarbeitet, aber nicht für diese. Dialog, Vermittlung und Vertrauen sind die Basis für eine mittel- und längerfristig ausgerichtete, erfolgsversprechende Arbeit.

Vertrauen steht im Mittelpunkt

Das Vertrauen der Fans in das Fanprojekt ist die Voraussetzung für eine erfolgreiche Präventionsarbeit. Vertrauensgewinn ist ein Entwicklungsprozess; er entsteht nur durch kontinuierliche Beziehungsarbeit. Sie nimmt – auch zeitlich – einen hohen Stellenwert beim Fanprojekt ein und wird durch das Begleiten der Fans an die Heim- und Auswärtsspiele intensiv gefördert. Offenheit und Transparenz gegenüber den Fans und ihren Problemen sind dabei unabdingbar für den Vertrauensgewinn.

Dem Fanprojekt ist es gelungen, in kurzer Zeit eine Vertrauensbasis aufzubauen. Die Projektmitarbeiterinnen und -mitarbeiter haben zu allen Fankategorien Zugang gefunden. Während der Heimspiele sind sie in der Fankurve und stehen in Kontakt mit Fans und Fangruppierungen. Sie werden von diesen vor allem vor und nach dem Spiel aufgesucht. Häufiges Thema ist das Verhalten von Sicherheitsdienst, Polizei und Verein gegenüber den Fans. Die Gespräche sind nicht ausschliesslich problembezogen, sondern dienen auch dem Beziehungsaufbau und betreffen manchmal persönliche Themen. Eine gute Gelegenheit für intensive und vertiefte Gespräche bieten die begleiteten Zugfahrten bei Auswärtsspielen.

Im Rahmen von Einzelfallhilfe wird Fans und Hooligans auch professionelle sozialpädagogische Hilfe geboten. Einerseits kann die Zugehörigkeit zur Szene, und damit verbundene Schwierigkeiten wie Strafverfahren und Verurteilungen, Auslöser von Problemen sein. Anderseits können bedrückende Umstände und Frustration zum Einstieg in die Szene führen. Das Fanprojekt Basel unterstützt eine stabile Identitätsentwicklung ausserhalb von gewaltbereiten oder kriminellen Strukturen.

Arbeitsgruppen und Diskussionsforen

Die Arbeit des Fanprojekts Basel zielt auf die Integration verschiedenster Fangruppierungen ab und fördert den Sinn für die Bedeutung und die Bereitschaft zur Wahrnehmung von Eigenverantwortung. In Arbeitsgruppen und Diskussionsforen besprechen Vertreterinnen und Vertreter verschiedenster Fanszenen aktuelle Themen und Anliegen, um gemeinsam nach Problemlösungen zu suchen.

Bis jetzt gibt es drei Arbeitsgruppen zu den Themen Stadionverbot, Stehplätze (AG ‹Uffstoh›) und Pyrotechnik (AG ‹PROPyro›). Das Fanprojekt setzt sich dabei für die Anliegen der Fans ein, ohne aber die gegebenen Rahmenbedingungen und die Standpunkte der übrigen Betroffenen wie FCB und EHC, Stadionbetreiber, Verbände, Polizei, Ordnungsdienste zu vergessen; es koordiniert die Sitzungen und vermittelt Kontakte zu den genannten aber auch zu weiteren Akteuren, wie beispielsweise der

Swiss Football League. Im Vordergrund stehen die Sensibilisierung aller Beteiligten und die Suche nach Lösungen, die möglichst nahe bei den Vorstellungen der Fans liegen. Zu beobachten ist, dass durch diese Arbeit eine konstruktive Dynamik entsteht. Die Fans stecken mit grossem Engagement ihre Energie in die Arbeitsgruppen und tragen aktiv zur Entwicklung einer positiven Fankultur bei.

Ein wichtiger Aspekt ist die Einbeziehung und Mitwirkung verschiedenster Gruppierungen. Stabile Gruppen geraten weniger in Gefahr, in die delinquente Szene abzugleiten, da sie den einzelnen Mitgliedern Halt und Orientierung bieten, auch indem sie – in positivem Sinne – eine gewisse soziale Kontrolle ausüben.

Projektarbeit und Unterstützungsangebote

Integration und Eigenverantwortung der Fans werden mittels verschiedener Veranstaltungen und Aktivitäten gefördert, wobei die Initiative möglichst den Fans überlassen wird. Projekte wie das ‹Fanfest›, das im Rahmen des Jugend Kultur Festivals 2003 in Basel stattfand und vom Fanprojekt zusammen mit den Fans organisiert wurde, fördern das ‹Miteinander› und die Verantwortungsübernahme für das eigene Handeln. Im Mittelpunkt des Fanfestes stand das ‹Beach Soccer Turnier›, bei dem offizielle und nicht offizielle Fangruppierungen spielerisch ihre Kräfte messen konnten. Das positive Feedback aller Beteiligten und die Erfahrung, dass die Basler Fangemeinde imstande ist, gemein-

Choreo der Muttenzerkurve im Match FC Basel – FC Zürich vom 16. Juli.

sam etwas auf die Beine zu stellen, das allen Spass macht, zeigen auf, dass und wie ein Fanprojekt wichtige Impulse und Unterstützung für eine positive Fankultur leisten kann.

Im Weiteren unterstützt das Fanprojekt die Fans bei der Realisation von Choreografien, indem es Hilfestellungen anbietet wie zum Beispiel Abklärungen bei den Vereinen und Stadionorganisationen, damit die benötigten Materialien rechtzeitig und legal in die Stadien eingeführt werden können.

Perspektiven

Die Eindämmung von Gewalt im Umfeld von Sportveranstaltungen kann allerdings nicht alleine durch den sozialpädagogischen Einsatz in der Fanszene gewährleistet werden, da Gewaltbereitschaft und Gewalttätigkeit, Fremdenfeindlichkeit, Rassismus und Hooliganismus nicht primär ein Problem von Fussball oder Eishockey sind. Sie sind Ausdruck und Folge unterschiedlichster gesellschaftlicher Faktoren. Gemeinsame Verantwortung von Gesellschaft, Politik und Sport ist demnach gefordert. Um das gewalttätige Verhalten zu verändern, braucht es eine Veränderung der Strukturen und Bedingungen, in denen die jungen Menschen aufwachsen. Es braucht die Schaffung eines Klimas von Respekt und Wohlbefinden in der Gesellschaft, das jungen Menschen Raum zur Entfaltung ihrer Möglichkeiten eröffnet.

Das Fanprojekt Basel bietet Jugendlichen und jungen Erwachsenen eine konkrete Unterstützung bei der Suche nach dem eigenen Platz in der Gesellschaft, indem es direkt bei ihren Interessen und Ressourcen ansetzt.

Anmerkungen

1   Michael Gabriel/Thomas Schneider, Fan-Projekte 2002. Zum Stand der Sozialarbeit mit Fussballfans, Frankfurt 2002 (online available: www.dsj.de).

2   T-RV, 1. Europäische Konvention über Zuschauergewalt und -fehlverhalten bei Sportveranstaltungen, insbesondere bei Fussballspielen, Frankfurt 2003, (online available: www.kos-fanprojekte.de).

3   Carlo Fabian, Fanprojekt Basel. Konzept, FHS-BB, Basel 2002.

Weltklasse made in Basel *René Stauffer*

Federer, die Davidoff Swiss Indoors und Brennwald

Zwei Männern mit Vornamen Roger – Federer und Brennwald – ist es zu verdanken, dass Basel zu einer Kapitale des Profitennis geworden ist. Der eine stürmte 2003 die Weltrangliste empor und zu grossen Siegen in Wimbledon und beim Masters, der andere hat in 33 Jahren mit den Davidoff Swiss Indoors einen Anlass geschaffen, der zu den drei grössten Hallenturnieren der Welt zählt und der am aufwändigsten organisierte Sportanlass des Landes ist.

Kleinere Länder wie die Schweiz sind es sich gewohnt, im Weltgeschehen Nebenrollen zu spielen. Sie suchen Nischen und besetzen sie, erringen ihre Erfolge vornehmlich auf Nebenschauplätzen. Das gilt auch im Sport. Fussball- und Eishockey-Weltmeister oder die Gewinner des olympischen 100-m-Laufs werden im Normalfall nicht in Ländern wie der Schweiz, Belgien oder Österreich geboren. Häufiger sind solche Nationen in international weniger bedeutenden Sparten mit vergleichsweise kleiner Konkurrenz erfolgreich – etwa Bob, Kugelstossen, Orientierungslauf, Snowboard oder Ski. Dass auch solche Erfolge überschwänglich gefeiert werden, ist eine andere Geschichte.

Geradezu verblüffend ist vor diesem Hintergrund, was sich in der Tennisszene abspielt. Da machte sich ein Basler namens Roger Federer 2003 daran, neue Massstäbe zu setzen in einer umkämpften Weltsportart, die zu den am weitesten verbreiteten gehört, allein in Europa von 25 Millionen betrieben wird und wegen ihrer Popularität und der grossen Verdienstmöglichkeiten

Swiss Indoors 2003: Roger Federer beim Spiel gegen Ivan Ljubicic.

als Eldorado des Profisports gilt. Federer errang Erfolge, die in der helvetischen Sportgeschichte ihresgleichen suchen. Er mutierte vom hochgelobten Jahrzehnttalent – von denen es viele gibt – zum Wimbledon-Sieger und Tennis-Weltmeister.

Dabei ist Federer nicht das einzige Basler Weltklasseprodukt im Männertennis. Auch die Davidoff Swiss Indoors haben die Hierarchie erklommen und sind in vorher nicht erreichten Höhen angelangt. 33 Jahre nach ihrer Gründung durch Roger Brennwald sind sie das drittgrösste Hallenturnier der Welt.

Mit Schönheit statt Power

Der am 8. August 1981 in Basel geborene Federer war 1998 Wimbledon-Sieger bei den Junioren und weltbester Nachwuchsspieler. Er näherte sich darauf kontinuierlich der Weltspitze. Ein erster grosser Coup gelang ihm 2001 an den traditionsreichen Englischen Meisterschaften in Wimbledon, wo er die zuvor im ‹All England Club› in 31 Partien ungeschlagene Tennislegende Pete Sampras in fünf Sätzen niederrang. Federer, fortan gerne als ‹Federer Express› apostrophiert, schaffte ein Jahr später mit dem Sieg beim German Open in Hamburg den Vorstoss in die Top Ten der Weltrangliste.

An den grössten Turnieren musste er aber immer wieder Rückschläge hinnehmen, und es drohte ihm das Los, ein ‹ewiges Talent› zu werden, als im Juli 2003 seine grosse Stunde schlug. Er wurde in Wimbledon der erste Schweizer Sieger eines Grand-Slam-Turniers – und das auf überragende Art. Er liess im Halbfinal dem Amerikaner Andy Roddick und im Endspiel dem Australier Mark Philippoussis keine Chance. Und Federer war nicht nur ein weiterer Sieger einer langen Liste. Er galt danach als Prototyp des modernen Spielers, der die Abkehr vom Power-Tennis eingeleitet und seinen Sport auf eine neue Ebene geführt hat. Federer siegt nicht durch rohe Kraft, sondern durch Spielfreude, Athletik, Variantenreichtum, Instinkt, mentale Stärke und viel Talent. Nach dem Wimbledon-Final schrieb die Londoner ‹Times›: «Schönheit war die Kunst, mit der er seinen Gegner bezwang».

Federer rundete sein glänzendes Jahr im November am Masters in Houston mit dem Gewinn des Weltmeistertitels ab. Er war Ende Jahr hinter Andy Roddick die Nummer 2 der Weltrangliste, mit vier Millionen Dollar Preisgeld der Rekordverdiener der Saison und galt als Mass aller Dinge. Weltklasse, made in Basel.

Das drittgrösste Hallenturnier der Welt

Federer, die Davidoff Swiss Indoors und ihr Initiator Brennwald formen längst eine Trilogie, sind eng miteinander verflochten. Ohne Brennwald gäbe es das Turnier nicht, ohne dieses hätte sich Federer damals, als Schuljunge, vielleicht nicht für Tennis und gegen Fussball entschieden, und ohne Federer und die Indoors wäre Brennwald nicht, was er heute ist. Federer, dessen Mutter viele Jahre im Turnierbetrieb arbeitete, hatte einst als Balljunge in der St. Jakobshalle davon geträumt, einmal mitspielen zu dürfen, vielleicht sogar zu gewinnen. Eine Randgeschichte, die um die Welt ging. «Was sich bei uns abspielt, ist kaum zu fassen», sagt Organisator Brennwald. «Lange hatten wir gedacht, so etwas sei nur in New York, Frankfurt oder Hannover möglich.»

Die Indoors schafften es trotz ihrer starken Position im Welttennis, ein unabhängiges Basler Produkt zu bleiben. Sie fanden in Dr. Ernst Schneider, Präsident von Titelsponsor Davidoff, vor zehn Jahren einen Partner, der den Sprung an die Weltspitze erst ermöglichte. Inzwischen gilt das Turnier als geschliffener Diamant. 2003 verzeichnete es mit 65 800 Zuschauern einen neuen Rekord, war einmal mehr der Nabel der Tenniswelt und Schmelztiegel der Basler Gesellschaft.

Roger Brennwald hat es über die Jahre geschafft, alle Grössen der Branche nach Basel zu holen. Das Goldene Buch des Turniers liest sich wie ein Who is who? der Sportart. Nastase, Borg, McEnroe, Lendl, Connors, Noah, Edberg, Becker, Agassi, Sampras – sie alle kamen, und viele mehr. Für die neuen Stars der Branche ist ein Start in Basel inzwischen ein Muss.

Wie Federer hat auch Brennwald im Tennis eine Bedeutung erlangt, die weit über die Landesgrenzen hinausgeht. Der verwitwete Vater zweier erwachsener Töchter gilt als Perfektionist, Inventor und Pionier im Profisport. 1946 in Basel geboren, war er selber ein hochbegabter Sportler, mehrfacher regionaler Leichtathletik-Juniorenmeister und 9facher Handball-Internationaler, als er seine Karriere mit 23 Jahren wegen einer Infektionskrankheit abbrechen musste. Nur deshalb entstand 1970 in einer Ballonhalle das Turnier, mit einer Uhr als Siegerpreis und 50 Zuschauern. Inzwischen ist es mit einem Budget von über 12 Millionen Franken der teuerste Sportanlass des Landes.

Ein modernes Märchen, dem das Happy End noch fehlt. Denn auch 2003 konnte Federer seinen Bubentraum nicht verwirklichen. Durch einen Hexenschuss behindert, unterlag er im Achtelfinal dem Kroaten Ivan Ljubicic. Dass er Wimbledon und das Masters vor seinem Heimturnier gewinnen konnte, entbehrt nicht der Ironie. Bud Collins, der bekannteste amerikanische Tennisanalytiker, konnte sich denn die Frage nicht verkneifen, als Federer am 6. Juli in Wimbledon zum Siegerinterview erschien: «Roger, nun hast du Wimbledon gewonnen. Aber wann gewinnst du endlich Basel?»

Empfang für Wimbledon-Sieger Roger Federer in Liestal.

Der EHC Basel – eine wechselvolle Geschichte

Max Pusterla

Nach 40 Jahren im ‹Untergrund› wieder in der Nationalliga A

Am 23. März 2003 war es so weit. Mit einem Sieg über den EHC Visp sicherte sich der EHC Basel die Meisterschaft der Nationalliga B. Mit diesem Erfolg stieg der zweifache Vize-Schweizermeister (1946 und 1952) nach 40 Jahren im ‹Untergrund› endlich wieder in die oberste Spielklasse des Schweizer Eishockey auf.

Nach langen Jahren in den ‹Niederungen› ist der EHC Basel wieder ‹erstklassig›.

Wird in der Fussball-verrückten Sportstadt Basel über Eishockey gesprochen, so werden immer noch auch Namen wie Emil Handschin, Paul Hofer, Kurt Wittlin, Pio Parolini, Bruno Schallberger, Les Anning, Tommy Durling, Ron Barr, Bibi Torriani, Tino Catti, Kurt Sepp und Dieter Jud – in willkürlicher Reihenfolge – genannt. Einige davon sind auch der jüngeren Generation noch ein Begriff, auch wenn sie die Namensträger nur vom Hörensagen her kennt. Eishockey hatte in Basel zeitweise den höheren Stellenwert als Fussball. Der EHC Basel war beliebter und begehrter als der FC Basel.

Die legendären Plausch-Matches zwischen dem EHC und dem FCB lockten indes die Zuschauer zu Tausenden auf die alt-ehrwürdige Kunsteisbahn im Margarethenpark. Die wenigsten Fussballer beherrschten die Kunst des Gleitens auf den schmalen Kufen, und so kann man sich leicht vorstellen, welches Bild die Kicker auf dem Eis abgaben. Doch weil die Regeln für diese Spiele ganz speziell waren, konnte es durchaus vorkommen, dass die Fussballer als Sieger vom Platz gingen. Aber auch dies ist Geschichte.

Siebzig Jahre Eishockey-Meisterschaftsbetrieb

In der Saison 1931/1932 wurde im ‹Sportclub Rotweiss› eine Eishockey-Sektion aus der Taufe gehoben. Im Oktober 1932 änderte sie ihren Namen in EHC Basel und ein weiteres Jahr später fand die eigentliche Fusion zwischen dem EHC Basel und der Eishockey-Sektion Rotweiss zum EHC Basel-Rotweiss statt, der im darauf folgenden Jahr bereits Serie-B-Meister der Zentralschweiz wurde. 1935 kam es zu internen Querelen, die in einen NEHC Basel (Neuer Eishockey-Club Basel) mündeten. Der EHC Basel-Rotweiss aber überlebte und wurde Ende der Saison 1936/1937 und 1937/1938 erneut Serie-B-Meister der Zentralschweiz. 1940/1941 stieg der EHC Basel-Rotweiss in die ein Jahr zuvor neu gegründete Nationalliga des Schweizerischen Eishockey-Verbandes auf.

Der Zweite Weltkrieg brachte in der Folge eine Zäsur in den Meisterschaftsbetrieb, der EHC Basel-Rotweiss hielt sich jedoch in der obersten Liga. Die erste Nachkriegs-Saison, 1945/1946, ging als ‹Saison des Durchbruchs› in die Geschichte ein. Die junge Mannschaft verfehlte nur knapp den Schweizermeister-Titel, nachdem sie zum ersten Mal und erst noch auswärts den Zürcher SC mit 3:4 schlagen und gegen den EHC Davos 4:4 unentschieden spielen konnte. Es war auch die Saison des Durchbruchs in Sachen Zuschauer auf der ‹Kunschti›: Vom Davoser Spiel an durfte der Vereinskassier stets mit 5000 bis 10000 Zuschauern rechnen.

In der gleichen Saison reiste der EHC Basel-Rotweiss auch als Mannschaft Schweiz B nach Holland und Belgien, wo Kanadier als Erstes nach Kriegsende die Eishallen und Kunsteisbahnen aufgebaut hatten. Die Spiele als Nationalmannschaft – gegen Belgien und Holland – wurden gewonnen, die Partie gegen den kanadischen Armeemeister – unter der Affiche EHC Basel-Rotweiss – ging indes mit 6:2 verloren.

Einen Höhepunkt in der Vereinsgeschichte gabs in der Saison 1948/1949: Basel schlug Davos (2:1) zum ersten Mal im Landwassertal und vermasselte damit dem Serien-Meister aus dem Bündnerland den Meistertitel, da sich die Basler auch im Heimspiel mit einem 4:4 nicht schlagen liessen.

Am Ende der Saison 1951/1952 ist der EHC Basel-Rotweiss nicht nur der grösste Eishockey-Verein des Landes, er wird auch zum zweiten Mal Vize-Meister.

Auf der Berg- und Talbahn

Am Ende der nächsten Spielzeit, der Jubel über den zweiten Meisterschaftsplatz war schon längst verklungen, stieg der EHC nach einer 7:3-Niederlage gegen Ambri im entscheidenden Spiel erstmals in die Nationalliga B ab.

Drei Saisons lang bemühten sich die Basler im so genannten ‹Unterhaus›. In den Basler Nachrichten vom 5. März 1956 war dann allerdings von einem «Ereignis des Jahres» zu lesen: «Basel ist Meister der Nationalliga B geworden und versucht im Relegationsspiel gegen den SC Bern auf der Basler Kunsteisbahn aufzusteigen. Die Basler führen im zweiten Drittel 8:4. Man atmet ruhig und ist zuversichtlich. Da geschieht das Unglaubliche:

Werden die Sponsoren dem EHC Basel die Treue halten, auch wenn er den Ligaerhalt nicht schaffen sollte?

Während Ron Barr die Strafbank drückt, holen die Berner innert einer einzigen Minute drei Tore auf, womit der baslerische Vorsprung auf 8:7 geschwunden ist. Im letzten Drittel gerät Basel sogar 8:9 ins Hintertreffen. Nach dem Seitenwechsel gelingt Wittlin das 9:9. Noch sieben Minuten sind zu spielen. Ein Unentschieden verhilft nicht nach oben, es braucht einen Sieg. Ein Nervenkrieg sondergleichen ist ausgebrochen. Zwei Minuten vor dem Ende ist das Resultat immer noch unverändert. Man zittert und schwitzt vor Aufregung. Da trifft Ron Barr das Berner Netz zum 10:9 ...»

Der EHC Basel hatte – für lange Zeit zum letzten Mal – den Aufstieg in die oberste Spielklasse geschafft. Er ‹tingelte› zwar noch einige Jahre ganz oben mit, dann überstürzten sich die ‹Stürze›.

40 Jahre im ‹Niemandsland›

Ende der Saison 1961/1962 hätte der EHC Basel in die Nationalliga B absteigen sollen, doch die Nationalliga A wurde aufgestockt und so konnten die Basler vorerst im ‹Oberhaus› verbleiben. Ein Jahr darauf belegten sie am Schluss der Saison erneut den letzten Tabellenrang. Sie verloren auch das Relegationsspiel gegen die Zürcher Grasshoppers und stiegen in die Nationalliga B ab. Ende der Saison 1966/1967 erfolgte die Relegation in die 1. Liga. 1969/1970 übernahm der Deutsche alt Internationale Kurt Sepp das Traineramt und führte die Mannschaft wieder in Aufstiegsnähe. 1970/1971 verstärkte sich das Team noch mit dem alt Internationalen Pio Parolini, und eine Saison später gelang der lang ersehnte Wiederaufstieg in die Nationalliga B.

Die Freude dauerte allerdings nur kurz. Am Schluss der Saison 1975/1976 war der EHC Basel wieder Mitglied der 1. Liga, ein Jahr später war gar der Tiefpunkt in der Vereinsgeschichte erreicht: Basels Eishockey fand auf Zweitliga-Niveau statt. In den nächsten Jahren war der EHC Basel das, was man landläufig als ‹Liftmannschaft› bezeichnet: eine Saison oben, dann wieder eine Saison unten. Mit dem heute als erfolgreicher Nationalliga-Trainer tätigen Kanadier Jim Koleff als Spieler und Topscorer gelang 1984 erneut der Aufstieg in

die Nationalliga B. Ab 1987 gings aber wieder steil bergab – direkt bis in die 2. Liga, und nur mit grossen Anstrengungen und der Gründung einer Donatorenvereinigung konnte gar ein Konkurs vermieden werden. 1990 erfolgte die Fusion mit dem EHC Kleinhüningen und drei Jahre später der Wiederaufstieg in die 1. Liga. Dort hielten sich die Basler sieben Jahre auf, ehe sie im Jahre 2000 trotz einer Niederlage im Playoff-Final ein zweites Mal wegen einer Aufstockung der Nationalliga B am ‹grünen Tisch› aufstiegen.

Wieder in der Nationalliga A mit dabei

Ende der Saison 2002/2003 war es dann endlich wieder so weit: Am 23. März 2003 gewinnt der EHC Basel den Final der Nationalliga-B-Meisterschaft in der neuen St. Jakob-Arena gegen den EHC Visp und steigt nach 40 Jahren im ‹Untergrund› in die oberste Spielklasse des Schweizer Eishockey auf.

Der lang ersehnte Erfolg trägt – obwohl von einer ganzen Mannschaft erreicht – einen respektive zwei Namen: Michael Geiger, seit 1996 Präsident zuerst des Vereins und anschliessend der EHC Basel AG, und Beat Lautenschlager, in den beiden letzten, aufstiegsentscheidenden Spielzeiten Trainer der ersten Mannschaft der ‹Dragons›, wie sich das Basler Nationalliga-B-Team seit ein paar Jahren nennt.

Quellen

Werner Hartmann, ‹Eishockey-Club Basel 1932–1982›, in: Basler Kunsteisbahn 1934–1984, hg. von der Basler Kunsteisbahn AG, Basel 1983.
Website des EHC Basel: www.ehc-basel.ch

Fasnacht

«Mir gseen duure!»

Die Fasnacht fand wie schon 1991 beim Golfkrieg in einem schwierigen und unsicheren politischen Umfeld statt. Dies hat ihr aber – wie unser Fasnachtschronist Felix Rudolf von Rohr feststellt – nicht geschadet. Im Gegenteil: Mehr als früher wurden wieder ernsthafte politische Themen mit den satirischen und persiflierenden Mitteln der Fasnacht angegangen. Der Krieg im Irak, aber auch die politischen Geschehnisse in anderen Krisenherden der Welt waren Zielscheiben bissiger Kritik. ‹Mir gseen duure!›: Ein Querschnitt durch die Fasnacht 2004 mit Durchblick.

«Mir gseen duure!» *Felix Rudolf von Rohr*

Fasnacht 2003

Die Baslerinnen und Basler haben 2003 einmal mehr bewiesen, dass ihre Fasnacht gerade in wirtschaftlich und weltpolitisch unsicheren Zeiten ein bewährtes Mittel ist, den Weit- und Durchblick zu behalten und auch heikle Themen mit kritischem Humor ins richtige Licht zu rücken.

Anfang 2003 wurden Gedanken an die Fasnacht 1991 wach. Damals stand die Welt unter dem Eindruck des Krieges im Irak. Ganz Deutschland verzichtete auf alle fasnächtlichen Veranstaltungen, und in Basel wurde ernsthaft die Frage gestellt, ob in dieser Situation auf die Durchführung der Fasnacht zu verzichten sei. Jetzt, da Bush's Bush sich anschickte, seines Vaters Visionen weiterzuführen, wurde an der Basler Fasnacht zweierlei deutlich: Erstens hatte die damalige Situation bewusst gemacht, dass unsere Fasnacht in einer ernsthaften Lage nicht in Frage gestellt ist, sondern erst recht ihre Berechtigung hat. So kamen auch keinerlei Zweifel auf wie zwölf Jahre zuvor. Übrigens entschieden sich auch die Verantwortlichen der alemannischen Fasnacht in unserer badischen Nachbarschaft schon frühzeitig, ihre traditionellen Anlässe 2003 auf jeden Fall abzuhalten. Zweitens sind in den letzten Jahren ernsthafte politische Themen wieder vermehrt mit den satirischen und persiflierenden Mitteln der Fasnacht angegangen worden – auf lokaler, aber auch auf nationaler und internationaler Ebene. So auch im Jahr 2003. Der neuerliche Krieg im Irak, aber auch die politischen Geschehnisse in anderen Krisenherden der Welt waren Zielscheiben bissiger Kritik. Beim Sujet der traditionsreichen Gesellschaft der ‹Alte Stainlemer› wurde dabei deutlich, wie hoch die Anforderungen an das Fingerspitzengefühl bei der Abhandlung brisanter Themen sind. Hinter dem lieblichen Sujettitel ‹Draumhochzyt› verbarg sich eine ernsthafte Auseinandersetzung mit dem endlosen Konflikt zwischen Israel und den Palästinensern. Auf der Laterne und im ganzen, hervorragend gestalteten Zug der Clique zeigten die Stainlemer die Vision des Friedens im Nahen Osten und als Kehrseite die bittere tagtägliche Realität des Kriegs und des Terrors. Die Umsetzung des Sujets war eindrücklich und regte jeden kritischen Beobachter zum Nachdenken und zur Zustimmung an – wären da nicht einige Laternenverse gewesen. Diese paar kleinen Zweizeiler, die bekanntlich oft zu später Stunde noch entstehen, spontan und gelegentlich auch ein wenig unüberlegt, erregten die Gemüter, handelte es sich doch um eindeutig geschmacklose und antisemitische Bemerkungen. Trotz einer anhaltenden Polemik in den Zeitungen konnte der sehr ärgerliche ‹Fehltritt› in guten und offenen Gesprächen zwischen der Clique und dem Fasnachts-Comité geklärt und beigelegt werden. Schliesslich gab sogar die Israelitische Gemeinde in einem Dankschreiben der Hoffnung Ausdruck, dass dieser Zwischenfall keinesfalls dazu führen dürfe, dass solch ernste

Themen künftig an unserer Fasnacht gemieden werden. Die Fasnacht soll ihren Biss behalten und pflegen, mit einem feinen Gespür für die Grenzen des guten Geschmacks und des Respekts, aber auch mit der Bereitschaft, Ausrutscher gütlich und friedlich beizulegen.

Vorfasnacht

Die zahlreichen Bühnenveranstaltungen fanden einmal mehr ausnahmslos in ausverkauften Häusern statt. Das ‹Charivari› mit einem perfekten ‹Fasnachts-Odyssee›-Musical und die als ‹Jahrhundert-Drummeli› bezeichneten Monstre-Trommelkonzerte setzten die Messlatten für die kommenden Jahre besonders hoch.

Courant normal

Die Fasnacht vom 10. bis 12. März 2003 spielte sich im gewohnten traditionellen Rahmen ab. Zur Gewohnheit gehört eigentlich auch das anständige Wetter. Der Morgenstreich begann bei 3 Grad Kälte, und einem wolkenlosen Himmel. Dem nachdrücklichen Comité-Appell, die Schaufenster in der Innerstadt zu verdunkeln, wurde mehr denn je wieder nachgekommen. Auch die drei Tage und Abende konnten bei guten Wetterbedingungen zelebriert werden – mit der Einschränkung, dass wir die Regenspritzer am Mittwoch-Nachmittag als reine Behauptung einordnen. Zum letzten Mal zog der amtierende Obmann des Fasnachts-Comités, Alex Fischer, den über 12 000 Aktiven an den Cortège-Nachmittagen seinen schwarzen Hut. Nach fünf würdigen und erfolgreichen Jahren übergab er sein Amt im Frühjahr dem bisherigen Statthalter Felix Rudolf von Rohr. Gleichzeitig trat auch die langjährige Sekretärin des Comités, Helle Thommen, in den verdienten Ruhestand. Beide wurden zu Comité-Ehrenmitgliedern ernannt.

D Blaggedde.

Sujets ohne Ende

Mit dem Motto der Fasnacht 2003 «Mir gseen duure!», symbolisiert durch die neue, verglaste St. Albanfähre auf der Plakette, wurde der baslerische Durchblick durch den bunten Strauss der grossen und kleinen fasnächtlichen Themen zum Ausdruck gebracht. Dabei sind es nicht immer die meistgenannten und -abgehandelten Sujets, die in der Erinnerung zurückbleiben, sondern eher jene, die besonders gut, originell oder markant dargestellt werden. So wurde die eingangs angesprochene internationale Politik nur von einer kleinen Minderheit thematisiert und persifliert. Im Fasnachtsführer ‹Rädäbäng›, der auf über 140 Seiten Auskunft über die am Cortège teilnehmenden rund 500 Gruppierungen gibt, konnten weit über 100 verschiedene Sujets gezählt werden. Wir nennen einige Beispiele: Der FCB in seinem turbulenten Höhenflug, die Kunstaktion, mit welcher dem Engel auf dem Münsterturm eine vorübergehende Stube eingerichtet wurde, die neue gläserne Rheinfähre, der Verkauf des Radios Basilisk nach Zürich, Kreiselverkehr da und dort, Stadt-Marketing und Basel Tourismus, allerhand übers Tram, ein Schotten-Festival in Basel, das bevorstehende Spielcasino. Auf nationaler Ebene war die Schweizerkreuz-Mode ein beliebtes Thema, die explodierenden Gesundheitskosten, die PISA-Studie in den Schulen, die Diskussionen um unsere Goldreserven, Abzockereien auf den Chef-Etagen und Wirtschaftskrisen, Rentenklau und auch die Landesausstellung EXPO. Schliesslich ging es um Pädophile in der Kirche, Sparen allenthalben und eben die grosse internationale Politik in verschiedenen Facetten. Einen kleinen Eindruck der Sujet-Vielfalt geben die folgenden paar Beispiele der Schnitzelbank-, Zeedel- und Laternenvers-Dichtung des Jahrgangs 2003:

Drummeli: Glunggi.

Beginnen wir mit dem grossen Weltgeschehen:

Nit jeden Ami isch e Frind.
Dailsch nit syy Mainig, bisch e Find.
S het d Bush-Regierig allem aa
au nit an alle Gfalle ghaa.
Ganz bsunders nit an dääne Frinde,
wo vo Europa ääne zinde.
Wär Frind und Find nit trenne kaa
kaa d Finger lyycht verbrenne draa.
Dr alt Bush het kai Schimmer ghaa,
dr Sohn isch fascht no schlimmer draa,
drum zaigt denn mit dr Zyt s Brogramm:
E Nuss fallt halt nit wyt vom Stamm.
Zeedel VKB

Internationale Politik im Schwarzbubenland?

Der Karel Gott wär fascht der Presidänt in Prag,
will jeede d ‹Biene Maja› undsowyter maag.
Jä, nach däm Voorbild wird – d Plakaat sin scho im Drugg –
dä gail Bo Katzmann Presidänt vo Dornach-Brugg.
Schnitzelbank Stroossewischer

Aspekte des Abschieds im Bundesrat:

D Frau Dreyfuess trait an ihrem allerletschte Oobe
e wunderscheeni schampar düüri Garderobe.
Ich ha zue ihre gsait: Was mi no Wunder nimmt:
Wieso gohsch – jetz wo d Verpaggig ändlig stimmt?
Schnitzelbank Schorsch vom Haafebeggi II

Uff em Pauseplatz froggt s Ruthli und blibt schtoo,
los, liebe Kaschper, wänn mir zwai nit zämme go?
Gang Du elai sait dää und duet der Bleistift spitze,
Ich muess no bliibe und im Rächne noochesitze.
Schnitzelbank Die Penetrante

Zündstoff aus den Chefetagen der Wirtschaft:

Geil nach Macht dien mir regiere,
geil nach Gäld e Buude fiehre,
Firme kaufe, inveschtiere
und wenn die Lääde nit rentiere

e Konkürsli duurefiehre.
Das kasch in jedem Fall kaschiere.
Denn nur mit aim Zyyl dien mir fiehre:
Abkassiere, abkassiere.
Wenn d Aktiekirs dien kollabiere,
duet uns dr Hüppi imponiere,
wo yyskalt, ohni sich z geniere,
aifach d Bilanze duet frisiere
und denn vom Gwinn duet fabuliere ...
Zeedel Die Aagfrässene

Die helvetische Aerodynamik wird noch lange zu reden geben:

Dr Dosé maint no vyl studiere:
Ganz ohni Flugi wurds rentiere
Laternenvers Alti Schnooggekerzli

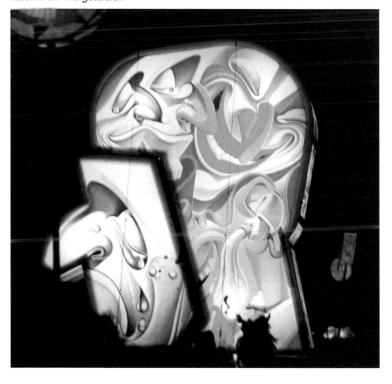

Die Olymper persiflieren die Scheinheiligkeit: ‹Me duet betroffe›, lautet das Sujet. Laterne am Morgestraich.

D Swissair duet ihre Flohmärt-Grimpel liquidiere.
Bim Silberbsteck und au bim Wy kasch profitiere.
Doch unsri Schnäpplijagd will aifach nid rächt
klappe.
Mir hätte soo gärn e Hoschtess kauft fir 50 Rappe.
Schnitzelbank Käärnebigger

*... und nach der Flugreise geht's in die neue
Zollkontrolle:*

S eleggtronisch Gsichtskontrolle-Grät
Isch bim e Zircher nit vyl wärt.
Dr Grund isch, sehsch bi dääne schlicht
vor luter Schnuure gar kai Gsicht!
Schnitzelbank Filzluus

Ein Blick zurück auf die Landesausstellung EXPO:

An der Ereffnigsfyyr in Neuchâtel im Mai,
sin d Lyt grad raiewyys zeerscht yypfuust und denn
hai.
Jetzt, wo me d Expo zämmeruumt und d Rächnig
macht,
sin au die Letschte, wo no draimt hän, bees ver-
wacht.
Schnitzelbank Stroossewischer

Ethno-Look und Goldreserven:

Dangg Schwyzer Grüzz mit Gold belaade
hänn mir dr Spott und au dr Schaade!
Laternenvers Verschnuuffer

Gundeli-Clique mit dem gegen den Labelwahn gerichteten Sujet ‹Swissgail›.

Was kann man denn heute noch risikofrei essen?

Natrium – Zink – Phosphat – Sulfid
Bromid – Nitrat – Acrylamid.
Verstohsch du das nit, machts nüt, denn tröscht dy,
uff dütsch haisst das aifach: Brootwurscht mit
Röschti.
Schnitzelbank Fäärimaa

Will in China d Hiehnermueter
Fischmähl griegt ins Hiehnerfueter,
kasch nie sicher sy am Disch,
isch s jetz Poulet oder Fisch?
Zeedel Alti Wiehlmys

Selbsterfahrung ausserhalb der Fasnachtszeit:

Mit Shiatsu, Edelstai und Akkupunktur
und eme Bachblüete-Wörkshop in der freye Natuur,

beglaitet vo Esoterik und Feng Shui, gang ych
d Lääbensfroogen aa;
mit em Erfolg, dass ich jetzt scho ganz elai
angschtfrey Töpfere kaa.
Schnitzelbank Peperoni

Zum heiklen Thema der pädophilen Kirchendiener:

Dä Wolf, wo isch go wandere, isch bees in
d Hämmer gloffe;
Är het halt, won er ane kunnt, nur Schoof
und Lämmer troffe.
Und Wölf so bi de Schööfli, das isch Unsinn
im Quadrat –
De losch jo au kai Prieschter in e Knabe-Internat!
Schnitzelbank Schwoobekäfer

D Sporepeter: Fahnenmarsch in prächtigen Farben.

... und dasselbe Thema auf Basel bezogen:

Z Basel bi de Proteschtante
vergryfft me sich an Alte Dante!
Laternenvers Kerzedrepfli

Von Rom an die Hülftenschanze:

Es wird dr Märt mit Hailige vom Poobscht jetz
iberfluetet;
Als Wunder pryst dä alles a – ob s guetet oder
bluetet.
Mir Basler tigge anderscht: Mir wän erscht uf
Wunder proschte,
Wenn d Baselbieter z Basel ändlig zaale, was si
koschte!
Schnitzelbank Schwoobekäfer

Das FCB-Präsidium sorgt für guten Spott:

Letscht Johr hole dütschi Schuuter samt de
Schuutere
dä Jäggi René C. ewägg no Kaisersluutere.
Dä blybbt jo niene lang – mir hoffe s unverhohle,
denn kömme die scho gly dr Edelmaa go hoole!
Schnitzelbank Zahnstocher

*Und schliesslich ein Wort zur ewigen Freude
an der Fasnacht:*

Au mit Rimpf und ohni Zehn
find y d Fasnacht als no scheen.
Laternenvers Junteressli Alti Garde

Kritisieren die zunehmende zwischenmenschliche Kälte und Härte: d Schnuurebegge.

Chronik 2003

zusammengestellt von Paul Roniger

Januar	1.	†	† *Dr. med. Bruno Bucheli* (43), seit August 2000 Basler Kantonsarzt, unerwartet verstorben während eines Ferienaufenthalts in Costa Rica.
		Neijoors-Aadringgede	Gegen 300 Baslerinnen und Basler folgen der seit 1996 alljährlichen Einladung E. E. Zunft zum Goldenen Stern, am Dreizackbrunnen mit einem Becher Hypokras auf das Neue Jahr anzustossen.
	3.	†	† *Robert Hiltbrand* (74), Basler Grafiker, Illustrator, Plakatkünstler, Ausstellungsmacher, Sammler, Laternenmaler und ‹Kuttlebutzer-Urgestein›.
	4.	Wurzengraber-Kämmerli	Präsident *Felix Eymann* kann zum traditionellen Wurzengraber-Herrenabend rund 300 Gesellschafter, darunter als Gastredner den Präsidenten des FC Basel, *Werner Edelmann*, begrüssen.
	5.	Stärndrayer	Bereits zum fünfzigsten Mal treten im Jakobsbergquartier als Dreikönigsbrauch die ‹Stärndrayer› auf, die im Jubiläumsjahr ihre gesungenen Versvorträge zu Gunsten der ‹Robi-Spiel-Aktionen› und des Vereins ‹Die Andern› zum Besten geben.
	6.	Handelskammer beider Basel	Zum Neujahrsempfang der Handelskammer beider Basel finden sich am UBS-Hauptsitz über 800 Persönlichkeiten aus der regionalen Wirtschaft und Politik ein.
	8.	Grosser Rat	An seiner ersten Sitzung im neuen Jahr wählt das Parlament wie üblich die Spitzen von Legislative und Exekutive: Neuer Grossratspräsident wird *Leonhard Burckhardt* (SP), Statthalterin *Beatrice Inglin* (CVP); zum Regierungspräsidenten wird *Christoph Eymann* (LDP) und zum Vizepräsidenten *Jörg Schild* (FDP) gewählt.
	9.	Gewerbeverband Basel-Stadt	Am Neujahrsempfang des Gewerbeverbandes in der Offenen Kirche Elisabethen setzen sich Präsident *Werner Schmid* und Direktor *Peter Malama* für den Erhalt fairer wirtschaftlicher Rahmenbedingungen und die Förderung der Investitionstätigkeit ein.
	10.	Sportler des Jahres	Die Vereinigung der Basler Sportjournalisten kürt in der UBS-Kundenhalle bei den Herren bereits zum dritten aufeinander folgenden Mal den Tennisprofi *Roger Federer*, bei den Damen die Schwimmerin *Hanna Miluska* und als Mannschaft das Erfolgsteam des FC Basel zu Sportlerinnen und Sportlern des Jahres.
		Dreirosenbrücke	Mit fast zweimonatiger Verspätung trifft auf dem Rhein, von Village-Neuf kommend, der zweite Teil des Stahlfachwerks für den Südabschnitt der neuen Dreirosenbrücke zur Montage des letzten Brückenträgers ein.

11.	†	*† Hanns U. Christen ‹sten›* (86), populärer freier Journalist und Publizist, seit über 25 Jahren als ständiger Berichterstatter und Kolumnist zuerst der National-, dann der Basler Zeitung tätig; durch seine ‹Märtberichte› und kulinarischen Kenntnisse weitherum bekannt.
13.	Kleinbasler Bären-Tag	Auf teilweise neuen Wegen – mit Besuchen im Kinderspital und bei der Kleinbasler Polizeiwache – bewegen sich Bär, Tambourintrommlerin und Büchel-Bläser von der Matthäuskirche quer durchs ‹mindere› Basel zur Kaserne, wo der Anlass mit dem multikulturellen Bärenmähli seinen Abschluss findet.
14.	†	*† Chester Gill* (74) prägte mit seiner weit gefächerten Tätigkeit als Musikpädagoge, Saxophonist, Sänger, Gitarrist, Bandleader, Chordirigent und Komponist über vierzig Jahre das Basler Musikleben.
	MCH Messe Schweiz	Am Neujahrsapéro der Interessen-Gemeinschaft Kleinbasel im ‹Le Plaza Club› stellt sich der neue CEO der Messe Schweiz AG, *René Kamm*, der Öffentlichkeit vor.
17.	Basler Museumsnacht	Mit 93 000 Eintritten verzeichnet die dritte Basler Museumsnacht, in deren Verlauf 30 Institutionen ihre Pforten bis 02.00 Uhr offen halten und ein reichhaltiges Rahmenprogramm anbieten, einen neuen Publikumsrekord.

20.	Vogel Gryff	Bei optimalen Witterungsverhältnissen feiern die Kleinbasler ihren Ehrentag im Zeichen des ‹Wild Maa›, Wappentier E. E. Gesellschaft zur Hären, deren Meister *Georg-André Schlager* am Gryffe-Mähli als wichtigsten Gast und Hauptredner *Nationalrat Franz Steinegger* begrüssen kann.
21.	Swissbau 03	Zum letzten Mal in gewohnter Form, wird mit rund 1000 Ausstellern aus 24 Ländern die Baufachmesse Swissbau 03 eröffnet, die dieses Jahr dem Thema Innenausbau gewidmet ist.
24.	Fasnachts-Comité	Nach fünfjähriger Tätigkeit als Obmann gibt *Alex Fischer* seinen Rücktritt aus dem Fasnachts-Comité bekannt, dem er seit 1992 angehörte.
28.	Kommandanten-Empfang	Beim traditionellen Empfang der Armee-Truppenkommandanten, welche Einheiten mit Basler Wehrmännern befehligen, würdigt *Militärdirektor Jörg Schild* vor allem die per Ende 2002 in den Ruhestand getretenen Korpskommandanten *Hans-Ulrich Scherrer*, Generalstabschef, und *Rudolf Zeller*, ehemaliger Chef FAK 2.
30.	75 Jahre St. Claraspital	Ein Festakt in der St. Clara-Kirche mit Ansprachen von *Regierungspräsident Carlo Conti* und *Grossratspräsident Ernst-Ulrich Katzenstein* markiert das 75-Jahr-Jubiläum des 1928 von Ingenbohler Schwestern gegründeten St. Claraspitals.
31.	World Money Fair	Eröffnung der 32. Basler Münzenmesse im Kongresszentrum. Der Treffpunkt der weltweit führenden Münzenproduzenten steht diesmal ganz im Zeichen des EURO.
Februar 9.	St. Jakob-Arena	Am ersten, nur mässig besuchten Eishockey-Anlass in der neuen St. Jakob-Arena, einem Vierländer-Turnier, muss sich die Schweizer Nationalmannschaft nach Niederlagen gegen Kanada und Deutschland mit dem letzten Platz begnügen, obwohl sie im Startspiel den späteren Turniersieger, die Slowakei, schlug.
	Abstimmungen	Bei einer Stimmbeteiligung von 43,2 Prozent sagt – analog zum eidgenössischen Ergebnis – das Basler Stimmvolk Ja zum Bundesbeschluss über die Änderung der Volksrechte (75,6 %) und zum Dringlichen Bundesgesetz über die Anpassung der Kantonalen Beiträge an Spitalbehandlungen (80,4 %); es nimmt auch die kantonale Initiative für eine familienfreundliche Erbschaftssteuer an (67,4 %).
11.	Basler Kantonalbank	An ihrer Bilanzpressekonferenz präsentiert die Basler Kantonalbank mit einem weiteren Gewinnplus gegenüber 2001 von 1,3 % das beste Ergebnis ihrer Firmengeschichte.
12.	Grosser Rat	In seiner Antrittsrede zieht der neue Grossratspräsident, *Leonhard Burckhardt* (SP), von Beruf Geschichtsprofessor, Vergleiche zwischen Stadtstaaten in der Antike und der Stadt Basel heute und wirbt für vermehrte Partnerschaften, durch welche Basel seine besonderen urbanen Eigenschaften noch besser nutzen könnte. Das Stadtbasler Parlament bewilligt sodann, wie zuvor der Baselbieter Landrat, die

Globalbeiträge für das Universitäts-Kinderspital beider Basel (UKBB) von 16,6 Mio. Franken für 2003 und 16,8 Mio. Franken für 2004.

14.	mubaplus 2004	*Bundesrat Moritz Leuenberger, Regierungspräsident Christoph Eymann* und Messepräsident *Robert A. Jeker* eröffnen gemeinsam die bis zum 23. Februar dauernde wichtigste Publikumsmesse der Schweiz, welche in die Unterabteilungen Gesundheit, Wohnsinn, Sportdays + Ferienmesse gegliedert ist und auch die Immobilienmesse ‹Immofoire› in sich einschliesst. Wie schon im Vorjahr berechtigt am Eröffnungstag die Basler Fasnachts-Plakette zum freien Eintritt.
	†	*† Hans Räber* (86), bekannter Autor von Fasnachtsliteratur (‹Meier III-Hyylgschichte›), Cliquengründer der Basler Dybli und Tambourmajor, u.a. auch im Glaibasler Charivari.
	Hafenbahn-brücke eingeweiht	*Regierungsrat Ralph Lewin* gibt die neue Eisenbahnbrücke über den Verbindungskanal zum Hafenbecken II, welche die Durchfahrt grösserer Containerschiffe erlaubt, zum Verkehr frei.
15.	Brysdrummlen und -pfyffe	Zu Trommelkönigen werden bei den Alten zum dritten aufeinander folgenden Male *Pascal Caviezel* und bei den Jungen *Pascal Labhardt*; die Pfeiferköniginnen heissen *Cathrin Cattelan* bei den Alten und, wie letztes Jahr, *Stefanie Bosshard* bei den Jungen.
18.	Offene Kirche Elisabethen	Die Evangelisch-reformierte Kirche Basel-Stadt ernennt *André Feuz* als Nachfolger von *H. R. Felix Fellx* zum Pfarrer der Offenen Kirche Elisabethen.
18.	Giardina 2003	In der Messehalle 3 öffnet die während der mubaplus stattfindende Gartenbaumesse ‹Giardina› ihre Pforten.
	FC Basel	Am dritten Spieltag der Champions League besiegt der FC Basel im voll besetzten St. Jakob-Park den spanischen Club Deportivo La Coruña mit 1 zu 0 Toren und wahrt sich damit die Chance auf ein Weiterkommen.
21.	Regio-S-Bahn	Der Basler *Wirtschaftsdirektor Ralph Lewin*, der Baden-Württembergische Staatssekretär Umwelt und Verkehr *Stefan Mappus* und *Philipp Gauderon*, SBB-Leiter Regionalverkehr, sowie *Paul Blumenthal*, SBB-Leiter Personenverkehr, unterzeichnen den Vertrag zur Eröffnung der roten Regio-S-Bahn-Linie ins Wiesental, wodurch diese im Sommer 2003 ihren Betrieb aufnehmen kann.
22.	Erdbeben	In der Nordwestschweiz werden am heutigen Samstagabend zwei Erdstösse der Stärken 5,5 und 3,1 auf der Richterskala registriert, die sich auch in der Stadt Basel bemerkbar machen.
23.	13. Badminton Swiss Open	Auch das diesjährige, heute zu Ende gehende Internationale Badminton-Turnier in der St. Jakobshalle endet, bei gewohnt grossem Publikumszuspruch, in allen Kategorien mit asiatischen Erfolgen.

Israelitische Gemeinde Basel	*Arie Folger* wird in der voll besetzten Synagoge als neuer Rabbiner der Israelitischen Gemeinde Basel und Nachfolger von *Israel M. Levinger* in sein Amt eingesetzt.
25. †	† *Dölf (Adolf) Pestoni* (75), ehemaliger Kunsteisbahndirektor, leitete während Jahrzehnten die Geschicke der Kunsteisbahn Margarethenpark und amtete auch als Speaker bei zahlreichen Sportanlässen.
FC Basel	Trotz einer 0:1-Auswärtsniederlage im Rückspiel gegen Deportivo La Coruña am vierten Spieltag der Champions League bleibt für den FC Basel dank des Ausgangs der andern Gruppenspiele die Möglichkeit einer Weiterqualifikation für die nächste Runde intakt.
Bürger- gemeinde	Der Bürgergemeinderat nimmt die Berichte zum Stand der Planung auf dem Areal Milchsuppe des Bürgerspitals sowie zum Anzug der Prüfungskommission betreffend nachhaltiger finanzieller Sanierung der Rhera Chrischona zur Kenntnis und bewilligt Beiträge aus dem Anteil der Bürgergemeinde am Ertrag der Christoph Merian Stiftung an den Verein ‹Mobile Jugendarbeit› und die Stiftung Wegwarte.

Die Israelitische Gemeinde hat mit Arie Folger wieder einen Rabbiner.

März	**5.**	Zunftumgang	Am Aschermittwoch, dem Ehrentag der vier Herrenzünfte zum Schlüssel, zu Safran, zu Hausgenossen und zu Weinleuten findet vor den gegenseitigen Besuchen ein Zusammentreffen auf dem Marktplatz statt, wo diesmal *Alfred Zeugin*, Meister E.E. Zunft zu Weinleuten, eine Kurzansprache hält und für das Weiterbestehen der Basler Herbstmesse und eine Finanzhilfe an eine Ausstellung der Zunftschätze im Historischen Museum plädiert.
	8.	Basel Ysfäger	Mit einem 6:5-Endspielsieg gegen die Genfer Mannschaft holen sich die erst letztes Jahr in die oberste Spielklasse aufgestiegenen Basel Ysfäger überraschend den Schweizermeistertitel im Curling.
	10.	Fasnacht	Ein wolkenloser Himmel und ideale meteorologische Bedingungen bilden den Rahmen für einen Prachts-Morgestraich 2003.
	12.	FC Basel	Im vorletzten Spiel der Champions-League-Zwischenrunde erreicht der FC Basel ein 1:1-Auswärts-Unentschieden gegen Manchester United; um sich für die Viertelfinals qualifizieren zu können, müsste er nun aber in der abschliessenden Partie gegen Juventus Turin einen 5:0-Sieg realisieren.
		Fasnacht	Nach zwei warmen Sonnentagen werden die rund 12 000 aktiven Fasnächtlerinnen und Fasnächtler am Mittwochs-Cortège von Regen und Wind überrascht, können danach aber noch einen trockenen Ausklang geniessen.
	15.	†	*† alt Regierungsrat Stefan Cornaz* (59), seit 1975 Mitglied der FDP, die er von 1980 bis 1992 im Grossen Rat vertrat; rückte 1994 seinem Parteifreund *Paul Wyss* in den Nationalrat nach und wurde als Nachfolger von *Hans-Ruedi Striebel* 1995 in die Regierung gewählt, wo er dem Erziehungsdepartement vorstand; trat 1999 aus gesundheitlichen Gründen von seinem Posten zurück.
	16.	Wahlen in Bettingen	Mit 246 Stimmen wird der von der Bettinger Dorfvereinigung portierte *Willi Bertschmann* als Nachfolger von *Peter Nyikos* (EVP) zum neuen Bettinger Gemeindepräsidenten gewählt. Auf seinen Gegenkandidaten *Patrick Götsch* (Aktives Bettingen) entfallen 183 Stimmen. Die vier bisherigen Gemeinderatsmitglieder *Dieter Eberle* und *Dorothee Duthaler* (Bettinger Dorfvereinigung) sowie *Thomas U. Müller* und *Uwe Hinsen* (Aktives Bettingen) werden wiedergewählt. Bei den gleichzeitig stattfindenden Wahlen in den Bürgerrat werden dessen Präsident, *Alois Zahner*, und die drei bisherigen Ratsmitglieder *Mathias Walser*, *Peter Dössegger* und *Guy Trächslin* bestätigt, neu zugewählt wird *Ruth Hersberger*.
	17.	Internationale Woche des Gehirns	Die heute beginnende 6. Internationale Woche des Gehirns will mit fünf öffentlichen Informationsveranstaltungen dem Publikum die Vielschichtigkeit der Gehirnfunktionen näher bringen und so das Verständnis für die Hirnforschung fördern.

18.	FC Basel	Im abschliessenden Zwischenrundenspiel der Champions League gelingt dem FC Basel zwar ein beachtlicher 2:1-Heimsieg gegen Juventus Turin, das Resultat reicht aber nicht zur Qualifikation für die Viertelfinals.
20.	Antikriegs-Demonstra-tionen	Rund 7 000 Schüler demonstrieren am Vormittag in der ganzen Innenstadt gegen den Irak-Krieg; am Abend findet eine allgemeine Anti-Kriegs-Demonstration auf dem Barfüsserplatz statt.
	Grosser Rat	Auch der Auftakt zur heutigen Sitzung des Grossen Rates steht im Zeichen des Kriegsausbruchs im Irak. Nach einem Kurzwort des Präsidenten *Leonhard Burckhardt* wird eine Resolution gutgeheissen, welche den kriegerischen Angriff auf den Irak ohne UNO-Mandat verurteilt.
22.	Erlen-Verein	Die 132. Generalversammlung des Erlen-Vereins wählt *Edwin Tschopp* an die Stelle des zurückgetretenen Präsidenten *Walter Herrmann*. Anschliessend finden sich rund 500 Mitglieder der ‹Erlenfamilie› zum traditionellen Hirschessen ein, welches diesmal im Kongresszentrum stattfindet.
23.	EHC Basel A-klassig	Mit einem 6:3-Heimsieg gegen den EHC Visp im entscheidenden fünften Finalspiel vor über 5 000 Zuschauern in der St. Jakob-Arena steigt der EHC Basel als Nationalliga-B-Meister in die oberste Schweizer Eishockey-Spielklasse auf.
24.	Staats-rechnung 2002	Nach drei positiven Jahren weist die heute veröffentlichte Staatsrechnung 2002 ein Defizit von 87 Mio. Franken auf. Die starke Verschlechterung gegenüber dem Budget, welches einen Überschuss von 32,5 Mio. Franken vorgesehen hatte, ist vor allem auf 86,6 Mio. Franken weniger Steuereinnahmen, aber auch auf zusätzliche Leistungen zur Verbesserung des Deckungsgrades der Pensionskasse zurückzuführen.
25.	Verfassungsrat	Für sein viertes Amtsjahr wählt der Verfassungsrat *Hugo Wick* (CVP) zum Präsidenten und *Max Pusterla* (FDP) zum Statthalter.
	Ständerats-Wahlkampf	Im Hinblick auf die zu erwartende Kandidatur von *Anita Fetz* (SP) als Nachfolgerin des Ende 2003 zurücktretenden *Gian-Reto Plattner* (SP) beschliessen die vier bürgerlichen Parteien, FDP, LDP, CVP und SVP, zu dieser Wahl mit je einem eigenen Kandidaten anzutreten.
27.	Licht für den Frieden	Einem Aufruf von zwei 18-jährigen Mädchen folgend, sind zum Gedenken an die Opfer des Irak-Kriegs Tausende von Kerzenschiffchen hergestellt worden, welche am heutigen Abend den Rhein in ein Lichtermeer verwandeln.
	†	† *Martin Schenkel* (34), in Basel aufgewachsener Schauspieler und Musiker, erlangte Berühmtheit durch seine Rolle als ‹Flip› in der TV-Sitcom ‹Fascht e Familie›, machte sich aber auch als Rock- und Popmusiker einen Namen.

	29.	St. Jakobshalle	Die 1995 erstmals in München als Open-Air-Spektakel gezeigte Monumental-Aufführung von Carl Orffs ‹Carmina Burana› stösst bei ihrer heutigen Präsentation in der St. Jakobshalle nur auf mässiges Publikumsinteresse.
		Theater Basel	Von vier Uhr nachmittags bis Mitternacht erstreckt sich die Premiere von Paul Claudels ‹Der seidene Schuh›; die achtstündige Aufführung, welche nach mehr als zwei Jahren Vorbereitungszeit in einem speziell zu diesem Zweck ins Foyer des Theaters gebauten Raum technische und schauspielerische Höchstleistungen bietet, stösst beim Publikum auf Begeisterung.
April	**1.**	Ehrenvoller Architektur-auftrag	Nach der Gestaltung des Basler St. Jakob-Parks und des neuen Münchner Olympia-stadions gewinnen die Basler Architekten *Herzog & de Meuron* den international ausgeschriebenen Auftragswettbewerb für das neue Nationalstadion in Peking; es wird 2008 einer der Schauplätze der Olympischen Sommerspiele sein.
	2.	EHC Basel	Der Kanadier *Bob Leslie* löst *Beat Lautenschlager* als Trainer des NLA-Aufsteigers EHC Basel ab.
	3.	BASELWORLD 2003	Nach dem Bundesrats-Entscheid, wegen der zu befürchtenden Ausbreitung der im Fernen Osten ausgebrochenen Lungenkrankheit SARS die aus China, Hongkong, Singapur und Vietnam eingereisten Ausstellungsmitarbeiter – zusammen rund 3000 Personen – mit einem Arbeitsverbot zu belegen, herrscht am heutigen Eröffnungstag der erstmals auf Basel und Zürich aufgeteilten internationalen Uhren- und Schmuckmesse ‹BASEL-WORLD 2003› gedrückte Stimmung. Während sich *Bundesrat Joseph Deiss* in Basel auf den geplanten Messerundgang begibt, verzichtet man im von diesen Massnahmen am stärksten betroffenen Zürich auf jegliche Eröffnungszeremonie.
		Schauspielhaus	Mit ‹Szenen einer Ehe› fand gestern die letzte grosse Schauspielhaus-Premiere unter Schauspieldirektor Stefan Bachmann statt; er verlässt nach fünf hitzigen Spielzeiten das Theater Basel.
	10.	Schneerekord	In der Stadt Basel wird heute mit 7 cm die grösste Schneemenge in einem Monat April seit 1952 gemessen.
	11.	Wörterbuch als Lebenswerk	Der 1971 verstorbene Basler Sprachforscher Walther von Wartburg hat mit dem Französischen Etymologischen Wörterbuch ein umfangreiches Werk von 25 Bänden und über 17 000 Seiten geschaffen. Nach über achtzig Jahren Entstehungszeit lag es Ende 2002 druckfertig vor, ab heute steht es in der Universitätsbibliothek zur Verfügung.
	13.	Gerichts-wahlen	Im ersten Wahlgang der Gesamterneuerungswahlen in die Gerichte kann die aus CVP, FDP, LDP, DSP und VEW zusammengesetzte Mitte-Rechts-Koalition ihre sechs Präsidien am Strafgericht verteidigen, wobei mit *Lucius Hagemann* (CVP) und *Lukas Faesch* (LDP) zwei Neue in diese Behörde Einsitz nehmen. Auch die beiden bisherigen SP-Strafge-

richtspräsidenten werden bestätigt, während ein zusätzlicher SP-Kampfkandidat nicht reüssiert. In einen zweiten Wahlgang müssen sowohl die sich für das Strafgerichts-Statthalteramt bewerbenden *Markus Grolimund* (FDP) und die knapp hinter ihm liegende *Kathrin Giovannone* (Bündnis/Grüne) als auch – mit Ausnahme der gewählten *Denise Buser* (SP, Strafgericht) – alle der für die je 15 Einzelrichterstellen beim Straf- und Zivilgericht Kandidierenden.

	Badminton	Mit einem Gesamtscore von 9 zu 7 in den beiden Finalspielen gegen den Sieger der drei letzten Jahre, La Chaux-de-Fonds, sichert sich das Team Basel der Badminton-Vereinigung zum ersten Mal den Titel eines Schweizer Interclub-Meisters.
	Les Muséiques	Ein Konzert der ‹Kremerata Baltica› beschliesst das bereits zum zweiten Mal durchgeführte fünftägige Musikfestival ‹Les Muséiques›, in dessen Verlauf unter der künstlerischen Leitung von *Gideon Kremer* Musikerinnen und Musiker im Laurenz-Bau des Kunstmuseums, im Tinguely- und im Beyeler-Museum Räume zum Klingen brachten, die sonst der bildenden Kunst vorbehalten sind.
14.	FC Basel	Nach einem 3:0-Sieg gegen den Nationalliga-B-Klub FC Schaffhausen vor 27 000 Zuschauern im St. Jakob-Park steht der FC Basel zum zweiten aufeinander folgenden Mal im Schweizer Fussball-Cupfinal.
28.	Fasnachts-Comité	*Felix Rudolf von Rohr* wird als Nachfolger des zurückgetretenen *Alex Fischer* zum Obmann des Fasnachts-Comités gewählt.
30.	Basler Kantonalbank	Über 5 000 Teilnehmer lassen sich im Festsaal der Messe Basel an der Versammlung der Partizipationsschein-Inhaber der Basler Kantonalbank über deren Rekordabschluss informieren, erleben darüber hinaus einen beeindruckenden Auftritt des Basler ‹Top Secret Drum Corps› und können sich hernach an den Selbstbedienungsbuffets im Kongresszentrum verköstigen.

Gideon Kremer sorgt für höchste Qualität beim Musikfestival ‹Les Muséiques›.

Mai	1.	1.-Mai-Feier	Vor allem Jugendliche prägen diesmal das Bild des 1.-Mai-Umzugs; bei der Kundgebung auf dem Marktplatz sprechen nebst dem Präsidenten des Basler Gewerkschaftsbundes, *Hans Schäppi*, die Vizepräsidentin der argentinischen autonomen Gewerkschaftszentrale CTA, *Marta Maffei*, und *Regula Ryf*, Sekretärin des Schweizerischen Gewerkschaftsbundes.
	3.	Swiss Inline Cup	Am heutigen Samstag verwandelt sich die Basler Innenstadt in eine Rennstrecke für den Inline-Skate-Sport: 1650 Skaterinnen und Skater nehmen in verschiedenen Stärkeklassen am Auftaktrennen zum diesjährigen ‹Swiss Inline Cup› teil, das in den Elitekategorien bei Damen und Herren mit französischen Siegen endet.
	4.	‹BuchBasel›	Von der am 1. Mai eröffneten und heute zu Ende gehenden ersten Basler Buchmesse in Halle 3 der Messe Basel haben sich 26 000 Besucherinnen und Besucher anlocken lassen und ein reichhaltiges literarisches Programm geniessen können.
		Riehener Bannumgang	Rund dreihundert Personen folgen der erstmals an die ganze Riehener Bevölkerung ergangenen Einladung und begeben sich auf den Bannumgang.
	5.	Europatag 2003	Aus Anlass der 40-jährigen Mitgliedschaft der Schweiz im Europarat findet am heutigen Europatag in Basel eine als öffentliche Tagung konzipierte Veranstaltung statt. *Aussenministerin Micheline Calmy-Rey* nutzt die Gelegenheit zu einem ersten Besuch in unserer Region.
	8.	Hitzeferien ade!	Als letzter Deutschschweizer Kanton schafft Basel-Stadt die Hitzeferien an den Schulen ab – gemäss Aussage des Erziehungsdepartements sind sie sachlich nicht mehr begründbar.
		Basel in Massachusetts	Auf Einladung der ‹Friends of Switzerland› und im Rahmen des im Juni 2002 unterzeichneten ‹Sister State›-Abkommens weilt *Regierungsrat Ralph Lewin* für zwei Tage auf Antrittsbesuch in Boston beim neuen Gouverneur von Massachusetts, *Mitt Romney*, und kann aus den Händen der früheren Gouverneurin *Jane Swift* den ‹Julius Adams Stratton Prize for Intercultural Achievements› entgegennehmen, der alljährlich an Persönlichkeiten verliehen wird, die sich um den interkulturellen Austausch zwischen den USA und der Schweiz verdient machen.
	11.	FC Basel	Mit einem imposanten 6:0-Erfolg über Neuchâtel Xamax, dem höchsten Score in einem Endspiel seit 66 Jahren, holt sich der FC Basel im ausverkauften St. Jakob-Park zum zweiten aufeinander folgenden Mal den Titel eines Schweizer Fussball-Cupsiegers und wird am Abend nach dem Spiel auf dem Marktplatz von Tausenden begeistert gefeiert.
	12.	Handelskammer Deutschland-Schweiz	Die Handelskammer Deutschland-Schweiz wählt den in Genf tätigen Basler Bankier *Eric Sarasin* zu ihrem Präsidenten.

13.	Bürger- gemeinde	Der Bürgergemeinderat nimmt den Bericht betreffend die Neuordnung der Strukturen und der Führung der Bürgergemeinde zur Kenntnis und weist ihn an eine parlamentarische Spezialkommission. Weiter gewährt er Beiträge an den Verein Trendsport und den Verein Treffpunkt für Stellenlose Gundeli (aus dem Anteil der Bürgergemeinde am Ertrag der Christoph Merian Stiftung).
15.	Preis der Bürgergemeinde 2003	Für ihren 25-jährigen ehrenamtlichen Einsatz im Dienste der Förderung des Stillens wird *Monika Messner* der diesjährige Preis der Basler Bürgergemeinde verliehen.
16.	Ehre-Spalebärglemer 2003	Das Sperber-Kollegium ernennt *Stephan Musfeld* in Würdigung seiner Verdienste im Zusammenhang mit dem Bau des St. Jakob-Parks und der St. Jakob-Arena zum Ehre-Spalebärglemer 2003.
18.	Schützenmattpark	Am Standort des abgebrannten früheren Schützenmattpark-Pavillons ist ein Begegnungsort mit Parkcafé entstanden, der nach der gestrigen offiziellen Eröffnung durch *Regierungsrätin Barbara Schneider* heute und morgen mit einem Volksfest von der Öffentlichkeit in Besitz genommen wird.
	Abstimmungen und Wahlen	Gesamtschweizerisch wie auch in Basel stossen fünf der sieben eidgenössischen Initiativen – Gesundheit, Mieterschutz, Gleiche Rechte für Behinderte, Lehrstellen und Sonntagsfahrverbot – auf Ablehnung. Basel-Stadt nimmt jedoch sowohl die Initiative Strom ohne Atom wie die Initiative Moratorium Plus an und stimmt den beiden Vorlagen zur Armee- und Zivilschutzreform deutlich zu.

Beliebter Begegnungsort: der neue Pavillon im Schützenmattpark ist mit seinem Café.

Auf kantonaler Ebene bewilligt das Basler Stimmvolk mit 72,3 Prozent Ja-Stimmen das AHV/IV-Beihilfegesetz. Im zweiten Wahlgang der Richterwahlen erhält *Kathrin Giovannone* (Bündnis/Grüne) den Vorzug gegenüber *Markus Grolimund* (FDP) für das Statthalteramt beim Strafgericht; bei den noch zu besetzenden Einzelrichterstellen – 15 am Zivil- und 14 am Strafgericht – verlieren die Bürgerlichen zwei Mandate an die Linke.

	Christoph Merian Tag	Bereits zum fünften Male präsentiert die Christoph Merian Stiftung an fünf Orten eine Auswahl ihrer Engagements, verbunden mit einem grossen Frühlingsfest auf dem Brüglingerhof.
21.	SGIM 2003	Zum Kongress der Schweizerischen Gesellschaft für Innere Medizin, SGIM 2003, der bis zum 23. Mai dauert, finden sich im Kongresszentrum rund 2 000 Ärztinnen und Ärzte ein.
23.	Klinikum 1 West	Mit einem grossen Fest wird an diesem Wochenende das sanierte und um einen Neubau erweiterte Klinikum 1 West, welches nebst der Universitäts-Frauenklinik auch die Orthopädische Universitätsklinik einschliesst, der Öffentlichkeit vorgestellt.
24.	‹Schaulager› in Münchenstein	Mit der Vernissage einer umfassenden Retrospektive auf das Werk des Schweizer Künstlers *Dieter Roth* wird das von der Kunstmäzenin *Maja Oeri* gestiftete und betriebene ‹Schaulager› für die in sieben Jahrzehnten zusammengetragenen und bisher nicht ausgestellten Bestände zeitgenössischer Kunst der Emanuel Hoffmann-Stiftung eröffnet.
	50 Jahre ‹behinderten forum›	Ein offizieller Akt im Stadtcasino, gefolgt von einem nachmittäglichen Fest unter dem Motto ‹Einander die Hand reichen›, markiert das 50-jährige Bestehen der Arbeitsgemeinschaft der Kranken- und Invalidenselbsthilfe beider Basel, früher ‹AKI›, jetzt ‹behinderten forum› genannt.
25.	Mittelalterlicher Markt	Auf Initiative des 2001 gegründeten ‹Vereins für erlebbare Geschichte Zabelin› herrscht im St. Alban-Tal gestern und heute ein mittelalterliches Markttreiben.
27.	Handelskammer beider Basel	An der Generalversammlung der Handelskammer beider Basel spricht als Gastreferent der Vorsteher des Eidgenössischen Departementes für Verteidigung, Bevölkerungsschutz und Sport, *Bundesrat Samuel Schmid*, über die unteilbare Verantwortung von Wirtschaft und Politik.
28.	Verfassungsrat	Nach intensiver Debatte wird das umstrittene Ausländerstimmrecht mit 32 zu 22 Stimmen wieder in den Verfassungsentwurf aufgenommen, nachdem es in einer ersten Beratung im Januar 2001 noch klar keine Gnade gefunden hatte.
29.	10. Basler Psychotherapie-Tage	Unter dem Titel ‹Keine Zukunft ohne Drogen – Nicht die Droge ist's, sondern der Mensch› finden bis zum 31. Mai im Kongresszentrum die diesjährigen Basler Psychotherapie-Tage statt.

	31.	‹Andy Hug-Memorial›	Gestern und heute treffen sich, in Erinnerung an den verstorbenen Schweizer Karatekämpfer, Thai- und Kickbox-Weltmeister Andy Hug, in der St. Jakobshalle Kämpfer dieser Sportarten aus 70 Ländern zum Wettstreit.
		FC Basel	Obwohl der FCB im St. Jakob-Park sein letztes Spiel der Finalrunde gegen Neuchâtel Xamax mit 3 zu 0 Toren gewinnt, verliert er sein ‹Fernduell› gegen den Grasshoppers-Club Zürich und muss diesem den Fussball-Schweizermeister-Titel 2002/2003 überlassen.
		Internationales Parlamentarier-Fussballturnier	Auf dem Rankhof finden sich Parlamentarier-Teams aus Finnland, Österreich, Deutschland und der Schweiz zu ihrem 31. Internationalen Fussballturnier ein.
Juni	**1.**	Coop-Beachtour 2003	Gestern und heute verwandelte sich der Barfüsserplatz in eine Beachvolleyball-Arena, wo sich im Rahmen der Coop-Beachtour 2003 Weltklasse-Vertreter dieser Sportart messen.
	2.	Ehrung für Basler Fussball	FC Basel-Trainer *Christian Gross* und Spielmacher *Hakan Yakin* werden in der ‹Nacht des Schweizer Fussballs› im Kursaal in Bern zum Schweizer Trainer und zum Schweizer Fussballer des Jahres erkoren.
	7.	Verkehrskadetten-Treffen	Verkehrskadetten aus der ganzen Schweiz kommen an diesem Wochenende in Basel zusammen und halten hier bei einem abwechslungsreichen Programm ihr jährliches Treffen ab.
	8.	Basler Münster	Im heutigen Pfingst-Gottesdienst erklingt erstmals die von der Näfelser Orgelbaufirma *Hermann Mathis* geschaffene neue Münsterorgel, deren äussere Gestaltung vom Zürcher Architekten *Peter Märkli* realisiert wurde.
	11.	Grosser Rat/WBS	Nach einiger Diskussion beschliesst der Grosse Rat mit 81 zu 13 Stimmen eine zunächst auf fünf Jahre befristete Aufteilung der Weiterbildungsschule in zwei Leistungszüge.
	14.	Zolli	‹Gamgoas›, das zweite neue Themenhaus des Basler Zolli, wird eröffnet; es ist das grösste Projekt seit Bestehen des Gartens und beherbergt nebst Nilkrokodilen, Termitenvölkern und einer Informations-Ausstellung ab Herbst dieses Jahres auch eine Löwengruppe.
	16.	‹Liste 03, The Young Art Fair›	Wiederum einen Tag vor der ‹Art›-Vernissage öffnet auf dem Warteck-Areal zum achten Mal die Messe für junge Kunst ihre Pforten.
	17.	Bürgergemeinde	Der Bürgergemeinderat wählt für seine Amtsperiode 2003/04 *Sonja Kaiser* (CVP) zur Präsidentin des Bürgerrates und *Felix Riedtmann* (FDP) zum Statthalter.

19.	Art Basel 34	Im Anschluss an die an den Vortagen mit ‹First Choice› und der Vernissage erfolgte offizielle Eröffnung der 34. Ausgabe der Basler Kunstmesse, die vom 17. bis zum 24. Juni dauert, werden, auf Einladung des Regierungsrates, der Museumsdirektion und des Patronatskomitees des Basler Kunstvereins, die Galeristen und eine Vielzahl von anderweitig mit der Kunstwelt oder der Stadt verbundenen Gästen von Art-Direktor *Sam Keller* und *Bernhard Mendes-Bürgi*, dem Direktor der Öffentlichen Kunstsammlung, im Innenhof des Kunstmuseums persönlich und per Handschlag begrüsst.
	FC Basel	Der Vorstand des FC Basel nimmt eine Umstrukturierung seiner Führungsetage vor und stellt seinen bisherigen Generaldirektor, den Juristen *Roger Hegi*, per sofort frei.
	‹Aida› im St. Jakob-Park	Vor nahezu voll besetzten Rängen geht im St. Jakob-Park eine gigantische Produktion von Verdis Oper ‹Aida› mit rund 1000 Mitwirkenden über die Bühne, welche mit der gestrigen Generalprobe insgesamt drei Mal zur Aufführung gelangt.
20.	Kino am Pool	Die heuer zum fünften Mal durchgeführte Sommerkino-Veranstaltung im Gartenbad St. Jakob nimmt heute ihren Anfang und bietet einen Monat lang allabendlich Filmvergnügen unter freiem Himmel.

Die scheuen Löwen in der neuen ‹Gamgoas›-Anlage des Zolli waren zu Beginn besser auf dem Werbeplakat als in natura zu sehen.

21.	TriRhena-Tag	Am heutigen ‹TriRhena-Tag› unter dem Motto ‹Mobilität ohne Grenzen› sind die Tages-, Monats- und Jahreskarten der öffentlichen Verkehrsmittel über die Grenzen hinaus gültig. Im Dreiländereck finden wiederum zahlreiche kulturelle Veranstaltungen für Gross und Klein statt, auf dem Kasernenareal treffen sich über 500 Kinder aus der Region zu Spiel und Spass.
	‹Maison TRIRHENA Palmrain›	Eingebettet in den ‹TriRhena-Tag›, wird auf der ehemaligen Zollplattform auf der Palmrainbrücke das 10-Jahr-Jubiläum der INFOBEST PALMRAIN begangen und das grenzüberschreitende Kompetenzzentrum ‹Maison TRIRHENA Palmrain› eingeweiht.
	100 Jahre Kinderkrippe Gundeldingen	Mit einem Quartier- und Kinderfest an der Bruderholzstrasse wird, im Beisein von *Regierungspräsident Christoph Eymann*, das 100-jährige Bestehen der Kinderkrippe Gundeldingen gefeiert.
22.	Basler Tag der Artenvielfalt 2003	Nachdem sich die interessierte Öffentlichkeit in den Vorjahren in den Naherholungsgebieten der Stadt auf die Suche nach möglichst vielen Pflanzen und Tierarten gemacht hat, erkundete sie heuer drei Tage lang das naturnah gestaltete Werksgelände der Ciba-Spezialitätenchemie in Kaisten.
24.	Theater Basel	Der Verwaltungsratspräsident der Theatergenossenschaft, *Walter P. von Wartburg*, gibt seinen Rücktritt auf die GV vom 2. Februar 2004 bekannt.
	‹Swiss›	Der von der Fluggesellschaft Swiss angekündigte weitere Abbau bei den Arbeitsplätzen, beim Flug-Angebot und der Flugzeug-Flotte trifft auch den EuroAirport und zieht die ganze Region in Mitleidenschaft.
	Europa-Institut	An der Jubiläumsfeier zum 10-jährigen Bestehen des Europainstituts der Universität hält *Aussenministerin Micheline Calmy-Rey* im Merian-Park in Brüglingen die Festansprache und bezeichnet dabei die Institution als geeigneten Ort zur Auseinandersetzung mit den auf unser Land zukommenden EU-Herausforderungen.
	SUN21 – ‹Faktor-4-Preis›	Die Verleihung des ‹Faktor-4-Preises› durch *Regierungspräsident Christoph Eymann* an den Verein ‹Alter Alsace Energies› bildet den Auftakt zum diesjährigen, 6. Internationalen Energieforum SUN21, welches bis zum 28. Juni dauert.
26.	Fasnachts-Comité	An seiner letzten ordentlichen Sitzung vor den Sommerferien stellt das Fasnachts-Comité mit *Ruth Ludwig-Hagemann* und *Adrian Kern* zwei neue Mitglieder vor, welche die Abgänge von *Alex Fischer* und *Gilbert Thiriet* kompensieren.
	Grosser Rat	Die Basler Legislative schafft, nach zweitägiger Beratung, die Rechtsgrundlagen für den Bau eines Multiplex-Kinos an der Heuwaage und bewilligt einen Kredit von 13,6 Mio. Franken für die nötige Anpassung der Infrastruktur: Verlegung der Tramwendeschlaufe, Aufwertung der Grün- und Freiräume etc.

	‹Prix Pegasus›	Der vom Bundesamt für Energie erstmals für eine innovative Projektidee für energie-effiziente Mobilität verliehene ‹Prix Pegasus› wird im Rahmen einer Impulstagung der SUN21 im Kongresszentrum Basel dreigeteilt verliehen: Zwei Drittel der Preissumme gehen an die Ärztinnen und Ärzte für Umweltschutz beider Basel, der Rest zu gleichen Teilen an die Projekte ‹TransBasel – Effiziente Verkehrsmittel-Wahl in der Agglomeration› und ‹Swiss Alps 3000›.
	27. St. Jakob-Park	Der Zentralvorstand des Schweizerischen Fussballverbandes gibt dem Basler St. Jakob-Park gegenüber dem Berner Wankdorfstadion als Austragungsort für Spiele der Fussball-Europameisterschaft 2008 den Vorzug, was einen Ausbau auf 41 500 Plätze nötig macht.
	30. †	† *Theodor Haller* (88), über die Landesgrenzen hinaus bekannter Journalist, Nachrichtensprecher und Fernsehmoderator, von 1949 bis 1981 legendärer England-Korrespondent der National- und später der Basler Zeitung.
Juli	**1.** Basel Tourismus	Nachdem seine früheren Lokalitäten an der Schifflände an das Hotel Drei Könige übergegangen sind, kann Basel Tourismus im Stadtcasino am Steinenberg neue Räumlichkeiten beziehen und bietet dort wie bisher zusammen mit dem Reisebüro der SBB seine Dienstleistungen an.
	Delegierter für nationale Flugsicherheit	Der schweizerische Verkehrsminister, *Bundesrat Moritz Leuenberger*, ernennt, zur Behebung von zutage getretenen Sicherheitsmängeln im Luftverkehr, den 2001 zurückgetretenen Basler Polizeikommandanten *Markus Mohler* zu seinem Delegierten für nationale Flugsicherheit.
	4. Elsässertor	Mit einer schlichten Feier, in Anwesenheit von *Regierungsrat Ralph Lewin* erfolgt die Grundsteinlegung für den auf dem SNCF-Gelände an der Westseite des Bahnhofs SBB entstehenden Bau des neuen ‹Dienstleistungszentrums Elsässertor›, eines weiteren Mosaiksteins zur Realisierung des EuroVille-Projekts.
	5. Tennis	Der dreifache Basler ‹Sportler des Jahres›, *Roger Federer*, krönt seine bisherige Tenniskarriere mit einem Finalsieg über den Australier Mark Philippoussis am Grand-Slam-Turnier von Wimbledon.
	8. BASELWORLD	Nachdem das wegen der SARS-Epidemie im Fernen Osten vom Bund verhängte Ausstellungsverbot für Uhren- und Schmuckhändler aus vier asiatischen Risikoländern besonders den Messeplatz Zürich getroffen und dort für einen praktischen Ausfall der Veranstaltung gesorgt hatte, wird gemäss Mitteilung der Messe Schweiz die ‹BASELWORLD›, Weltmesse für Uhren und Schmuck, im kommenden Jahr wieder ausschliesslich in Basel durchgeführt.

17.	Militär	Mit einer feierlichen Zeremonie im Grossratssaal erfolgt die letzte Fahnenabgabe und damit die Auflösung des seit fast 100 Jahren bestehenden Basler Infanterieregiments 22, welches aus drei Basler und einem Luzerner Bataillon zusammengesetzt war.
19.	CSD Dreiland	Auf dem Barfüsserplatz treffen sich Hunderte von Lesben und Schwulen unter dem Motto ‹Grenzenlos bunt› zum Basler ‹Christopher Street Day Dreiland›.
24.	OrangeCinema	Mit der zehnten Arthur-Cohn-Gala in Folge wird auf dem Münsterplatz im Beisein von *Bundesrat Moritz Leuenberger* und zahlreicher weiterer Prominenz aus dem In- und Ausland das diesjährige ‹OrangeCinema›-Freiluftkino gestartet.
25.	Roche	Nach Beilegung eines Rechtsstreits übernimmt der Basler Pharmakonzern Roche die US-Biotechfirma Igen.
	Claramatte-Fescht	Als Höhepunkt im Kleinbasler Sommer gilt das jeweils drei Tage dauernde ‹Claramatte-Fescht›, welches heute bereits zum 23. Mal in Szene geht.
31.	Bundesfeier am Rhein	Bei nahezu idealem Festwetter geniessen Tausende die um einen Tag vorgezogene Bundesfeier am Rhein. Als Höhepunkte werden diesmal spektakuläre Ski-Akrobatik-Einlagen und zwei Riesenfeuerwerke geboten – zudem kann erstmals die als neue Basler Spezialität propagierte ‹Basler Läckerli-Röschti› degustiert werden.

Abschiedsfeier für das traditionsreiche Basler Infanterieregiment 22 im Saal des Grossen Rats.

August	1.	Bundesfeier auf dem Bruderholz	An der seit 24 Jahren stattfindenden, von den Neutralen Quartiervereinen Gundeldingen und Bruderholz organisierten offiziellen Basler 1.-August-Feier auf dem Bruderholz spricht *Regierungspräsident Christoph Eymann* zum Thema ‹Geteilte Freude ist doppelte Freude›, wartet der sein 25-jähriges Bestehen feiernde Quartier-Circus Bruderholz mit Kostproben seines Könnens auf und bildet ein grandioses Feuerwerk den Abschluss.
		Basel in Berlin	Als Gastkanton der Bundesfeier der Schweizerischen Botschaft in Berlin erobert Basel, in Kooperation mit dem Botschafter-Ehepaar *Susanne* und *Werner Baumann* und im Beisein von *Regierungsrat Ralph Lewin* mit einem virtuellen Stadtrundgang, dem ‹grössten Leckerli der Welt›, Basler Läckerli-Rösti, fetziger Rockmusik und Alphornklängen der besonderen Art die Herzen der Bevölkerung.
		‹Top Secret› in Edinburgh	Das als erste Schweizer Formation überhaupt ans weltberühmte ‹Edinburgh Military Tattoo› eingeladene ‹Top Secret Drum Corps› weiss bereits an der heutigen Premiere die 9000 Zuschauer mit seinen magisch-präzisen Trommel- und seinen Showkünsten zu begeistern.
	3.	†	† *Dr. iur. Hans Meier-Meyer* (88), leitete von 1953 bis 1980 die Christoph Merian Stiftung und führte sie von einer kleinen Vermögensverwaltung zur heutigen bedeutenden Institution; war u.a. von 1966 bis 1989 Verwaltungsrat des Zoologischen Gartens und seit 1959 Mitmeister E. Vorstadtgesellschaft zum hohen Dolder.
	10.	†	† *Paul Weber* (78), ‹Mister Gundeli› – prägte als Integrationsfigur schlechthin während Jahrzehnten das kulturelle und geschäftliche Leben des Gundeldinger-Quartiers, sei es als Herausgeber der ‹Gundeldinger Chronik› und späteren ‹Gundeldinger Zeitung›, als Mitgründer des ‹Gundeldinger Casinos› und der ‹Fasnachtsgesellschaft Gundeli› oder als langjähriger Präsident der IGG und des Jugendfestvereins.
	12.	Rheinschwimmen	Die schon wochenlang anhaltende tropische Hitze sorgt am 23. Basler Rheinschwimmen für einen neuen Teilnehmerrekord von rund 5000 Schwimmerinnen und Schwimmern.
	13.	Gleichstellung für Behinderte	An einer Medienorientierung präsentiert *Erziehungsdirektor Christoph Eymann* in *Martin Haug* den ersten von einem Schweizer Kanton eingesetzten ‹Beauftragten für die Gleichstellung und Integration von Menschen mit einer Behinderung›.
	14.	‹Hirzen-Pavillon›	Auf dem Bäumlihofgut wird der auf private Initiative entstandene ‹Hirzen-Pavillon› eröffnet, ein lichtdurchfluteter Glasbau, welcher mit einem Auditorium, einer Lounge und Schulungsräumen als Oase der Meditation für Anlässe im Bereich Kultur, Wirtschaft und Politik geschaffen wurde.
	15.	Theater Basel	Theaterdirektor *Michael Schindhelm* stellt als Nachfolger von *Michael Lakner*, der auf Ende der kommenden Saison zurücktritt, *Christoph Meyer* als neuen Operndirektor vor.

	Em Bebbi sy Jazz	Bereits zum zwanzigsten Mal geht das Basler Jazz-Top-Ereignis des Jahres in Szene: 70 Orchester auf 30 Bühnen locken diesmal über 50 000 Besucher an.
16.	Em Bebbi sy Burgergmaind	Im Anschluss an die Basler ‹Jazz-Night› lädt die Bürgergemeinde zum zweiten Mal zu einer Benefiz-Veranstaltung in den Hof des Stadthauses ein, wo nebst kulinarischen und musikalischen Genüssen auch eine Auktion von FCB-Trouvaillen geboten wird; der gesamte Erlös des Anlasses kommt dem Städtischen Waisenhaus und der Stiftung Pro Senectute zugute.
19.	†	† *Dr. iur. Dr. h. c. Louis von Planta* (86), von 1968 bis 1969 Verwaltungsratspräsident der J.R. Geigy AG, treibende Kraft für den 1970 zustande gekommenen Zusammenschluss von Ciba und Geigy zur Ciba-Geigy AG, deren Leitung er von 1972 bis 1987 als Präsident und Delegierter des Verwaltungsrats innehatte. 1969 bis 1976 Präsident der Basler Handelskammer, 1976 bis 1986 Präsident des Vorortes des Schweiz. Handels- und Industrievereins; trug auch nach seinem altersbedingten Rücktritt 1996 noch Wesentliches zum Gelingen der Fusion von Ciba-Geigy und Sandoz zur Novartis AG bei, deren Ehrenpräsident er bis zu seinem Tod war.
21.	13. Raid Suisse–Paris	Nach dem üblichen Oldtimer-Defilee durch die Steinenvorstadt am Vortag, gefolgt am Abend von einem ‹Concours d'Elégance› mit Autoprämierung, starten heute über 170 Wagen zur traditionellen Fernfahrt nach Paris.
	Bahnhof- Passerelle offen	28 Monate nach dem Spatenstich am 25.4.2001 wird die neue Bahnhof-Passerelle, welche als Fussgängerbrücke die bisherige Unterführung zu den Gleisen ersetzt, in Betrieb genommen. Der offizielle Festakt mit Inbetriebnahme des Ladenzentrums ‹Rail City› folgt am 12. September.
22.	Jugendkultur- festival 2003	Offizielle Eröffnung im Historischen Museum des dreitägigen 3. Jugendkulturfestivals durch dessen Präsidenten, *Tobit Schäfer* und *Regierungsrat Ralph Lewin*.
23.	50 Jahre AH Aufnahmeheim Basel	Das nebst drei anderen Institutionen der Jugendbetreuung vom Basler ‹Verein für Jugendfürsorge› betriebene Aufnahmeheim (AH) Basel begeht auf seinem Areal zwischen Missionsstrasse und Nonnenweg sein 50-jähriges Bestehen mit Führungen durch die Kannenfeld-Werkstätten und die LBB Lehrbetriebe Basel sowie mit einem Streetsoccer-Turnier und zahlreichen musikalischen und tänzerischen Darbietungen.
24.	Jugendkultur- festival 2003	Ein Traumwetter lockte von Freitag bis heute Sonntag 60 000 Besucher in die Innenstadt, wo rund 150 Formationen der verschiedensten Jugendkulturszenen rund um Musik, Theater und Sport auf fünf Bühnen zwischen Barfüsserplatz, Elisabethenkirche und erstmals auch am Münsterplatz ihr Können zeigten.
	2. Basler Seifenkisten- Rennen	Über 60 Rennteams bringen diesmal am ‹RecyRace› die verschiedensten selbst gebastelten Vehikel auf die vom Gemsberg hinunter zum Rümelinsplatz verlaufende Rennstrecke.

† *Bernhard Baumgartner* (64), in der ganzen Region Basel beliebter Schauspieler, Kabarettist und Radio- und Fernsehmoderator; prägte während rund 20 Jahren als Bühnenkünstler und Autor das Geschehen am ‹Fauteuil›-Theater. In den 80er-Jahren im Bühnenprogramm mit Colette Greder auf Tournee, Autor unzähliger ‹Basler Revuen› und ‹Pfyfferli›-Abende, langjähriger Regisseur beim fasnächtlichen ‹Rotstab-Cabaret› in Liestal; beim Fernsehen zuletzt Moderator des ‹Fensterplatzes›.

26. †

† *Lucius Burckhardt* (78), Nationalökonom und Soziologe, erregte 1955 zusammen mit Max Frisch und Markus Kutter Aufsehen mit der Schrift ‹Achtung – die Schweiz›. Hatte Lehraufträge an den Universitäten von Dortmund und Ulm sowie an der ETH Zürich, dann lehrte er von 1973 bis zur Emeritierung als Professor für urbane Sozioökonomie an der Gesamthochschule Kassel. 1976–1983 war er Erster Vorsitzender des Deutschen Werkbundes, 1987 Gründungsbeirat der Hochschule der Bildenden Künste Saar und 1992–1994 Gründungsdekan der Fakultät Gestaltung an der Hochschule für Architektur und Bauwesen Weimar. Der Universalgelehrte und ‹Homme de Lettres› hat mit seinen Schriften die Reflexion über Design und die gesellschaftliche Positionierung des Designs nachhaltig beeinflusst. Er erhielt mehrere Preise und Auszeichnungen.

Hoch ging's zu und her am erfolgreichen Jugendkulturfestival.

29.	Verein Galerien in Basel	Alle 21 Mitglieder des ‹Vereins Galerien Basel› öffnen erstmals gleichzeitig ihre Räume zu einer fünfstündigen Vernissage und starten so gemeinsam in die neue Kunstsaison 2003/04.
	Meret Oppenheim-Strasse	Mit einem Festakt im Beisein von *Regierungsrätin Barbara Schneider* wird die neue Meret Oppenheim-Strasse dem Verkehr übergeben; sie dient als Verbindung der Margarethen- mit der Solothurnerstrasse und zur Erschliessung des Bahnhofeingangs Süd und führt unter der neuen Bahnhofs-Passerelle durch.
30.	Neues Skatezentrum Lange Erlen	Im Pumpwerk Lange Erlen eröffnet der ‹Verein Trendsport›, unterstützt von Bürgergemeinde und Christoph Merian Stiftung, der Basler Freizeitaktion, dem Sportamt und den IWB, ein neues Skatezentrum, dessen Nutzung aber zwecks späterer Realisierung des ‹Landschaftsparks Wiese› auf 4 Jahre beschränkt ist.
	5. Pool-Party ‹Nautilus›	Der misslichen Witterung wegen muss ein Grossteil der Nautilus-Dancefloors der von rund 4000 Techno-Fans besuchten Pool-Party vom Gartenbad St. Jakob in die St. Jakobs-Arena verlegt werden.
	Drum Corps Top Secret	Auf dem Marktplatz empfängt der Regierungsrat das soeben von seinem ausserordentlich erfolgreich verlaufenen Gastspiel am Military Tattoo in Edinburgh zurückgekehrte Top Secret Drum Corps, welches vorgängig der Ehrung auf einigen Plätzen im Gross- und Kleinbasel seine Künste einem zahlreichen Publikum dargeboten hat.
	Bethesda-Spital	Nach sechsjähriger Umbauzeit lädt das Bethesda-Spital zu einem Tag der offenen Tür ein und stellt nebst andern Neueinrichtungen auch die neue Dialysestation vor.
31.	175 Jahre Bistum Basel	Am heutigen Sonntag wird in Solothurn mit einer Eucharistiefeier in der St. Ursen-Kathedrale und einem Volksfest an das 175-jährige Bestehen des Bistums Basel erinnert. Die Basler Behörden sind durch *Regierungsrat Ueli Vischer* vertreten.
September 1.	‹Recycling Park›	An der Schlachthofstrasse 18 nimmt die dank Vereinbarungen zwischen der Basler Altpapier-Abnehmerfirma Robert Lottner AG, dem Amt für Umwelt und Energie und dem Tiefbauamt entstandene Sammelstelle für umweltgerechte Abfallentsorgung, wo alles angeliefert werden kann, was recycelbar ist, den Betrieb auf.

2.	Ineltec 2003	Ab heute bis zum 5. September zeigen in der Messehalle 1 am Riehenring über 600 Aussteller aus den Bereichen Elektronik, Energie, Installations- und Beleuchtungstechnik ihre Neuheiten.
	‹Strassenbilder›	Vernissage an der Schifflände des neusten Kulturprojekts von *Klaus Littmann*: An 15 verschiedenen Orten in der Stadt haben 15 Künstlerinnen und Künstler mit PVC-Folien ‹Farbteppiche› geschaffen; sie sollen rund einen Monat lang als Strassenbilder die Innenstadt beleben.
3.	‹Nashorntag› im Zolli	Über 1 400 Kinder beteiligen sich, bei Gratiseintritt, an einer Schatzsuche im Zolli, die bei den Indischen Panzernashörnern endet, wo die 15 erfolgreichsten Sucher mit dem Geschenk einer persönlichen ‹Geburtstagsparty› belohnt werde. Anlass zur Aktion bildete eine Firmenspende von Fr. 20 000.– zu Gunsten der Wiederansiedlung von Nashörnern in Tansania/Afrika.
4.	Gassenzimmer Wiesenkreisel eröffnet	In Anwesenheit von *Sanitätsdirektor Carlo Conti* öffnet die Kontakt- und Anlaufstelle (K+A) beim Wiesenkreisel am Riehenring ihre Tore; nach längerem Unterbruch steht nun Drogenabhängigen auch im Kleinbasel wieder ein Gassenzimmer zur Verfügung.
5.	Jungbürgerfeier	Eine Rekord-Teilnehmerzahl von rund 400 jungen Baslerinnen und Baslern folgt der Einladung zur Jungbürgerfeier 2003 mit Apéro im Rathaushof, einem bunten Programm in der Safranzunft und kurzen Worten von *Dieter Werthemann*, dem Vorsitzenden Meister der den Anlass organisierenden Basler Zünfte und Gesellschaften, und von *Grossratspräsident Leonhard Burckhardt*.
	Universität	Für einen Wirkstoff im Kampf gegen den HI-Virus erhält die Universität Basel erstmals in ihrer Geschichte vom Europäischen Patentamt ein Patent zugesprochen.
6.	Agility-Meeting	Hundesportler aus der ganzen Schweiz treffen sich auf dem Übungsgelände des ‹Dressur-Vereins Basel› an der Landauerstrasse und lassen 170 Hunde auf einem Hindernisparcours zum Wettstreit in Disziplin, Geschicklichkeit und Konzentration antreten.
7.	75 Jahre St. Claraspital	Das diesjährige, heute zu Ende gehende ‹Claraspittelfescht› stand im Zeichen des 75-Jahr-Jubiläums des St. Claraspitals und ging in einer Zeltstadt im Spitalpark mit verschiedenen Attraktionen stimmungsvoll in Szene.
	Mammut-Umgang Gundeldingen-Bruderholz	Für den heutigen, zweiten Bannumgang der ‹Quartiergesellschaft zum Mammut Gundeldingen-Bruderholz› ist, mit Unterstützung des Kiwanis-Club Basel, ein Mammut-Modell in Originalgrösse geschaffen worden, welches auf dem Marsch mitgeführt wird.
9.	25. ‹Brotmärt› der Basler Begge	Auf dem Barfüsserplatz führen Basler Bäcker schon zum 25. Mal ihren Brotmarkt durch; diesmal präsentieren sie dem Publikum alle während eines Bäckerei-Jahres produzierten Brotsorten.

10.	Grosser Rat	Mit 62 zu 55 Stimmen unterstützt der Grosse Rat das baselstädtische Kantonsreferendum gegen das Steuerpaket des Bundes, dessen Realisierung für unsern Kanton Steuer-Mindereinnahmen zur Folge hätte.
		Die vom Ratsbüro vorgeschlagene Wahl von *Thomas Dähler* zum Leiter des ab 2004 an die Stelle der Grossratskanzlei tretenden neuen verwaltungsunabhängigen ‹Parlamentsdienstes› wird von einer grossen Mehrheit bestätigt.
	Basler Zeitung	Der Verwaltungsrat der Basler Zeitung wählt als Nachfolger des auf Ende Jahr in den Ruhestand tretenden *Hans-Peter Platz* den Luzerner Journalisten *Ivo Bachmann* zum neuen Chefredaktor.
12.	‹Italia in festa›	Mit einer Modeschau und einem reichhaltigen kulinarischen und musikalischen Angebot begeht der ‹Verband der freien italienischen Kolonien in der Schweiz› in der St. Jakobshalle seinen 60. Geburtstag.
	Bahnhof-Passerelle eingeweiht	Nachdem die neue Bahnhof-Passerelle – Brückenschlag zwischen dem Stadtzentrum und dem Gundeldinger-Quartier – bereits am 21. August in Betrieb genommen worden ist, erfolgt heute durch *Regierungsrätin Barbara Schneider* und den Vorsitzenden der SBB-Geschäftsleitung *Benedikt Weibel* die offizielle Eröffnung der Fussgängerüberführung und des Ladenzentrums ‹Rail City›.

13.	EHC Basel	Nach der gestrigen 1:8-Auswärtsniederlage gegen den amtierenden Schweizer Eishockey-Meister HC Lugano in seinem ersten Nationalliga-A-Spiel seit 40 Jahren holt sich Aufsteiger EHC Basel im heutigen Heimspiel mit 3 zu 1 Toren gegen die CSL Tigers aus Langnau die ersten Punkte.
	5. Rhy-Butzete	Unter dem Motto ‹Jede Rhynutzer au e Rhybutzer› befreien – sechs Jahre nach der letzten Aktion dieser Art – rund 250 Helferinnen und Helfer den Rhein von seinen Altlasten, darunter auffällig vielen Fahrrädern.
17.	Grosser Rat	Mit grossem Mehr gegen 8 Stimmen genehmigt der Grosse Rat das von seiner Finanzkommission geschaffene neue Finanzkontrollgesetz, welches der Legislative eine verbesserte Mitsprache einräumt.
19.	‹Medida-Prix› für Basler Projekt	An der Universität Duisburg-Essen wird aus 191 Bewerbungen das E-Learning-Projekt ‹Pharmasquare› des Basler Instituts für Molekulare Pharmazie erkoren und mit dem Medida-Prix 2003, dem höchstdotierten Medienpreis Europas, ausgezeichnet.
21.	‹Luginbühl total›	Rund 2 000 Personen kommen zur Vernissage ins Tinguely-Museum, wo in Anwesenheit des Berner Plastikers *Bernhard Luginbühl* die Sonderausstellung seines Lebenswerks eröffnet wird.
22.	‹Ohne mein Automobil›	Unter der Führung des Amtes für Umwelt und Energie beteiligen sich einige Basler Amtsstellen und Privatbetriebe mit Bewegungsprogrammen, Gesundheits-Checks und Veloservice am 4. Europäischen Aktionstag.
23.	‹Swiss›	An einer Medienorientierung in Zürich wird bekannt, dass die Schweizer Fluggesellschaft ‹Swiss› offiziell der Allianz ‹Oneworld› beitritt, wo sie durch ein Joint Venture mit British Airways strategisch zusammenarbeiten wird.
24.	Ständerat in Basel	Seine diesjährige ‹Schulreise› führt den Ständerat ins Dreiländereck: Nach Begrüssung im Basler Rathaus durch *Regierungspräsident Christoph Eymann* und Besuchen von Münster und Biozentrum begibt er sich via Weil und Palmrainbrücke nach Mulhouse und beschliesst dort den Tag als offiziell geladener Gast der Stadt.
	FC Basel	Als Zweiter der Schweizer Fussballmeisterschaft 2002/03 nimmt der FC Basel dieses Jahr am UEFA-Cup teil; bei seinem ersten Spiel in der Türkei gegen Malatyaspor gelingt ihm ein 2:0-Sieg.
25.	60 Jahre Schweizerische Akademie der Medizinischen Wissenschaften	Die 1943 in Basel gegründete ‹Schweizerische Akademie der Medizinischen Wissenschaften› feiert im Wildt'schen Haus am Petersplatz, der ‹Stadtvilla› der Universität, in gediegener Atmosphäre ihr 60-jähriges Bestehen.

	Wieder Löwen im Zolli	Nach sechsjähriger Absenz vom Zolli zieht wieder eine Löwengruppe im Basler Tiergarten ein und lässt sich im neuen, im Juni eröffneten Themenhaus ‹Gamgoas› (= dem «Ort, wo die Löwen sind») nieder.
26.	‹Kischtli-Preis›	Der von der Bürgergemeinde zum dritten Mal vergebene ‹Kischtli-Preis› für ehrenamtliche Jugendarbeit wird *Ernst Häberli* verliehen, einem Nachwuchsförderer der Basler Fasnacht, auf dessen Initiative unter anderem die nachfasnächtliche Aktion ‹Die erschti Lektion› zurückgeht, wo Kinder und Jugendliche in einem Zelt erste Einführungen in die Fasnachtsmusik erhalten.
27.	Orbit/Comdex 2003	Nachdem im letzten Jahr noch fast doppelt so viele gekommen waren, lockte die gegenüber 2002 stark geschrumpfte diesjährige Ausgabe der Fachmesse für Informations-Technologie ‹Orbit/Comdex› nur noch 22 000 Besucher an.
Oktober 1.	Neue Kantonsärztin	Anstelle des Anfang Jahres plötzlich verstorbenen *Dr. med. Bruno Bucheli* nimmt, vom Regierungsrat gewählt, *Dr. med. Anne Witschi* heute ihre Tätigkeit als neue Kantonsärztin bei den Gesundheitsdiensten des Sanitätsdepartementes Basel-Stadt auf.
2.	FC Basel	Mit einem 3:1-Auswärtssieg bei Neuchâtel-Xamax bleibt der FC Basel seit dem Start der Fussballmeisterschaft 2003/04 in 12 Spielen ohne Punktverlust und übertrifft damit den entsprechenden Rekord des FC Servette aus dem Jahre 1979.
4.	Neue Kinos in der Theaterpassage	Mit musikalischen, kulinarischen und filmischen ‹Häppchen› werden an diesem Wochenende in der Theaterpassage drei neue Kinosäle der Kultkino AG, die Kinos Atelier 1, 2 und 3 eingeweiht.
9.	Rheinhafen	Die der Rhenus Alpina gehörende Rheinhafen-Liegenschaft Westquai 39, in der die ‹Denkfabrik› domiziliert war, wird an die Stiftung ‹Brasilea› des Basler Fotografen *Onorio Mansutti* verkauft, von diesem saniert und inskünftig zum Zwecke des kulturellen Austauschs zwischen Basel und Brasilien genutzt.
	Club ‹Eventhouse› eröffnet	An der Klybeckstrasse 15 wird, nach Erledigung von über 150 Einsprachen aus der Anwohnerschaft, der Basler Club ‹Eventhouse›, ein Treffpunkt für Disco-Parties und Shows eröffnet.
11.	St. Jakob-Park	Im ausverkauften St. Jakob-Park qualifiziert sich die Schweizer Fussball-Nationalmannschaft mit einem 2:0-Sieg gegen Irland für die Europameisterschaften 2004 in Portugal.
13.	‹BioValley Life Sciences Week›	Zum zweiten Mal beginnt im Kongresszentrum Basel die ‹BioValley Life Sciences Week›, welche als trinationale Zusammenkunft mit ihren Vorträgen, Diskussionsrunden und Podiumsgesprächen bei Wissenschaftlern und Politikern auf grosses Interesse stösst und bis zum 17. 10. dauert.

14.	Basler Zeitung	Die Geschäftsleitung der Basler Zeitung gibt die Aufhebung von 17 Redaktionsstellen und der bisherigen Wochenendbeilage ‹Basler Magazin› bekannt.
15.	FC Basel	Trotz einer 1:2-Heimniederlage nach Verlängerung gegen den türkischen Superligisten Malatyaspor kann sich der FC Basel dank seines 2:0-Erfolgs im Hinspiel in der Türkei für die zweite Runde des UEFA-Cups qualifizieren.
16.	†	† *Vera Oeri-Hoffmann* (79), prägte als Enkelin des von ihrem Grossvater aufgebauten Pharmakonzerns F. Hoffmann-La Roche die Unternehmens- und Firmenkultur der späteren Roche Holding mit und unterstützte als Mitglied der Roche-Jubiläumsstiftung mit persönlichem Engagement den Aufbau des Museums Jean Tinguely. Als Mitglied und Präsidentin der Emanuel Hoffmann-Stiftung, Stiftungsrätin der Musik-Akademie und Stiftungsratspräsidentin der Maja Sacher-Stiftung widmete sie ihr ganzes Leben dem Musik- und Kulturleben der Stadt Basel, wobei sie sich besonders um die Öffentliche Kunstsammlung und das Museum für Gegenwartskunst verdient machte.
	Autobahnzoll Basel–St-Louis	Mit dem ersten mobilen LKW-Scanner der Schweiz, der heute am Autobahnzoll Basel–St-Louis vorgestellt wird, können die Camions-Ladungen mit einer Art ‹Röntgensystem› sichtbar gemacht werden.
17.	‹Basel hilft Dresden›	Unter dem Patronat des Theater Basel und der Basler Zeitung wurden im Anschluss an die Flutkatastrophe in Ostdeutschland Fr. 350 000.– für den Wiederaufbau eines Kinderspielplatzes gesammelt, welcher heute in Dresden, in Anwesenheit von *Regierungsrat Ralph Lewin*, seiner Bestimmung übergeben wird.
	‹Honky-Tonk›-Festival	Zum ersten Mal gehen 22 Pop- und Jazzformationen im Rahmen eines bunten ‹Honky Tonk›-Festivals in 18 verschiedenen Restaurants der Innerstadt auf musikalische ‹Kneipentour›.
18.	Universität	Nachdem am Vortag nach zweijähriger Renovationszeit ihr Kollegiengebäude wiedereröffnet werden konnte, lädt die Universität heute zu einem Tag der offenen Tür, zu welchem sich über 5 000 Besucher einfinden.
	Neues Gundeldinger Quartierzentrum ‹Querfeld›	Auf dem ehemaligen Areal der Maschinenfabrik Sulzer-Burckhardt, dem so genannten ‹Gundeldinger Feld›, wird mit einem bunten musikalischen und kulinarischen Programm aus verschiedenen Kulturkreisen das neue Gundeldinger Quartierzentrum ‹Querfeld› dem Betrieb übergeben.
19.	National- und Ständeratswahlen	Obwohl dem Kanton Basel-Stadt in der Folge des Bevölkerungsrückgangs diesmal ein Nationalratssitz weniger zusteht, können die Sozialdemokraten mit *Ruedi Rechsteiner* und *Remo Gysin*, beide bisher, und *Silvia Schenker*, neu, die FDP mit *Johannes Randegger*, bisher, und die SVP mit *Jean Henri Dunant*, bisher, ihre Sitze in der Grossen Kammer halten, während bei den Liberalen die Bisherige *Christine Wirz-von Planta*

nicht mehr gewählt wird. In den Ständerat wird mit *Anita Fetz* (SP) erstmals eine Frau gewählt. Sie schafft die Wahl mit 27 521 Stimmen schon im ersten Wahlgang klar. *Anita Fetz* tritt die Nachfolge ihres Parteikollegen *Gian-Reto Plattner* an. Die Wahltaktik der bürgerlichen Parteien, mit individuellen Kandidaten anzutreten, geht nicht auf. An beiden eidgenössischen Wahlen beteiligen sich rund 49 % der Basler Stimmberechtigten.

26.	†	† *Harri Rodmann* (73), von 1955 bis 1991 Kapellmeister am Theater Basel.
	Davidoff Swiss Indoors 2003	Nach einer spannenden Turnierwoche, in deren Verlauf u. a. der Lokalmatador und Basler Sportler des Jahres *Roger Federer* ausschied, geht das diesjährige Internationale Basler Hallen-Tennisturnier, welches mit 65 800 Besuchern einen neuen Zuschauerrekord brachte, ohne Finalaustragung zu Ende: Da der Argentinier *David Nalbandian* verletzungsbedingt nicht antreten kann, wird sein Landsmann *Guillermo Coria* kampflos zum Sieger ausgerufen.
28.	Schlafschiff	Ab heute bis zum 15. November liegt an der Schifflände die MS Switzerland II als so genanntes ‹Schlafschiff› vor Anker, welches Ruhebedürftigen für einen Mittagsschlaf, aber auch für Übernachtungen, zur Verfügung steht.
30.	Breite-Zentrum	Nach über 25-jähriger Planungsphase können am Breite-Brückenkopf, im Gebäude der ‹Gesellschaft für Arbeit und Wohnen›, G.A.W., die Verträge zur Errichtung eines Breite-Zentrums unterzeichnet werden, welches gemeinsam von der Gesellschaft für das Gute und Gemeinnützige, GGG, dem Verein ‹Zämme – das andere Basel› und der Einwohnergemeinde Basel ab Februar 2004 gebaut wird.
	Chancengleichheitspreis	Der von den Regierungen Basel-Stadt und Basel-Landschaft für innovative Vernetzungsarbeit gemeinsam ausgerichtete Chancengleichheitspreis wird für 2003 im Kulturzentrum ‹Altes Schlachthaus› in Laufen an die Netzwerke ‹Baufrauen Basel› und ‹NEFU Netzwerke für Ehefrau-Unternehmungen›, Frenkendorf, verliehen.
	Grand Casino eröffnet	Eröffnung des Grand Casino Basel, welches nach zweijähriger Planungs- und Bauzeit an der Flughafenstrasse entstanden ist und mit seinen 250 Automaten und 16 Spieltischen ein vielfältiges Angebot bietet.
November **4.**	Bürgergemeinderat	Aus ihrem Anteil am Ertrag der Christoph Merian Stiftung unterstützt die Bürgergemeinde den Besuchsdienst Basel und den Verein Gassenküche.
7.	AVO Session	Zum Auftakt des diesjährigen Musikfestivals AVO Session, welches bis zum 18. November dauert, lassen die legendären ‹Beach Boys› den Grossen Festsaal der Mustermesse erzittern.
9.	FC Basel	Nachdem ihm vor drei Tagen der Start in die zweite Runde des UEFA-Cups mit einer 2 : 3-Heimniederlage gegen den englischen Gegner Newcastle United schon nicht

wunschgemäss geglückt ist, scheidet der FC Basel, in der Meisterschaft bisher ungeschlagener Tabellenleader, im Schweizer Cup-Achtelsfinal auswärts gegen die Zürcher Grasshoppers mit 0:1 aus.

10.	533. Basler Herbstmesse	Mit Ausnahme des Betriebs am Petersplatz, der traditionell zwei Tage länger dauert, geht heute die 533. Basler Herbstmesse zu Ende, die mit ihren 50 verschiedenen Bahnen und 350 Buden und Marktständen über eine Million Besucher anlockte.
	‹Legendäre› Linde gepflanzt	Auf dem Rüdenplatz vor der Hauptpost wird nach langem Seilziehen um Alternativorte und -projekte eine Linde eingepflanzt, welche der Stadt 1999 vom WWF Region Basel aus Anlass seines 25-jährigen Bestehens geschenkt worden war.
12.	Grosser Rat	Nach längerer Debatte beschliesst der Grosse Rat im Rahmen eines neuen ‹Sparprogramms› mit deutlichem Mehr die Abschaffung der unentgeltlichen Bestattung auf Staatskosten.
	Rääbelicchtli-Umzug	Bereits zum dreizehnten Mal setzt sich, ausgehend vom Münsterplatz, der traditionelle Rääbeliechtli-Umzug via Rittergasse – Bäumleingasse – Freie Strasse zum Marktplatz in Bewegung.
14.	Messeturm offiziell eröffnet	Elf Monate nach der Aufrichte wird der in zwei Jahren errichtete Messeturm – mit seinen 31 Stockwerken und 105 Metern das höchste Geschäftsgebäude der Schweiz – zusammen mit dem neu gestalteten Messeplatz mit einer von Musicalstar *Florian Schneider* musikalisch bereicherten Eröffnungszeremonie offiziell eingeweiht.
	Cultura 2003	Von heute an während 6 Tagen erlebt die Kunst- und Antiquitätenmesse Cultura ihre fünfte Auflage: 55 Aussteller bieten in der Halle 4 der Messe Basel ihre wertvollen Objekte an.
16.	Kantonale Abstimmung	Mit rund 70% Nein-Stimmen lehnen die Basler Stimmberechtigten die Überbauung der Heuwaage durch ein Multiplex-Kino überraschend deutlich ab, und zwar bei einer Stimmbeteiligung von vergleichsweise hohen 48%.
	Unbewilligte Demonstration	Bei der unbewilligten ‹Anti-Repressions›-Kundgebung mit rund 400 Demonstranten in Basels Innerstadt werden Polizisten mit Schwefelsäure attackiert, und es kommt, vor allem im Kleinbasel, zu erheblichen Sachbeschädigungen.
	Schruubedämpferli-Fescht	Das heute zu Ende gehende traditionelle dreitägige Fest auf der einzigen Kunsteisbahn auf Stadtboden, der ‹Kunschti Eglisee›, bei freiem Eintritt, mit Hockey-Plauschturnier und anderen stimmungsvollen Einlagen, stiess bei bestem Wetter auf grosses Publikumsinteresse.
17.	Basler Kulturpreis	Aus den Händen von *Regierungspräsident Christoph Eymann* kann das Stadtkino Basel mit seiner Leiterin *Corinne Siegrist-Oboussier* den diesjährigen Basler Kulturpreis entgegennehmen.

Oberrheinrat	Im Basler Rathaus tagt das Plenum des 71-köpfigen trinationalen Oberrheinrates unter dem Vorsitz seines Präsidenten, *Dr. Peter Schai.* Der Oberrheinrat befasst sich unter anderem mit Problemen der Geothermie, dem umstrittenen Schienen-Bypassprojekt und der Vision eines Eurodistrikts.
EHC Basel	Nach 21 Eishockey-Meisterschaftsspielen, von denen 17 verloren wurden, wird der Trainer des EHC Basel, *Bob Leslie*, entlassen und interimistisch durch Sportchef *Paul-André Cadieux* ersetzt.

19. ‹Erlenmatt›   Die deutsche Vivico Real Estate GmbH teilt als Eigentümerin des 19 Hektaren grossen ehemaligen Deutschen Güterbahnareals mit, dass durch Landverkauf an den Kanton Basel-Stadt auf dem Geviert zwischen Schwarzwaldallee, Wiese, Riehenring und Erlenstrasse unter der Bezeichnung ‹Erlenmatt› ein neues Quartier mit Wohn-, Büro- und Gewerbebauten, aber auch Grün- und Freiflächen entstehen soll.

Ein Gelände mit grossem Entwicklungspotenzial: das ehemalige Güterbahnareal der Deutschen Bahn.

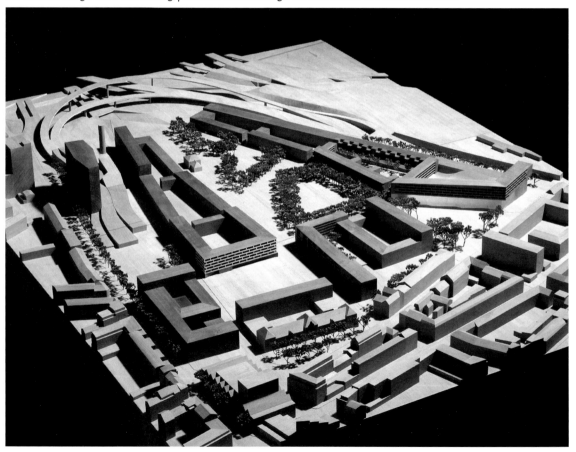

	Grosser Rat	Im Rahmen einer Sondersitzung befasst sich der Grosse Rat mit der Nachhaltigkeit in den Bereichen Ökologie, Wirtschaft und Soziales, hört sich dazu Gastreferate an und versucht, in einzelnen Workshops Lösungsansätze zu finden.
20.	Erster Basler Sozialpreis	Für ihr Engagement bei der Integration von Behinderten in die freie Wirtschaft wird die Basler Firma Rudin Reinigungen mit dem erstmals verliehenen Sozialpreis des Kantons Basel-Stadt ausgezeichnet.
21.	Viper 2003	Auf dem Theaterplatz startet das Festival für Film, Video und Medien ‹Viper›, welches bis zum 25. November verschiedene Standorte in der Stadt bespielen wird.
	20. Igeho 2003	Für die heute beginnende 20. Internationale Fachmesse für Gastronomie und Hotellerie, die bis zum 25. November (einen Tag weniger lang als bisher) in den Hallen 1 und 2 der Messe Basel stattfindet, steht zwar eine reduzierte Ausstellungsfläche zur Verfügung, trotzdem wird mit 836 Ausstellern ein neuer Teilnehmerrekord erzielt.
22.	Grosser Rat	Die Einführung von NPM (New Public Management), der wirkungsorientierten Verwaltungsführung im Staatswesen in Basel, ist Gegenstand einer halbtägigen ausserordentlichen Grossratssitzung, zu der auch auswärtige Experten geladen sind.
25.	‹Basler Wiehnacht 2003›	Vor einer riesigen Menschenmenge wird, musikalisch umrahmt durch die Knabenmusik Basel und den Extra-Chor des Theaters Basel, im Beisein von *Regierungspräsident Christoph Eymann*, die offizielle Weihnachtsbeleuchtung eingeschaltet, welche den Beginn der ‹Basler Wiehnacht 2003› markiert, die mit zwei Weihnachtsmärkten, einem Weihnachtsschloss und vielen andern Adventsaktivitäten aufwartet.
27.	FC Basel	Auf das 2:3 in Basel gegen Newcastle United folgt auch im Rückspiel mit 0:1 eine Niederlage, womit der FC Basel aus dem UEFA-Cup ausgeschieden ist.
	31. Basler Psi-Tage	Schon am Vorabend zu den morgen beginnenden Psi-Tagen und dem parallel dazu laufenden 6. Weltkongress für Geistiges Heilen wird mit Live-Geistheilungen Praxis demonstriert und damit dem diesjährigen Motto ‹Heiler werden, Heiler testen, Heiler einbeziehen› nachgelebt.
28.	Dies Academicus 2003	*Vizerektor Gian-Reto Plattner* hält an seinem letzten Tag als Ständeratspräsident am Ehrentag der Universität die Rektoratsrede im Zeichen fiktiver Visionen zum Thema Hochschulreform. Mit Ehrendoktorwürden werden ausgezeichnet: Von der Juristischen Fakultät *Jakob Kellenberger*, der sich als Präsident des Internationalen Roten Kreuzes beharrlich in den Dienst der Menschenrechte stellt und früher als Leiter der Schweizer Delegation bei den EU-Verhandlungen die Öffnung der Schweiz gegen aussen entscheidend geprägt und vorangetrieben hat, sowie *Prof. Dr. iur. Gisela Zenz*, Professorin für Sozialpädagogik und Recht in Frankfurt, für ihre Förderung des interdisziplinären Dialogs zwischen Rechtswissenschaften, Psychoanalyse und Psychologie und ihren Einsatz für die Rechte der Schwachen, Kinder und Alten; von der Theologischen Fakultät der basellandschaft-

liche *alt Regierungsrat Peter Schmid*, der in seinem öffentlichen und politischen Wirken Traditionen der christlichen Ethik, inbesondere des religiösen Sozialismus in der Schweiz, weiter entwickelt und sich stets für das Wohl der Universität und eine entsprechende Beteiligung seines Heimatkantons eingesetzt hat; von der Medizinischen Fakultät *Prof. Dr. med. Heidi Diggelmann*, Bern, weil sie sich als Präsidentin des Schweizerischen Nationalfonds für die Wirtschaftsförderung allgemein und die Gleichstellung von Männern und Frauen in allen Zweigen der Wissenschaft eingesetzt hat; von der Philosophisch-Naturwissenschaftlichen Fakultät der Basler Gärtner und Lehrer *Samuel Sprunger*, für seine grossen Verdienste als führender Schweizer Orchideenspezialist, der sich auch mit Nachdruck für den Naturschutz in der Regio Basiliensis einsetzt, und der Zoologie-Professor *Dr. Eric Kubli*, der mit der Gründung der Studienstiftung zur Förderung junger begabter Menschen und mit der Realisierung von Sommerakademien viel zur Anerkennung der Notwendigkeit der akademischen Nachwuchsförderung beigetragen hat; von der Philosophisch-Historischen Fakultät die Basler Kunstmäzenin *Maja Oeri*, die zeitgenössische Kunst gesammelt und gefördert, mit ihrem Wirken der wissenschaftlichen Erforschung unschätzbare Dienste erwiesen und das Ansehen Basels als internationale Stadt der Kunst wesentlich gestärkt hat; von der neuen und erstmals vertretenen Fakultät für Psychologie *Prof. Gordon H. Bower, PhD,* von der Universität Stanford USA, für seine herausragenden Forschungsarbeiten zur menschlichen Informationsverarbeitung und die kreative Kombination von Methoden der Mathematik, der Informatik, der Sprachwissenschaft und der experimentellen Psychologie.

	Begegnungs-zentrum ‹Union›	Im Gebäude des früheren Gemeindehauses St. Matthäus an der Klybeckstrasse wird das neue Kleinbasler Begegnungszentrum ‹Union› offiziell eröffnet; als Redner treten *Regierungspräsident Christoph Eymann* und der Präsident der Kommission der Christoph Merian Stiftung, *Felix Moppert*, auf, und ein abwechslungsreiches Begleitprogramm, am Samstag gefolgt von einem Tag der offenen Tür, stösst auf grosses Publikumsinteresse.
29.	21. Basler Stadtlauf	Mit 5 987 Klassierten weist der diesjährige Basler Stadtlauf einen neuen Teilnehmerrekord auf und sieht bei den Eliterennen den bisher unbekannten *Kosgei Moses Kigen* aus Kenya bei den Männern und *Zenebech Zola*, Äthiopien, die bei den Frauen die bisherige sechsfache Siegerin *Leah Malot* auf Rang 2 verweist, auf den obersten Podestplätzen.
30.	Matthäus-kirche	Die protestantische Pfarrei St. Matthäus im Kleinbasel kann heute ihre nach über 100 Jahren Nutzung erstmals innen restaurierte Pfarrkirche mit einem Gottesdienst wieder in Besitz nehmen.
Dezember **2.**	Wissenschafts-preis 2003	Für seine Leistungen in der wissenschaftlichen Erschliessung und öffentlichen Vermittlung der Bestände der Basler Grafischen Sammlung erhält *Dieter Koepplin*, Honorarprofessor für Kunstgeschichte an der Universität Freiburg i. Br. und ehemaliger Leiter des Basler Kupferstichkabinetts den Wissenschaftspreis 2003 der Stadt Basel aus den Händen von *Regierungspräsident Christoph Eymann*.

3.	Grosser Rat	Mit grossem Mehr gegen 13 Stimmen heisst der Grosse Rat den neuen Subventions-vertrag mit der Kulturwerkstatt Kaserne gut und sichert mit einem Staatsbeitrag von 1,06 Mio Franken für 2004 das vorläufige Weiterbestehen dieser Institution.
5.	Wehrmänner-Entlassung	1580 basel-städtische Armeeangehörige der Jahrgänge 1961 bis 1964 werden offiziell aus der Wehrpflicht entlassen und im Saal San Francisco des Kongresszentrums vom Basler Militärdirektor *Jörg Schild* verabschiedet.
	Preis für ehrenamtliche Arbeit	Am UNO-Welttag der Freiwilligen erfolgt im Grossratssaal erstmals die Verleihung eines Preises für ehrenamtliche Arbeit, mit welchem die Vermittlungs- und Beratungsstelle für Freiwilligenarbeit Basel, Benevol, *Eveline Siegenthaler* für ihren unter anderem mit der Gründung der Initiative ‹Hercules-Umzüge› geleisteten Einsatz im Dienste der Selbsthilfe ehrt.
7.	34. Int. Basler Mineralien- und Fossilien-börse	Die von der Basler Sektion der ‹Schweizer Vereinigung der Strahler, Mineralien- und Fossiliensammler› an diesem Wochenende in der Messe Basel veranstaltete internatio nale Mineralien- und Fossilienschau verzeichnet wie in den Vorjahren einen grossen Publikumserfolg.
9.	Bürger-gemeinderat	Das Parlament der Bürgergemeinde behandelt die Budgets der Verwaltungen der Bür-gergemeinde sowie der Christoph Merian Stiftung, den Bericht der Spezialkommission zur Neuordnung der Strukturen und der Führung der Bürgergemeinde, den sie gut heisst, und bewilligt einen Beitrag aus ihrem Anteil am Ertrag der Christoph Merian Stiftung an den Verein ‹Kindernäscht› Basel.
10.	Grosser Rat	Das von der Regierung für 2004 vorgelegte und aufgrund von Anträgen der Finanz-kommission bereinigte Budget, welches bei Einnahmen von 3,676 und Ausgaben von 3,780 Mia. Franken ein Defizit von rund 104 Mio. Franken vorsieht, wird vom Grossen Rat mit grossem Mehr gegen 21 Stimmen genehmigt.
12.	Basler Stern 2003	Als Persönlichkeit, die sich in besonderem Masse für unsere Stadt verdient gemacht hat, wird für 2003 der Trainer des FC Basel, *Christian Gross*, mit dem Basler Stern ausgezeichnet.
13.	Doppelte Ehrung für Basler Sportler	Der Basler Sportler des Jahres 2003 und Wimbledon-Sieger Roger *Federer* wird in Bern auch zum Schweizer Sportler des Jahres 2003 gekürt, nachdem ihm diese Ehre zuvor noch vom Kanton Basel-Landschaft zuteil geworden war.
15.	‹Match against poverty›	Im Rahmen des Entwicklungsprogrammes der UNO, bis 2015 die Armut auf der Welt zu halbieren, findet im St. Jakob-Park vor 30000 Zuschauern ein Prominenten-Benefiz-Fussballspiel zwischen Star-Teams um den Brasilianer *Ronaldo* einerseits und den Franzosen *Zinédine Zidane* andererseits, welches von der Mannschaft des Letzteren mit 4:3 gewonnen wird. Der Veranstaltung ging ein Empfang der Spieler und Offiziellen bei der Basler Regierung im Rathaus, und die Auszeichnung *Zinédine Zidanes* zum ‹Fifa World Player 2003› in der Messe Basel voraus.

19.	Ehrenvolle Berufung	Der Bundesrat wählt den Basler Bauingenieur *Raymond Cron* zum neuen Direktor des Bundesamtes für Zivilluftfahrt (BAZL).
	Stadt-kommando aufgelöst	Im Zuge der Armeereform wird auch das zuletzt von *Oberst Martin Kohler* befehligte Stadtkommando 211 aufgelöst; mit der heutigen Fahnenabgabe erfolgt seine feierliche Verabschiedung durch Basels Militärdirektor *Jörg Schild* auf dem Marktplatz.
20.	Adventssingen	Die vor ein paar Jahren abgebrochene Tradition des ‹offenen Adventssingens› lebt heute, auf Initiative der Basler Liedertafel, wieder auf, und einige hundert Stimmen vereinigen sich, begleitet vom Blechbläser-Ensemble der Allgemeinen Musikschule, vor dem Münster zu einem feierlichen Weihnachtschor.
23.	Chanukka	Zum zweiten Mal feiert die Jüdische Gemeinde auf dem Marktplatz das Chanukka-Fest, welches die Menschen unabhängig von ihrer Religionszugehörigkeit an die in Vergessenheit geratene Spiritualität erinnern soll. Der Feier wohnen auch *Grossratspräsident Leonhard Burckhardt* und *Regierungsrat Ralph Lewin* bei, der auch die Lichter der Chanukka-Leuchter entzündet.
25.	†	† *Fritz Holderried ‹Blueme Fritz›* (68), seit über 40 Jahren als Basler Stadtoriginal aus dem Basler Stadtbild nicht wegzudenken, schlug sich mit seiner selbst dekorierten ‹Uniform› als Rosenverkäufer durchs Leben und wandte sich zuletzt auch dem Malen zu, wobei er den Erlös einer kürzlichen Ausstellung dem Sonderschulheim ‹Zur Hoffnung› zugehen liess, wo er seinerzeit aufgewachsen war.
	Kunden-weihnacht 2003	Über 280 Gäste und viele freiwillige Helfer folgen auch der diesjährigen Einladung des CVJM zur Kundenweihnacht, welche am gewohnten Ort, im grossen Saal des früheren Gemeindehauses St. Matthäus und jetzigen neuen Begegnungszentrums ‹Union› an der Klybeckstrasse im Kleinbasel stattfindet.
29.	Basler Fasnacht 2004	Zum ersten Mal ist ein Fasnachts-Motto den Zeedeldichtern gewidmet: Im grossen Saal des Volkshauses präsentiert das Fasnachts-Comité den 400 geladenen Cliquen-Obmännern und -frauen die von *Daniel Laufer* gestaltete Blaggedde 2004 mit dem Sujet ‹Kai Blatt vors Muul›. Sie wird nebst den üblichen Varianten in Kupfer, Silber und Gold neu auch als ‹Bijou› in einer 2,5-cm-‹Mini›-Ausgabe in Silber und partiell vergoldet zu Fr. 100.– erhältlich sein.
31.	Jahres-ausklang	Mit zwei klassischen Silvesterkonzerten (der eher ernsteren Art im Theater Basel und leicht aufgelockert im Stadtcasino), feierlichen Turmbläserklängen vom Münster, einer Jugend-Silvesterparty auf dem Eis der St. Jakob-Arena und dem wie im Vorjahr eindrücklichen privat finanzierten Schlussfeuerwerk auf dem Rhein begeht Basel den Übergang ins 2004.

Zahlen, Daten, Verzeichnisse

Premieren am Theater Basel im Kalenderjahr 2003

GB = Grosse Bühne
SSH = Schauspielhaus
KB = Kleine Bühne
FGB = Foyer Grosse Bühne
EK = Elisabethenkirche
BE = Bernoullianum
　　　Universität Basel

U = Uraufführung
SE = Schweizer Erstaufführung
DE = Deutschspr. Erstaufführung

ML = Musikalische Leitung
I = Inszenierung
BB = Bühnenbild
K = Kostüme
Ch = Choreografie
Chor = Chorleitung

9.1.	SSH	*Die Möwe* Komödie von Anton Tschechow I: Albrecht Hirche; BB: Alain Rappaport; K: Kathrin Krumbein
16.1.	KB	*4.48 Psychose* Schauspiel von Sarah Kane I: Ricarda Beilharz; BB: Ricarda Beilharz; K: Franziska Rast
17.1.	GB	*Peer Gynt* (U) Ballett von Richard Wherlock, Musik von Edvard Grieg, Claude Debussy, Darius Milhaud und Kurt Weill Ch: Richard Wherlock; BB: Regina Lorenz; K: Antonio D'Amico
13.2.	SSH	*Die sexuellen Neurosen unserer Eltern* Theaterstück von Lukas Bärfuss I: Barbara Frey; BB und K: Bettina Meyer
26.2.	KB	*Helges Leben* (SE) Ein schönes Theaterstück von Sibylle Berg I: Katrin Reiling; BB: Regina Lorenz; K: Kathrin Hegedüsch
28.2.	GB	*Pelléas und Mélisande* Drame lyrique in fünf Akten von Claude Debussy ML: Tseturo Ban/Oswald Sallaberger; I: Joachim Schlömer; BB und K: Jens Kilian
27.3.	KB	*Heartbreakers* Zwei Ballette (‹Up Country›/‹Heartbreakers›) von Richard Wherlock Ch: Richard Wherlock; K: Diana Stiehl
29.3.	FGB	*Der Seidene Schuh* Spanische Handlung in vier Tagen von Paul Claudel (Koproduktion mit ‹RuhrTriennale›) I: Stefan Bachmann; BB: Barbara Ehnes; K: Annabelle Witt
3.4.	SSH	*Szenen einer Ehe* (U) Beziehungsdrama von Ingmar Bergmann I: Tom Kühnel; BB: Kathrin Hoffmann; K: Ulrike Gutbrod
25.4.	KB	*Odyssee 2003 – Unterwelt retour* (U) (Koproduktion mit ‹junges theater basel›) I: Rafael Sanchez; BB: Felicia Mächler; K: Ursula Leuenberger
8.5.	FGB	*99 Grad* (SE) Start-Up-Late-Night von Albert Ostermaier I: Florian Fiedler; BB: Barbara Ehnes; K: Selina Peyer, Florian Fiedler

9.5.	GB	*Semele* Oratorium von Georg Friedrich Händel (Szenische Aufführung) ML: Konrad Junghänel; I: Karin Beier; BB: Ricarda Beilharz; K: Marion Menziger
15.5.	SSH	*In vain* Musiktheaterprojekt von Georg Friedrich Haas ML: Jürg Henneberger; I: Olaf Nicolai; BB: Olaf Nicolai, Volker Sattel
16.5.	KB	*Anne und Ella* Schauspiel von Tony Kushner I: Matthias Günther; BB: Isabel Robson; K: Ursula Leuenberger
11.9.	GB	*La Traviata* Melodrama in drei Akten von Giuseppe Verdi ML: Marko Letonja/Baldo Podic; R: Frank Hilbrich; BB: Hugo Gretler; K: Ines Rastig
12.9.	EK	*Faust I* Der Tragödie erster Teil von Johann Wolfgang von Goethe I: Lars-Ole Walburg; BB: Ulrich Schneider; K: Annabelle Witt
19.9.	SSH	*Geld und Geist* Volksstück nach dem Roman von Jeremias Gotthelf R: Rafael Sanchez; BB: Heidi Fischer, Felicia Mächler; K: Heidi Fischer
24.9.	KB	*Faust II* Der Tragödie zweiter Teil von Johann Wolfgang von Goethe I: Matthias Günther; BB und K: Isabel Robson
25.9.	GB	*Boléro* (U) Ballette von Richard Wherlock und Jiri Kylián, Musik von Igor Markevitch, W. A. Mozart, Claude Debussy, Maurice Ravel Ch: Richard Wherlock; BB: Regina Lorenz; K: Diana Stiehl
14.10.	KB	*Young Blood II* (U) Choreografien von Mitgliedern des Ballett Basel Ch: Tänzerinnen und Tänzer des Ballett Basel; BB und K: nach den Ideen der Choreografen
16.10.	SSH	*Hedda Gabler* Gesellschaftsdrama von Henrik Ibsen R: Stephan Müller; BB: Stephan Müller/Nives Widauer; K: Marion Münch
20.10.	FGB	*Der kleine Freischütz oder Der Teufel mag kein Happy End* Theaterstück mit Musik für alle ab 7 frei nach Carl Maria von Weber von Anja Horst und Beate Breidenbach ML: David Cowan; BB und K: Bernhard Duss
23.10.	GB	*König Lear* Tragödie von William Shakespeare I: Sebastian Nübling; BB und K: Muriel Gerstner
25.10.	FGB	*Helden des 20. Jahrhunderts* (U) Puppenspiel von Tom Kühnel und Suse Wächter I: Tom Kühnel; BB: Tom Kühnel; Puppen: Suse Wächter
8.11.	SSH	*Peter Pan* Familienstück ab 6 Jahren von James Matthew Barrie, Deutsch von Erich Kästner I: Rafael Sanchez; BB: Heidi und Valentin Fischer; K: Ursula Leuenberger

19.11.	BE	*Wolfsjunge* (U) Ein Stück für gehörlose und hörende Schauspieler, Sopranistin und Perkussionisten I: Daniel Wahl; BB: Viva Schudt; K: Viva Schudt
20.11.	GB	*L'Incoronazione di Poppea* Opera musicale von Claudio Monteverdi ML: Konrad Junghänel; R und BB und K: Nigel Lowery
25.11.	KB	*Microsklaven* (U) Schauspiel nach dem Roman von Douglas Coupland I: Matthias Günther; BB: Rainer Hendrik Nagel; K: Martin Müller
9.12.	KB	*Ursle* Ein Stück vom Ich-Werden für alle ab 8 Jahren – in Schweizerdeutsch I: Matthias Lehmann
18.12.	GB	*Der Freischütz* (U) Romantische Oper von Carl Maria von Weber ML: Marko Letonja/Baldo Podic/Lutz Rademacher; I: Claus Guth; BB und K: Christian Schmidt
19.12.	SSH	*Amphitryon* Lustspiel von Heinrich von Kleist I: Barbara Frey; BB: Anke Groth; K: Bettina Walter

Quelle: Theater Basel
Weitere Informationen unter: http://www.theater-basel.ch

Ausstellungen in Basler Museen und Sammlungen

Kulturgeschichte	
Antikenmuseum und Sammlung Ludwig	7000 Jahre persische Kunst – Meisterwerke aus dem Iranischen Nationalmuseum Teheran
Historisches Museum Basel: Barfüsserkirche	left over – aufgefallen aufgehoben Haute Couture in Basel: Fred Spillmann (1915–1986)
Museum Kleines Klingental	Engel, Menschen, Tiere am Münster – Verborgene Schätze am Basler Münster
Römerstadt Augusta Raurica	Der Schatz – Das römische Silber aus Kaiseraugst neu entdeckt
Schweizer Sportmuseum	Sportkarikaturen u.a. von JÜSP und Jörg Vogeltanz Kunst und Kitsch im Umfeld des FC Basel Oscar Plattner 2facher Sprinterweltmeister auf der Bahn Fitness im Wandel History: Die Geschichte der Davidoff Swiss Indoors 1970–2003 Basler und Baselbieter Helden im Sägemehl
Skulpturhalle des Antikenmuseums	Robert Käppeli – Aquarelle und Zeichnungen Marcia Furnilla – Eine vornehme Römerin in Venusgestalt Der Diadumenos – Das Spätwerk des Meisters Polyklet Satyricon des Petronius – Ausstellung und Veranstaltungsreihe Ænigma Satyricon – Petronius – Fellini – Montalto

Kultur- und Volkskunde	
Musehum.BL	Nester-Fest – Osteraktion mit lebenden Küken und Spielparcours Das Wildschwein Aus Ton gebrannt Seidenband. Kapital, Kunst und Krise – Eine Ausstellung zur Industriegeschichte der Region Im Märchenwald – Eine Weihnachtsausstellung zum Mitraten für Kinder ab 7 Jahren
Museum am Burghof Lörrach	Verstönder mi? 200 Jahre Alemannische Gedichte von Johann Peter Hebel Gedruckte Träume – 250 Jahre KBC
Museum der Kulturen Basel	Arkilla: Hochzeitsdecken aus Mali Korewori. Magische Kunst aus dem Regenwald

	Im Reich der Anakonda – Schamanen und Töpferinnen bei den Shipibo in Peru
	Globi. Begegnung mit einem Schweizer Phänomen
Puppenhausmuseum	Wochenende im Tierreich – Die bewegte Welt von Steiff
	Neapolitanische Volkskunst – Die berühmten Krippen von Neapel
	Bezaubernder Weihnachtsschmuck von damals
Spielzeugmuseum, Dorf- und Rebbaumuseum Riehen	Marie d'ailleurs – Ein Welt-Traum
	Figurentheater weltweit

Kunst und Gestaltung

Architekturmuseum Basel	9 = 12 Neues Wohnen in Wien
	Junge Schweizer Architektur
	Peter Heman 1919–2001 – Architektur Photographie
Ausstellungsraum Klingental	Dimitrij Prigov – Stipendiat Laurenz-Haus
	Beatrice Steudler – Neue Werke
	The Selection vfg – Eine Fotoausstellung
	Carlo Aloe
	KAM (Karl A. Meyer)
Fondation Beyeler	EXPRESSIV!
	Paul Klee. Die Erfüllung im Spätwerk
	Mark Rothko – A Centennial Celebration
	Mondrian + Malewitsch – In der Mitte der Sammlung
Fondation Herzog	Südamerika – schöner fremder Kontinent – Sammlung Herzog / Gaudenz Signorell
Karikatur & Cartoon Museum Basel	Arnold Roth – Cartoons from New York
	Rundum Kunst
	cartoonforum.ch: Papan & Saurierzeit/Zygmunt Januszewski – Verkehrte Welt
Kunsthalle Basel	Land, Land! Helen Mirra, Rivane Neuenschwander, Katja Strunz
	Anselm Stalder: Türe offen lassen
	Markus Gadient
	Heimo Zobernig
	Udomsak Krisanamis
	Hallimasch, was tun in 30 Tagen – Nicoletta Stalder
	Regionale 04
	Georgine Ingold – Space for Townes – Veranstaltung im Stadtkino
Kunsthaus Baselland Muttenz	NB – New York_Berlin – Emmanuelle Antille_Nic Hess
	Franck Scurti – Before and After

Pietro Sanguineti

Eric Hattan & Werner Reiterer – Die kennen sich! Kennen Sie die?

View over 6 continents – Christine Zufferey & guests: Beat Brogle, Knut & Silvy
und Max Philipp Schmid

Regionale 2003

Kunstmuseum der Öffentlichen Kunstsammlung Basel	Renate Buser – in ı side – Eine fotografische Installation am Kunstmuseum Entblösst – expressionistische Menschenbilder Orte des Impressionismus – Degas, Monet, Renoir – Le Gray, Baldus, Atget: Gemälde und Fotografien Looking In – Looking Out – Positionen zeitgenössischer Fotografie Neue Werke im Kupferstichkabinett Basel Walter Bodmer Ernst Stückelberg 1831–1903 Nach der Natur – Zeichnungen und Druckgraphik des 15. und 16. Jahrhunderts Ernst Ludwig Kirchner: Bergleben – Die frühen Davoser Jahre 1917–1926
Kunst Raum Riehen	Lateinamerika, Wege und Umwege, Sammlung Valentin Jaquet Matthias Frey – auf brechen und fügen Marcel Schaffner Rahel Knöll, Peter Brunner-Brugg Regionale 2003
Museum für Gegenwartskunst der Öffentlichen Kunstsammlung Basel und der Emanuel Hoffmann-Stiftung	Michael Raedecker – instinction Annika Larsson Animate Me No. 1 Animate Me No. 2, Tobias Bernstrup Christian Jankowski Animate Me No. 3, Haluk Akakçe Joseph Beuys in Basel
Museum Jean Tinguely	Leonardo Bezzola. Bezzolas Tinguely: Fotografien 1960–1991 0.10 – Iwan Puni – Werke aus der Sammlung Herman Beringer und Fotografien der Russischen Revolution aus der Sammlung Ruth und Peter Herzog LUGINBÜHL total Jeannot an Franz – Briefe und Zeichnungen von Jean Tinguely an Franz Meyer Tinguelys Café Kyoto
Plug In	Curating Degree Zero Archive One Word Movie, Interaktive Installation von Beat Brogle affective cinema 2 – Die Künstler Jan Torpus und Michel Durieux präsentieren ihre interaktive Installation Kristin Lucas, Celebration for Breaking routine – Mit: Flamingo 50, Venus, Exit 3, Liverpool sowie Equal, und Dew, Basel Patrick Juchli und Michael Huber – Installationen

Schaulager	Roth-Zeit – Eine Dieter Roth Retrospektive
Stiftung Sculpture at Schoenthal, im Kloster Schönthal	Jürg Stäuble ‹Gegenüberstellung›
Vitra Design Museum	Marcel Breuer – Design und Architektur

Naturwissenschaft und Technik

Anatomisches Museum Basel	Mit Haut und Haaren
Basler Papiermühle	Karol Krčmárs spielerische Papierkunst – Papier und Druck slowakisch Highlights zur Papiergeschichte – Bücher aus der Donation der G.T. Mandl-Stiftung
Naturhistorisches Museum Basel	Haie – Gejagte Jäger Dinosaurier
Pharmazie-Historisches Museum der Universität Basel	Aids-Therapie – Ausweg aus der Einbahnstrasse?

Quelle: Erziehungsdepartement Basel-Stadt, Museumsdienste Basel, sowie Homepage der jeweiligen Institution
Weitere Informationen, auch über Ausstellungen in der Region, unter: http://www.museen.basel.ch

Abstimmungen und Wahlen 2003

Eidgenössische Volksabstimmungen 2003 – Ergebnisse

Datum der Abstimmung	Vorlage	Kanton Basel-Stadt				Bund	
		Stimm-beteili-gung in %	Ja	Nein	Anneh-mende Stimmen in %	Anneh-mende Stimmen in %	Anneh-mende Stände
9.2.2003	Bundesbeschluss über die Änderung der Volksrechte	43,3	37 369	12 069	75,6	70,4	20 6/2
9.2.2003	Bundesgesetz über die Anpassung der kantonalen Beiträge an Spitalbehandlungen	43,2	39 644	9 667	80,4	77,4	*
18.5.2003	Änderung des Militärgesetzes (Armee XXI)	53,1	45 901	12 844	78,1	76,0	*
18.5.2003	Bevölkerungs- und Zivilschutz-gesetz	53,1	49 791	9 484	84,0	80,6	*
18.5.2003	Initiative ‹Ja zu fairen Mieten›	53,4	28 971	31 707	47,7	32,7	1
18.5.2003	‹Sonntags-Initiative›	53,7	27 037	34 956	43,6	37,6	0
18.5.2003	‹Gesundheits-Initiative›	53,5	22 259	38 592	36,6	27,1	0
18.5.2003	Initiative ‹Gleiche Rechte für Behinderte›	53,5	25 742	35 234	42,2	37,7	3
18.5.2003	Initiative ‹Strom ohne Atom›	53,6	32 109	29 541	52,1	33,7	1/2
18.5.2003	Initiative ‹MoratoriumPlus›	53,4	35 242	25 658	57,9	41,6	2/2
18.5.2003	‹Lehrstellen-Initiative›	53,1	23 564	36 347	39,3	31,6	0

Kein Ständemehr erforderlich

Quellen: Kanton Basel-Stadt. Weitere Informationen unter: http://www.bs.ch sowie unter: http://www.admin.ch

Kantonale Volksabstimmungen 2003 – Ergebnisse

Datum der Abstimmung	Vorlage	Beteiligung in %	Ja	Nein	Annehmende Stimmen in %
9.2.2003	Initiative ‹für eine familienfreundliche Erbschaftssteuer›	44,0	33 058	16 007	67,4
18.5.2003	Referendum Ergänzungsleistungen und kantonale Beihilfen	49,6	38 679	14 845	72,3
16.11.2003	Grossratsbeschluss Aufwertung des Areals Heuwaage und Ermöglichung eines Multiplexkinos	48,0	16 812	36 462	31,6

Quellen: Statistisches Amt des Kantons Basel-Stadt, Basler Zeitung
Weitere Informationen unter: http://www.bs.ch sowie unter: http://www.admin.ch

Eidgenössische Wahlen 2003 – Ergebnisse

Wahl in den Ständerat 2003

Datum der Wahl: 19.10.2003   Wahlbeteiligung 49,3%

1. Wahlgang	lic. iur. Anita Fetz	Angelika Zanolari	Christine Wirz-von Planta	übrige
Stimmen:	27 521	9 217	6 569	9 884

Quelle: Staatskanzlei Basel-Stadt, Statistisches Amt

Erneuerungswahl von fünf Mitgliedern in den Nationalrat 2003 – Parteistärken und Sitze

Datum der Wahl: 19.10.2003   Wahlbeteiligung 49,6%

SP	SVP	FDP	LDP	CVP	Grüne	BastA!	VEW	SD	JFBS
39,8	17,9	9,2	8,5	6,6	5,7	3,5	2,9	1,1	0,7

Gewählt:	Dr. rer. pol. Ruedi Rechsteiner (SP)	lic. iur. Anita Fetz (SP)	Dr. rer. pol. Remo Gysin (SP)	Dr. med. Jean-Henri Dunant (SVP)	Dr. chem. Johannes Randegger (FDP)
Stimmen:	26 820	24 988	24 618	11 770	9 272

Für Ständerätin Anita Fetz (SP) rückt nach: Silvia Schenker (SP).

Quelle: Staatskanzlei Basel-Stadt

Gesamterneuerungswahlen in die Gerichte (Amtsperiode 2004–2009)

Datum der Wahl: 13.4.2003   Wahlbeteiligung 22,9%

15 Richterinnen/Richter des Zivilgerichts

Keine Kandidatin/kein Kandidat erreichte das absolute Mehr.

8 Präsidentinnen/Präsidenten des Strafgerichts

Kandidat/Kandidatin	Liselotte Henz (FDP)	Jeremy Stephenson (LDP)	Gilbert Thiriet (DSP)
Stimmen:	14 744	14 513	14 424
Kandidat/Kandidatin	Stefan Wehrle (CVP)	Hans Dora (SP)	Lucius Hagemann (CVP)
Stimmen:	14 219	13 769	13 733
Kandidat/Kandidatin	Lukas Faesch (LDP)	Felicitas Lenzinger (SP)	
Stimmen:	13 575	13 564	

1 Statthalterin/Statthalter des Strafgerichts

Keine Kandidatin/kein Kandidat erreichte das absolute Mehr

15 Richterinnen/Richter des Strafgerichts

Kandidat/Kandidatin	Denise Buser (SP)	
Stimmen:	12 787	

Die weiteren Kandidaten/Kandidatinnen erreichten das absolute Mehr nicht.

1 Statthalterin/Statthalter des Strafgerichts

Kandidat/Kandidatin	Kathrin Giovanone-Hofmann (Grüne)	Markus Grolimund (FDP)
Stimmen:	14 056	13 032

Wahl von 14 Richterinnen/Richtern des Strafgerichts

Kandidat/Kandidatin	Ursula Stehlin (parteilos)	Rolf Tschumi-Moser (SP)	Stefan Zingg (SP)
Stimmen:	14 660	14 609	14 458
Kandidat/Kandidatin	Christine Burckhardt (LDP)	Patricia von Falkenstein (LDP)	Anna Hirt-Eberle (Grüne)
Stimmen:	14 172	13 985	13 851
Kandidat/Kandidatin	Cécile Vecchioli-Breitenmoser (CVP)	Gregor Thomi (DSP)	Beatrice Brenneisen (CVP)
Stimmen:	13 847	13 804	13 793
Kandidat/Kandidatin	Ursula Rhein (FDP)	Marc Ducommun-Bachmann (FDP)	Peter Paul (CVP)
Stimmen:	13 718	13 603	13 574
Kandidat/Kandidatin	Walter Kirchhofer (FDP)	Stefan Bissegger (DSP)	
Stimmen:	13 536	13 390	

Wahl von 15 Richterinnen/Richtern des Zivilgerichts

Kandidat/Kandidatin	Gabriella Guldimann (SP)	Ursula Mathys (LDP)	Barbara Graber-Erhardt (VEW)
Stimmen:	14 614	13 988	13 937
Kandidat/Kandidatin	Margot Bein (DSP)	Maria Jurkovic-Löffler (SP)	Béatrice Speiser (LDP)
Stimmen:	13 935	13 923	13 809

Kandidat/Kandidatin	Orvil Häusler	Elisabeth Braun	Carlo A. di Bisceglia
	(SP)	(Grüne)	(CVP)
Stimmen:	13 736	13 689	13 685

Kandidat/Kandidatin	Peter H. Biedert	Peter Staehlin	Rosmarie Gugger-Häring
	(FDP)	(LDP)	(BastA!)
Stimmen:	13 597	13 592	13 520

Kandidat/Kandidatin	Albert Metzger	Theo Meyer	Elisabeth Spreng Troller
	(FDP)	(DSP)	(FDP)
Stimmen:	13 503	13 360	13 339

Quellen: Kanton Basel-Stadt
Sämtliche Ergebnisse auch im Internet unter: http://www.bs.ch

---

Rheinhafen-Umschlag

Im Jahr 2003 wurden in den Rheinhäfen beider Basel insgesamt 7 170 788 Tonnen Güter umgeschlagen (Vorjahr: 8 254 633 Tonnen). An diesem Ergebnis partizipierten die baselstädtischen Hafenanlagen mit 3 160 421 Tonnen, was einem Anteil von 44,1 % entspricht (Vorjahr 42,1 %). 6 296 299 Tonnen (−14,9 %) entfielen auf den Ankunfts- und 874 489 Tonnen (+2,6 %) auf den Abgangsverkehr.

Beim Containerverkehr wurde eine Zunahme um 7,7 % gegenüber dem Vorjahr verzeichnet. Die 77 987 wasserseitig umgeschlagenen TEU (twenty foot equivalent unit) sind ein Rekordergebnis und übertreffen die bisherige Höchstmarke aus dem Jahr 2000.

Der Rückgang des Gesamtumschlagvolumens ist einerseits auf die zeitweise rezessive Wirtschaftslage, andererseits auf das während der zweiten Jahreshälfte lang anhaltende Niedrigwasser zurückzuführen.

Mit dem Bau von neuen Containerterminals am Nordquai des Hafenbeckens II und in Birsfelden wird die Hafen-Infrastruktur der Entwicklung des kombinierten Verkehrs angepasst.

Quelle: Rheinschifffahrtsdirektion Basel. Weitere Informationen unter: http://www.portofbasel.ch

---

Index der Konsumentenpreise

Der vom Statistischen Amt des Kantons Basel-Stadt ermittelte Basler Index der Konsumentenpreise ist während des Jahres 2003 um 0,5 % auf 102,7 Punkte (Mai 2000 = 100) gestiegen.

Quelle: Statistisches Amt des Kantons Basel-Stadt. Weitere Informationen unter: http://www.statistik.bs.ch

EuroAirport Basel–Mulhouse–Freiburg

2003 war ein turbulentes Jahr für den EuroAirport Basel-Mulhouse-Freiburg. Mit 2 489 665 Fluggästen lag die Gesamtzahl der Passagiere um 19% unter der des Vorjahres. Die Frachtaktivitäten nahmen mit 81 423 Tonnen um 2 % zu, wobei 63% dieser Aktivität auf den Luftfrachtersatzverkehr per Lkw entfielen. – Insgesamt sanken die Flugbewegungen mit 87 995 Starts und Landungen um 19%. 64 083 Bewegungen (72,8 %) entfielen auf den gewerblichen Verkehr.

Der Verkehrsrückgang lässt sich durch mehrere Faktoren erklären: die Auswirkungen des Irak-Krieges und der SARS-Epidemie zu Beginn des Jahres, aber auch und in besonderem Mass die Streichung von Destinationen sowie die signifikante Rücknahme von Frequenzen durch Swiss International Airlines. Zu den positiven Ergebnissen zählen neue Fluggesellschaften – Iberworld, Cimber Air/SAS, Cirrus Airlines, Club Airways, Air Nostrum mit Iberia und Aigle Azur – sowie die Einführung einer neuen Frachtabteilung, die als eigenständige Einheit operiert.

Angesichts des Verkehrsrückgangs hat sich der EuroAirport auf proaktives Marketing, gezieltes Kostenmanagement und die Verbesserung des Frachtangebots konzentriert. Die Kontakte zu Fluggesellschaften wurden vertieft, die Personalkosten gesenkt. Im Juni 2003 entschied sich der Verwaltungsrat, das neue Terminal Süd im Schweizer Sektor zwar auf Jahresende plangemäss fertig zu stellen, aber noch nicht in Betrieb zu nehmen.

Im Linienverkehr nutzten 1,8 Mio. Passagiere den EuroAirport (74,3% des Gesamtaufkommens), was einem Rückgang um 24% gegenüber dem Vorjahr entspricht. Der Ferienflugverkehr dagegen verzeichnete im ersten Quartal einen deutlichen Aufschwung und pendelte sich in den folgenden Quartalen auf ein Wachstum zwischen 2% und 4% ein; insgesamt nahmen die Ferienflüge um 3% zu.

Der Luftfrachtverkehr blieb dank der Fortsetzung der Frachtflüge von Korean Air mit 6 100 Tonnen stabil. Der Luftfrachtersatzverkehr per Lkw stieg um 1% auf 51 369 Tonnen. Die Expressfracht verzeichnete eine Zunahme von 5% (von 22 372 auf 23 571 Tonnen). Auf Anfrage der am EuroAirport tätigen Expressfracht-Gesellschaften hat sich die Direktion entschlossen, eine expressfrachtspezifische Zone zu entwickeln, die auf die spezifischen Bedürfnisse der Express-Gesellschaften eingeht und langfristige Entwicklungsmöglichkeiten bietet.

Quelle: EuroAirport Basel-Mulhouse-Freiburg. Weitere Informationen unter www.euroairport.com

Monats- und Jahresmittelwerte der meteorologischen Elemente im Jahre 2003

	Januar	Februar	März	April	Mai	Juni	Juli
Temperatur in °C	1,3	0,2	8,6	10,6	15,3	23,3	21,3
Monatsminimum absolut	–11,1	–11,2	–1,7	–4,1	2,8	13,3	11,4
Monatsmaximum absolut	16,5	15,0	22,3	26,2	28,2	35,9	36,8
Anzahl Hitzetage	0	0	0	0	0	15	9
Anzahl Sommertage	0	0	0	2	10	30	22
Anzahl Frosttage	18	22	8	5	0	0	0
Anzahl Eistage	10	4	0	0	0	0	0
Luftdruck hPa	979,3	982,5	985,1	977,8	981,1	979,4	979,9
Luftdruck tiefster	958,8	955,1	975,7	965,6	969,9	967,9	971,3
Luftdruck höchster	998,0	992,8	999,3	987,8	990,1	988,3	987,8
Niederschlag in mm	53,1	28,2	15,9	50,4	75,1	19,7	62,2
Anzahl Tage mind. 0,1 mm	21	6	6	12	18	8	12
Anzahl Tage mind. 0,3 mm	20	5	5	12	18	5	11
Anzahl Tage mind. 1,0 mm	12	4	5	8	11	4	10
Maximale Tagesmenge in mm	8,1	13,3	5,0	12,2	19,8	8,1	12,8
Tage mit Schneefall	11	5	0	2	0	0	0
Tage mit Schneedecke	12	8	0	1	0	0	0
Tage mit Reif	6	12	14	5	1	0	0
Tage mit Hagel	0	0	0	0	0	0	0
Tage mit Nahgewitter	0	0	0	0	5	1	1
Tage mit Gewitter, alle	0	0	2	1	8	8	8
Bewölkung in %	81	58	50	60	75	52	54
Helle Tage	1	8	11	6	1	5	5
Trübe Tage	21	14	7	12	14	1	8
Tage mit Nebel	1	1	2	1	1	0	0
Sonnenscheindauer in Std.	48,3	124,7	213,1	213,2	175,7	313,7	281,4
Globalstrahlung Wh/m^2	843	2026	3492	4562	4657	6714	5860
Maximum Tag	1685	3364	4793	6461	7532	8192	7820
Feuchte %	80	70	58	58	70	58	58
Dampfdruck hPa	5,7	4,5	6,7	7,7	12,8	17,4	15,1
Schwüle Tage	0	0	0	0	2	16	5
Windgeschwindigkeit mittl. m/s	2,8	2,5	2,2	2,2	2,0	2,0	1,9
Windmaximum m/s	27,6	14,7	13,0	20,2	19,5	16,8	19,6
aus Richtung	W	SW	ESE	WNW	W	N	W

Quelle: Lufthygieneamt beider Basel (Messpunkt: Margarethenhügel)
Weitere Informationen unter: http://www.baselland.ch/docs/bud/lufthygiene/main.htm

August	September	Oktober	November	Dezember	Summe	Mittelwert	Extremwert	Abw. v. Mittel	Mittel 1961–90
23,7	15,4	7,7	6,4	2,3		11,34		+1,6	+9,74
12,5	3,9	−4,0	−0,7	−4,9			−11,2	+1,7	−12,9
38,3	29,4	24,6	16,4	12,8			38,3	+4,8	33,5
19	0	0	0	0	43			+33	10
29	7	0	0	0	100			+50	50
0	0	5	2	16	76			+4	72
0	0	0	0	0	14			0	14
980,0	983,3	976,1	979,7	981,7		980,5		+1,0	979,5
966,9	970,1	945,7	956,5	960,4			945,7		
986,0	991,3	987,4	993,3	994,1			999,3		
55,5	43,2	122,9	46,2	19,0	591,4			−197	788
10	11	16	9	10	139			−28	167
9	10	14	6	8	123			−28	151
9	8	14	5	6	96			−25	121
17,3	21,3	24,3	19,6	8,0			24,3		
0	0	1	0	3	22			−7	29
0	0	0	0	0	21			−9	30
0	0	9	5	9	61			+18	43
0	0	0	0	0	0			−2	2
4	1	1	0	0	13			−1	14
7	4	1	0	0	39			+1	38
40	51	71	70	65		61		−6	67
10	6	2	2	5	62			+20	42
6	6	16	12	15	132			−31	163
0	0	4	4	3	17			−17	34
311,6	218,7	119,9	87,9	82,0	2190,2			+511	1679
5532	4065	2028	1298	868		3495			
7087	5972	4005	2456	1657			8192		
55	67	80	82	80		68		−10	78
16,2	12,0	9,0	8,2	6,0		10,1		0	10,1
11	0	0	0	0	34			+9	25
1,7	1,6	2,1	2,0	2,7		2,1		−0,3	2,4
30,2	18,8	22,2	14,8	21,3			30,2		
W	W	WSW	WSW	W			W		

Überblick Wohnbevölkerung

Jahr	Kantons-bürger	Übrige Schweizer	Ausländer	Stadt Basel	Riehen	Bettingen	Männlich	Weiblich	Kanton BS

Mittlere Zahlen

Jahr	Kantons-bürger	Übrige Schweizer	Ausländer	Stadt Basel	Riehen	Bettingen	Männlich	Weiblich	Kanton BS
1994	74647	74211	51210	178513	20403	1152	94491	105577	200068
1995	73576	73534	52063	177395	20616	1162	94130	105043	199173
1996	72420	72881	52720	175911	20946	1164	93578	104443	198021
1997	71457	72114	52401	173876	20935	1161	92546	103426	195972
1998	70420	71067	52213	171707	20817	1176	91587	102113	193700
1999	69267	70031	52545	169905	20747	1191	90749	101094	191843
2000	68036	69081	52390	167715	20611	1181	89540	99967	189507
2001	67302	68299	52614	166387	20664	1164	88994	99221	188215
2002	66721	67755	53720	166302	20727	1167	89033	99163	188196
2003*	66379	66876	54941	166277	20734	1185	89152	99044	188196

Zahlen am Jahresende

Jahr	Kantons-bürger	Übrige Schweizer	Ausländer	Stadt Basel	Riehen	Bettingen	Männlich	Weiblich	Kanton BS
1994	74072	73701	50956	177106	20461	1162	93548	105181	198729
1995	72916	73025	51861	175855	20788	1159	93172	104630	197802
1996	71885	72490	52114	174350	20986	1153	92599	103890	196489
1997	70816	71463	51974	172235	20858	1160	91597	102656	194253
1998	69879	70344	51898	170242	20694	1185	90822	101299	192121
1999	68437	69371	52333	168294	20647	1200	89781	100360	190414
2000	67748	68861	51972	166848	20540	1193	89032	99549	188581
2001	66896	67929	52634	165548	20743	1168	88456	99003	187459
2002	66528	67202	54285	166120	20722	1173	88970	99045	188015
2003*	65990	66551	55368	166003	20702	1204	89006	98903	187909

provisorische Zahlen

Quelle: Statistisches Amt des Kantons Basel-Stadt
Weitere Informationen unter: http://www.statistik.bs.ch

Abbildungsnachweis

S. 11 André Muelhaupt. S. 12 Roland Schmid.
S. 13–14 Andreas Frossard. S. 15 Roland Schmid.
S. 17 Andreas Frossard. S. 19 Picturebâle/Erwin
Zbinden. S. 23 Dominik Plüss. S. 24 André Muel-
haupt. S. 25 Hannes-Dirk Flury. S. 26–30 Luft-
hygieneamt beider Basel. S. 33 Regio Basiliensis/
VischerVettiger. S. 35 Regio Basiliensis, Ueli Meyer.
S. 37 Regio Basiliensis. S. 39 Michael Fritschi.
S. 41 Picturebâle/Erwin Zbinden. S. 45 Tino Briner.
S. 47–51 Michael Fritschi. S. 53 Istvan Akos.
S. 59–62 Rolf Buchschacher. S. 63 zvg Marguerite
Meier. S. 65 René Haefliger. S. 68–72 Michael
Fritschi. S. 74 Kurt Wyss. S. 77 Martin Machura.
S. 79–80 Messe Schweiz. S. 89–91 Martin Machura.
S. 93–95 Ruedi Walti. S. 97–99 zvg Wolfgang Graf.
S. 101 Niggi Bräuning. S. 103 zvg Christian Fluri.
S. 106–108 zvg Jacqueline Falk. S. 109 Anatomi-
sches Institut der Universität Basel. S. 110 Michael
Fritschi. S. 115 Anatomisches Institut der Univer-
sität Basel. S. 119–122 Fabian Grossenbacher.
S. 129 Erziehungsdepartement Basel-Stadt. S. 131
Zentralbibliothek Zürich, Graphische Sammlung.

S. 135 Theaterbauhütte Augst, Fritz Burckhardt.
S. 136 Theaterbauhütte Augst, Thomas Hufschmid.
S. 137 Theaterbauhütte Augst/Prospect GmbH.
S. 139–140 Theaterbauhütte Augst, Thomas Huf-
schmid. S. 143–145 Archäologische Bodenfor-
schung Basel-Stadt. S. 147–152 Ruedi Walti. S. 153
Michael Fontana. S. 154–155 Margherita Spiluttini.
S. 156–157 Ruedi Walti. S. 158 Archiv Dreispitzver-
waltung. S. 159–160 Dreispitzverwaltung/Herzog &
de Meuron. S. 163–167 Basler Denkmalpflege, Erik
Schmidt. S. 168 Fierz Architekten. S. 169 Fierz
Architekten/Foto Mechau. S. 171–173 zvg Franz
Osswald. S. 177 Basler Denkmalpflege, Erik Schmidt.
S. 178 Franz Schmidig. S. 179 KEYSTONE/Karl
Mathys. S. 181 KEYSTONE/Eddy Risch. S. 183
Sacha Grossenbacher. S. 185 Dominik Plüss. S. 187
Tino Briner. S. 188–189 EHC Pictures. S. 191–198
Peter Armbruster. S. 199 Tino Briner. S. 201 Peter
Schnetz. S. 204 Matthias Leemann. S. 208 Kurt
Wyss. S. 210 Hannes-Dirk Flury. S. 213 Christian
Flierl. S. 216–219 Tino Briner. S. 222 Ruedi Walti.
S. 228 Baudepartement Basel-Stadt.

Autorinnen und Autoren in diesem Buch

Andreas C. Albrecht

Geboren 1968 in Basel. Maturität am Humanistischen Gymnasium in Basel. Studium der Jurisprudenz an der Universität Basel, Lizenziat 1992. Advokatur- und Notariatsexamen in Basel 1995. Studium an der New York University, LL.M. 1997/1998. Promotion aufgrund einer privatrechtlichen Dissertation an der Universität Basel 1998. Seit 1998 in Basel tätig als Advokat und Notar. Mitglied des Grossen Rates des Kantons Basel-Stadt und der Synode der Evang.-ref. Kirche Basel-Stadt. 1998–2003 Sekretär der Orgelbaukommission für das Basler Münster.

Martin Brodbeck

Geboren 1950 in Emmenbrücke (LU), Primarschule und Progymnasium in Münchenstein, Gymnasium am Kollegium Nuolen (SZ), Jus- und Journalistikstudium an der Universität Freiburg i.Ue. Während des Studiums freier Mitarbeiter verschiedener Schweizer Zeitungen. Redaktioneller Mitarbeiter Basler Volksblatt/Nordschweiz. Seit 1985 Redaktor im Regionalressort der Basler Zeitung.

Christoph Brutschin

Geboren 1958 in Basel. Kaufmännische Grundbildung, Studium der Betriebsökonomie an der Höheren Wirtschafts- und Verwaltungsschule in Zürich, der Volkswirtschaft und der Wirtschaftspädagogik an der Universität Freiburg i.Ue. Berufliche Tätigkeiten in der Treuhandbranche und der Baustoffproduktion. Seit 1991 an der Handelsschule KV Basel, ab 1996 deren Rektor. Lehrauftrag für Rechnungswesen an der Universität Basel. Seit 1992 Mitglied des Grossen Rates Basel-Stadt, u.a. Präsident der Spezialkommission zur Behandlung des Pensionskassengesetzes.

Felix Christ

Geboren 1959 in Pretoria/ZA, Schulen in Capetown/ZA, Bettingen und Basel, B-Maturität am Bäumlihof Gymnasium 1978, Studium der evang. Theologie in Basel, Montpellier und Marburg; Konkordatsexamen 1985; Vikariat in der ERF in Montpellier; Ordination in Riehen 1986; 1986–1989 Seminarassistent an der theologischen Fakultät in Basel; seit November 1989 Pfarrer in der evangelisch-reformierten Gemeinde Kleinbasel in Kleinhüningen; Präsident des Vereins Begegnungszentrum Kleinbasel, Träger- und Betreiberverein des Union.

Ulrich Druwe

Geboren 1955 in Duisburg/Deutschland. Studium an der Universität München in den Fächern Politikwissenschaft, Wissenschaftstheorie/Logik (HF), Soziologie, Psychologie, Jura und Ökonomie. Magister Artium und Promotion 1983. 1983–1995 Assistent an den Universitäten München und Stuttgart. 1990 Habilitation an der Universität Augsburg. 1995 Professor für Politikwissenschaft an der Johannes Gutenberg-Universität Mainz. 1997 Dekan der Sozialwissenschaftlichen Fakultät. 1998 Vizepräsident in Mainz. 2002 Vizerektor für Lehre, Weiterbildung, Studierende und Nachwuchs an der Universität Basel.

| Carlo Fabian | Geboren 1964 in Bern. C-Maturität am Gymnasium Oberwil. Studium an der Universität Zürich in den Fächern Psychologie (Sozialpsychologie), Publizistikwissenschaft und Informatik. Nach dem Studienabschluss Assistent, Forscher und Lehrbeauftragter an der Universität Zürich und am Institut für Suchtforschung in Zürich. Seit 2001 Dozent an der Fachhochschule für Soziale Arbeit beider Basel. Arbeitsbereiche sind Forschung, Evaluation und Dienstleistung mit den Schwerpunkten Jugend, Sucht, Prävention, Rassismus. Seit 2003 Mitglied der fachlichen Begleitgruppe ‹Fanprojekt Basel›. |

| Christian Felber | Geboren 1952 in Aarau. Nach der Ausbildung zum Fürsprecher an der Universität Bern Rechtskonsulent bei der Von Roll AG. Von 1988 bis 1994 Leiter der Immobilienabteilung der Helvetia Patria Versicherungen. Seit 1994 Direktor der Christoph Merian Stiftung. Vorstandsmitglied der 2001 gegründeten SwissFoundations. |

| Pierre Felder | Geboren 1949 in Basel. 1974 Lizenziat in Geschichte und Germanistik an der Universität Basel, 1975 Lehrer am Humanistischen Gymnasium Basel, seit 1991 Lehrauftrag Geschichtsdidaktik am Historischen Seminar der Universität, 1991 im Auftrag des Regierungsrats Verfasser des Staatskundelehrbuchs ‹Der Kanton Basel-Stadt›, 1996 Koautor von ‹Die Schweiz und ihre Geschichte› des Zürcher Lehrmittelverlags, 1998 Leiter Kommunikation im Erziehungsdepartement Basel-Stadt, 2000 Autor des Gegenwartsteils im Sammelband ‹Basel 1501 2001 Basel›, seit 2001 stv. Stabsleiter im Ressort Schulen. |

| Peter Fierz | Geboren 1943 in Basel, Bürger von Basel und Herrliberg ZH. Nach einer Ausbildung zum Grafiker in Basel studierte er zunächst an der Cranbrook Academy of Art (Detroit) und dann an der Graduate School of Design der Harvard University (Cambridge), wo er 1970 in Architektur diplomierte. Er wirkte als Architekt in verschiedenen Partnerschaften und projektierte mehrere beachtenswerte Neu- und Umbauten. Von 1994 bis 1997 war er Direktor der Schule für Gestaltung Bern. Seit 1998 ist er Ordinarius für Entwurf und Konstruktion an der Fakultät für Architektur der Universität Karlsruhe. In Basel leitet er die Firma Fierz Architekten AG. |

| Christian Fluri | Geboren 1950 in Baden. 1973 Maturität in Basel, Studium der Germanistik, Geschichte und Philosophie an der Universität Basel; 1983 Lizenziat/Oberlehrerdiplom. 1975–1989 Lehrer für Deutsch und Geschichte an den Minerva Schulen in Basel, ab 1983 in fester Anstellung. 1985–1989 Redaktor beim ‹Kultur Magazin›. 1988 freier Mitarbeiter bei der Basellandschaftlichen Zeitung, Ressort Kultur, seit 1989 Kulturredaktor bei der Basellandschaftlichen Zeitung. |

| Till Förster | Geboren 1955, Professor Dr. phil., Ethnologe. Studium der Ethnologie und Kunstgeschichte in Mainz, Köln und Bonn. Promotion Berlin 1985, Habilitation Bayreuth 1994. 1988 bis 1994 Hochschulassistent, 1995 bis 1996 Vertretungsprofessur an der Universität Köln, von 1996 bis 2001 Direktor des Iwalewa-Hauses, Afrikazentrum der Universität Bayreuth. Seit 2001 Inhaber des Lehrstuhls für Ethnologie an der Universität Basel und Leiter des Zentrums für Afrikastudien Basel. Seit 1979 mehrjährige Feldforschungsaufenthalte in West- und Zentralafrika. Regionale Schwerpunkte: Côte d'Ivoire, |

Kamerun, Nigeria. Thematische Schwerpunkte: Kunst, Ritual, Moderne, politische Anthropologie.

Wolfgang Graf	Geboren 1954 in Freiburg/Br. Abitur im Keplergymnasium Stadt Freiburg. Studium an der Albert-Ludwig Universität Freiburg in den Fächern Biologie und Chemie / Lehramt, Staatsexamen 1981. Seit 1978 künstlerisch tätig in Theater und Tanz. Seit 1982 in verschiedenen organisatorischen Leitungsfunktionen: Mitbegründer des Ausbildungszentrums für Tanz und Theater ‹bewegungs-art› (1982)), organisatorischer Leiter des Theaterfestivals Freiburg (1987/88/95), künstlerischer Leiter des Tanzfestivals Freiburg (1986 bis heute), eigene künstlerische Tätigkeit (1984–1998), Interimsleiter für Tanz und Theater in der Kaserne (1999), seit 2000 Kulturbeauftragter der Gemeinde Riehen.
Stephan Graus	Geboren 1960, lic. phil. Universität Basel, Nachdiplomstudien an der Universität St. Gallen in Marketing, Kommunikation und Management. Kommunikationsleiter, seit 2002 beim Schaulager, Münchenstein/Basel.
Alexandra Greeff	Geboren 1980 in Winterthur. 2001 Maturität mit sprachlichem Schwerpunkt in Aarau. Zur Zeit Studium der Deutschen Philologie und der Allgemeinen Geschichte von Mittelalter und Neuzeit an der Universität Basel. Mitglied der Aktionsgruppe Bologna und Studierendenvertreterin in universitätspolitischen Gremien.
Rudolf Grüninger	Geboren 1944 in Basel. Studium der Rechte in Basel und München. 1968 Lizenziat. 1970 Promotion. 1972 Baselstädtisches Anwaltspatent. 1973–1981 Leiter der Finanzabteilung der Vormundschaftsbehörde Basel-Stadt. Seit 1981 Bürgerratsschreiber und Leiter der Zentralverwaltung der Bürgergemeinde der Stadt Basel. Seit 1992 Mitglied, 1999/2000 Präsident, des Grossen Rates. Seit 1999 Verfassungsrat. Aktivmitglied und langjähriger Instruktor der VKB, Fasnachtsgesellschaft 1884. Verwaltungsrat Theatergenossenschaft Basel. Rebhausmeister.
Thomas Hufschmid	Geboren 1967. B-Maturität am Gymnasium Liestal. Studium an der Universität Basel in den Fächern Ur- und Frühgeschichte (Schwerpunkt Provinzialrömische Archäologie), Klassische Archäologie und Ägyptologie. Lizenziat 1993. Während des Studiums Tätigkeit auf verschiedenen Ausgrabungen in der Schweiz und in Syrien. 1999 Forschungsaufenthalt am Schweizer Institut in Rom. Seit 1988 in Augusta Raurica tätig, seit 1993 als archäologischer Leiter der Theatersanierung. Promoviert über die Architektur der Amphitheater von Augusta Raurica.
Eric Jakob	Geboren 1962 in Basel. Schulen in Binningen und Oberwil (BL). Matur am Gymnasium Oberwil. Studium der Germanistik, Medienwissenschaften, Philosophie und Anglistik in Basel und Edinburgh (GB). 1988 Lizenziat. Während des Studiums journalistische Tätigkeit bei verschiedenen Tageszeitungen. 1988–1989 Koordinator Logistik für den europäischen Kirchenkongress ‹Frieden in Gerechtigkeit› in Basel. 1990–1993 Projektleiter bei der Interdisziplinären Berater- und Forschungsgruppe IBFG in Basel für das Projekt ‹Kommunikations-Modellgemeinde Basel›. 1993–1995 Schweizer Mitarbeiter bei der trinationalen Informations- und Beratungsstelle Infobest Palmrain in Village-Neuf (F).

1995 Promotion zum Dr. phil. 1995–2003 stellvertretender Geschäftsführer bei der REGIO BASILIENSIS. 2000 ‹Master of Marketing›. Seit Juli 2003 Geschäftsführer der REGIO BASILIENSIS.

Ulrike Jehle-Schulte Strathaus

Dr. phil. I, Kunstwissenschaftlerin. Studium in München und Basel, Promotion an der Universität Basel 1975. 1973–1980 wissenschaftliche Mitarbeiterin am Institut für Geschichte und Theorie der Architektur ETH Zürich (gta), 1980–1986 Redaktorin der Zeitschrift ‹Werk, Bauen+Wohnen›. Seit 1984 Direktorin des Architekturmuseums Basel. 1985–1992 Lektorat an der Universität Basel.

Anelis Kaiser

Geboren 1973 in Chile. Studium der Allgemeinen Psychologie, Klinischen Psychologie und Iberoromanischen Literaturwissenschaft. Lizenziat 2001. Seit Herbst 2001 Arbeit an einer interdisziplinären Promotion zum Thema ‹Gehirn und Geschlecht›.

Niklaus Landolt

Geboren 1962 in Basel. A-Maturität am Humanistischen Gymnasium. Studium an der Universität Basel in den Fächern Geschichte, Wirtschaftswissenschaften und Deutsche Philologie. Lizenziat 1988. 1989–1996 Dissertation bei Prof. Markus Mattmüller über ‹Untertanenrevolten und bäuerlicher Widerstand auf der Basler Landschaft im 16. und 17. Jahrhundert›. Promotion 1996. 1989–1992 Assistent bei Prof. Markus Mattmüller. 1992–1994 Studien- und Forschungsaufenthalte in Paris und München. 1995–1997 Ausbildung zum wissenschaftlichen Bibliothekar an der Stadt- und Universitätsbibliothek Bern. 1997–2001 Stabsadjunkt und seit 1998 Leiter der Negativ- und Bildersammlung des Staatsarchivs Basel-Stadt. Daneben Erarbeitung einer Bibliografie der gedruckten Werke von Johann Caspar Lavater und Absolvierung des Nachdiplomstudiums Integrated Management Executive MBA an der Fachhochschule Bern. Seit 1. Januar 2002 Direktor der Stadtbibliothek Biel.

Martin Machura

Geboren 1972 in Berlin. Abitur an der Schadow-Oberschule Berlin. Aus- und Weiterbildung zum Werbekaufmann und Marketing-Kommunikationswirt. Mitarbeit in verschiedenen Agenturen als Kundenberater, Etatdirektor und Projektleiter in den Bereichen Klassische Kommunikation und below-the-line mit Schwerpunkt Eventmanagement. Seit 2003 freier Projektleiter in Basel.

Rolf Maegli

Geboren 1955 in Grenchen SO. C-Maturität an der Kantonsschule Solothurn. Studium an der Universität Bern in den Fächern Geschichte und Rechtswissenschaft. Lizenziat 1981 und Fürsprecherexamen 1982. Selbstständige Anwaltstätigkeit, anschliessend Departementssekretär im Volkswirtschaftsdepartement des Kantons Solothurn. Seit 1999 Vorsteher der Sozialhilfe der Stadt Basel. Mitglied der Geschäftsleitung der Schweizerischen Konferenz für Sozialhilfe SKOS.

Christoph Philipp Matt

Geboren 1953, Schulen in Birsfelden und Basel, Studium der Ur- und Frühgeschichte, Schweizer Geschichte und Volkskunde in Basel, Abschluss 1980 mit dem Lizenziat. Seither Arbeit als Archäologe/Ressortleiter Innerstadt an der Archäologischen Bodenforschung des Kantons Basel-Stadt.

Marcus Meier	Geboren 1971 in Basel. Eidg. dipl. Steinmetz/Bildhauer, seit 2000 Eidg. dipl. Sozialpädagoge HFS, 2000–2002 stv. Leiter einer Förderwerkstatt im Bürgerspital Basel, seit Januar 2003 Projektleiter ‹Fanprojekt Basel›.
-minu (Hanspeter Hammel)	Geboren 1947 in Basel. Nach Realgymnasium Besuch der Journalistenschule der National-Zeitung. Seit 1967 festangestellter Autor bei der National-Zeitung, dann bei der Basler Zeitung. Überdies Autor bei verschiedenen Zeitungen und Zeitschriften wie Facts, Weltwoche, Sonntagszeitung, NZZ am Sonntag. Autor verschiedener Bücher. Seit 2000 auf Tele-Basel Moderator der Promi-Kochsendung ‹Kuchiklatsch›.
Hans-Rudolf Moser	Geboren 1953 in Basel. Handelsmatur an der Kantonalen Handelsschule in Basel. Studium an der Universität Basel in den Fächern Geografie, Meteorologie, Geologie, Mathematik, Wirtschaftspolitik und Statistik. Diplom 1978, Doktorat 1982. Während des Studiums Mitarbeiter an der Meteorologischen Station Basel-Binningen. 1980–1984 Wissenschaftlicher Mitarbeiter an der Eidgenössischen Anstalt für das forstliche Versuchswesen (Birmensdorf/ZH), 1984–1985 zuständig für Vorlesungen in Meteorologie an der Universität Basel. Seit 1985 Leiter Luftmessnetz am Lufthygieneamt beider Basel in Liestal.
Cordula Nitsch	Geboren 1945 in Neustadt im Schwarzwald. Schulen in Freiburg i.Br., Medizinstudium in Frankfurt am Main und Wien. Grundlagenforschung am Max-Planck-Institut für Hirnforschung in Frankfurt am Main, am Tokyo Metropolitan Institute for Neurosciences und an den National Institutes of Health in Bethesda, USA, zu Ursachen und Folgen des Nervenzelltodes im Zuge von Schlaganfall, Epilepsie und Parkinson. 1982 bis 1987 am Anatomischen Institut der Universität München, Habilitation für Neuroanatomie und Anatomie. 1987 Berufung auf ein Extraordinariat am Anatomischen Institut der Universität Basel, Leiterin der Abteilung Funktionelle Neuroanatomie. Neben krankheitsbezogener Grundlagenforschung Beschäftigung mit Fragen der cerebralen Repräsentation von geistigen Aktivitäten, auch in Hinblick auf Geschlechtsdifferenzen. Seit 1999 Mitglied des Leitungsteams und Koordinatorin des Projekts Neurobiologische Korrelate der Mehrsprachigkeit in der Regio Basiliensis. Frau Nitsch ist verheiratet und hat zwei erwachsene Töchter.
Franz Osswald	Geboren 1962. Freier Journalist.
Anastasia Planta	Geboren 1958 in Griechenland. Studium der Jurisprudenz an der Universität von Athen. Lizenziat 1981. Tätigkeit als Rechtsanwältin und Richterin in Athen 1981–1989. Seit 1990 in der Schweiz. Studium der Psychologie und der Ethnologie an der Universität Basel. Lizenziat 1999. Seit 1999 Beauftragte für Gewaltprävention in der Abteilung Jugend, Familie und Prävention im Justizdepartement Basel.
Hans-Peter Platz	Geboren 1940 in Basel. Redaktor bei den Basler Nachrichten, Chefredaktor der Basler Zeitung bis 31. Dezember 2003.

| **Max Pusterla** | Geboren 1942 in Basel. Schulen und kaufmännische Ausbildung in Basel. Während eines Aufenthaltes in London Wechsel zum Journalismus; 1966–1992 Tätigkeit beim ehemaligen Sport-Toto-Organ ‹Tip› als Redaktor, Chefredaktor und Verlagsleiter. 1980–1986 Zentralpräsident des Verbandes Schweizer Sportjournalisten. 1992–2001 Geschäftsführer der Basler FDP. 1990–2001 Grossrat, seit 1999 Verfassungsrat, 2003/2004 dessen Statthalter. |

| **Paul Roniger** | Geboren 1940 in Basel. Daselbst alle Schulen durchlaufen. ‹Allround-Banking›-Ausbildung und Kadermitglied bei der Bank Sarasin und der Schweizerischen Volksbank, später Crédit Suisse, 1986–1998 Leiter der Stadtfiliale Basel-Gundeldingen. Ehrenmitglied der IG Gundeldingen. ‹Värslibrinzler› und Textdichter für verschiedene Vorfasnachtsveranstaltungen. Mitglied ‹Wurzengraber› und E.E. Zunft zu Hausgenossen. Seit 1998 Chronist des Basler Stadtbuchs. Seit 2001 Mitglied des Grossen Rates. |

| **Ivan Rosenbusch** | Geboren 1973 in Basel. Aufgewachsen in Basel und Heidelberg. Maturität am Mathematisch-naturwissenschaftlichen Gymnasium. Studium an der Universität-Gesamthochschule Kassel in der Fachrichtung Stadtplanung mit Diplomen I und II 1998 und 2000. Praktika vor und während des Studiums in den USA, der Schweiz, Deutschland und Frankreich. Freiberufliche Tätigkeiten 2001. Seit 2002 Sachbearbeiter im Hochbau- und Planungsamt Basel-Stadt, Abteilung Nutzungsplanung. |

| **Elisabeth Rosenkranz** | Geboren 1962 in Augsburg (Bayern). Abitur am musischen Gymnasium Maria Stern. Studium an der Universität Augsburg in den Fächern Politikwissenschaft, Geschichte, Volkswirtschaft. 1986 Abschluss als Magister Artium (MA). Während des Studiums journalistische Tätigkeit bei diversen Tages-, Wochen- und Fachzeitungen sowie beim Bayerischen Rundfunk. 1986/87 Volontariat bei der Augsburger Allgemeinen Zeitung und Redaktorin bis 1990. Seit 1991 Redaktorin bei der Basler Zeitung in den Ressorts Dreiland-Zeitung und Region. |

| **Felix Rudolf von Rohr** | Geboren 1944 in Basel. Schulen und kaufmännische Lehre in Basel. 1968–1997 beim Bankverein, seit 1998 bei der Bank Sarasin tätig. 12 Jahre Mitglied des Grossen Rates, 1986/87 als dessen Präsident. Statthalter E.E. Zunft zum Schlüssel. Seit 1987 im Fasnachts-Comité, seit 2003 dessen Obmann. |

| **Victor Saudan** | Geboren 1960 in Solothurn. B-Maturität an der Kantonsschule. Studium Französisch und Deutsch an den Universitäten Genf, Basel und Berlin. Lizenziat 1988. Nachdiplomstudium in Spracherwerbsforschung an den Universitäten Paris VIII und X. Wissenschaftlicher Mitarbeiter beim Nationalen Forschungsprogramm 33. Seit 1993 Lektor für Französische Linguistik an der Universität Basel. Dissertation zum Thema Sprachenlernen und Austauschpädagogik. Doktorexamen 1999. Seit 1995 Mitarbeiter des Erziehungsdepartementes Basel-Stadt im Bereich Fremdsprachenunterricht. Präsident der AG Sprachen der Nordwestschweizerischen Erziehungsdirektorenkonferenz und Vorsitzender der AG Erziehung und Bildung der Oberrheinkonferenz. Lebt in Basel und Biederthal (F). |

Alexander Schlatter	Geboren 1947 in Bern. Architekturstudium an der ETH Zürich; 1975 Diplom. 1978 wissenschaftlicher Mitarbeiter der Basler Denkmalpflege; 1982 Adjunkt der Aargauischen Denkmalpflege, 1991 Denkmalpfleger des Kantons Aargau. Seit 1995 Denkmalpfleger des Kantons Basel-Stadt.
Alfred Schlienger	Geboren 1948 in Basel. Studium der Germanistik, Geschichte und Philosophie in Basel und Berlin. Lehrer am Gymnasium Muttenz und Dozent für Fachdidaktik am Pädagogischen Institut und an der Universität Basel.
Lukas Schmutz	Geboren 1957 in Basel. Matur am Wirtschaftsgymnasium Basel. Studium an der Universität Basel in den Fächern Geschichte, Philosophie und Germanistik. Lizenziat 1986, Doktorat 1993. Journalistische Tätigkeit während dem Studium in den Bereichen Sport und Kultur. Assistent an der Universität Basel im Fachbereich Geschichte von 1989 bis 1994. 1995 bis 1999 Korrespondent der Basler Zeitung in Genf, zuständig sowohl für den Bereich UNO und internationale Organisationen als auch für die Romandie. Seit 2000 Leiter des Ressorts Inland der Basler Zeitung.
Stefan Schuppli	Geboren 1952 in Basel. C-Matur am Mathematisch-Naturwissenschaftlichen Gymnasium, Studium an der Universität Basel (Geschichte, Soziologie, Philosophie); Lizenziat in Wirtschaftswissenschaften 1982. Seit 22 Jahren Wirtschaftsredaktor der Basler Zeitung, Fachgebiet Aviatik.
Anette Stade	Geboren 1967 in München. Ausbildung zur Soziokulturellen Animatorin an der Fachhochschule für Soziale Arbeit (HSA) in Luzern. Mitarbeiterin bei verschiedenen Hilfswerken und Bildungsinstitutionen. Spezialisierung auf Projektentwicklung und Projektmanagement in den Bereichen Soziokultur und Migration. Seit 2001 als Projektleiterin bei der Christoph Merian Stiftung.
René Stauffer	Geboren 1959 in Münsterlingen/TG. Handelsdiplom an der Kantonsschule Frauenfeld. Nach Auslandaufenthalten seit 1981 Sportredaktor, seit 1993 bei der Tamedia AG (Tages-Anzeiger/SonntagsZeitung). International verankerter Tennisspezialist mit der Erfahrung von über 50 Grand-Slam-Turnieren. Seit 22 Jahren Berichterstatter über das Basler Tennisturnier.
Beat von Wartburg	Geboren 1959 in Basel. Studium der Geschichte und der Deutschen Sprach- und Literaturwissenschaft an den Universitäten Basel und Paris. 1986 Lizenziat, 1997 Promotion. Seit 1988 bei der Christoph Merian Stiftung tätig, seit 1991 Redaktor des Basler Stadtbuchs und Leiter des Christoph Merian Verlags, seit 1996 auch Leiter der Internationalen Austausch Ateliers Region Basel, iaab.
Anna Wegelin	Geboren 1965 in Zürich. Studium an der Universität Basel in den Fächern Nordistik und Anglistik. Lizenziat 1993. Diverse längere Sprachaufenthalte in den USA und in Dänemark vor, während und nach dem Studium. 1994–1996 Redaktionsmitglied der feministischen Basler Monatszeitschrift ‹Emanzipation›. 1996–2000 Redaktionsmitglied der ‹Wochenzeitung› (WOZ). 1999/2000 Konzept/Redaktion von ‹Zur Sache›, Bulletin

der Fachstelle für Gleichstellung BL. 2000/2001 Mediensprecherin/Redaktorin bei Amnesty International, Schweizer Sektion. Seit Dezember 2001 Regionalredaktorin für BS beim reformierten ‹Interkantonalen Kirchenboten›, sowie freie Journalistin (Kultur, Gesellschaft) für u.a. die Basler Zeitung. Am 18. Juni 2003 Geburt des Sohnes Lars Julian Giger.

Daniela Zappatore

Geboren 1972 in Basel. B-Maturität am Gymnasium am Kohlenberg. Studium an der Universität Basel in den Fächern Englische Literatur- und Sprachwissenschaft sowie Italienische Literatur- und Sprachwissenschaft. Lizenziat 1999. Seit 2000 wissenschaftliche Assistentin/Doktorandin an der Universität Basel im Forschungsprojekt ‹Neurobiologische Korrelate der Mehrsprachigkeit in der Regio Basiliensis›.

Martin Zingg

Geboren 1951 in Lausanne. Studium der Germanistik, Geschichte und Philosophie an der Universität Basel. Gemeinsam mit Rudolf Bussman Herausgeber der Schweizer Literaturzeitschrift ‹drehpunkt›. Verschiedene Veröffentlichungen, zuletzt: ‹Folgendes: Otto F. Walter über die Kunst, die Mühe und das Vergnügen, Bücher zu machen›.

Register
nach Autorinnen und Autoren